AtV

Gerd Püschel, geboren 1961, arbeitet für einen großen Verlag in Deutschland. Seit 1993 reist er regelmäßig nach Sri Lanka. Er ist ein leidenschaftlicher Sammler von Büchern über diese Insel.

Seit Jahrhunderten fasziniert Sri Lanka die Reisenden. So reich wie die Insel an Zeugnissen alter Baukunst und an üppiger Natur ist, so zahlreich sind die Berichte von Entdeckern, Forschern, Händlern und Künstlern über dieses paradiesische Land. Das vorliegende Buch versammelt erstmalig eine Auswahl deutschsprachiger Reiseberichte von 1881 bis in die Gegenwart. Ob der Zoologe und Philosoph Ernst Haeckel über sein Leben in einem singhalesischen Dorf berichtet oder der Pflanzer und Tierfänger John Hagenbeck über die Ureinwohner der Insel erzählt, ob Erwin Drinneberg die gefahrvolle Besteigung des heiligen Adam's Peak beschreibt oder Richard Katz uns erklärt, warum bestimmte Menschen im Angesicht der überwältigenden Schönheit Sri Lankas ihr bisheriges Leben überdenken – so unterschiedlich die Blickwinkel auch sein mögen, es eint sie das Staunen und die Verzückung angesichts einer fremden Welt, die bis in das 21. Jahrhundert hinein nichts von ihrer Faszination verloren hat.

Gerd Püschel (Hg.)

Der schönste Ort auf Erden

Reisende erzählen von Sri Lanka

Aufbau Taschenbuch Verlag

ISBN 3-7466-2157-7

1. Auflage 2005
Aufbau Taschenbuch Verlag GmbH, Berlin 2005
Umschlaggestaltung Torsten Lemme
unter Verwendung eines Fotos von Gerd Püschel
Druck und Binden Clausen & Bosse, Leck
Printed in Germany

www.aufbau-taschenbuch.de

Inhaltsverzeichnis

Vorwort

»Teich der roten Lotusblüten« hieß die Insel bei den alten Indern, *Tambapanni*, »Kupferfarbenes Land«, nannten sie die indoarischen Einwohner. Die Griechen und Römer wandelten diesen Namen ab in *Taprobana*. Unter diesem Namen findet sich die Insel auf der berühmten Weltkarte des Ptolemäus aus dem 2. Jahrhundert. In alter Zeit nannte man die Insel auch *Rajarata*, »Land der Könige«, und *Sinhaladwipa*, »Löweninsel«, oder *Sinhalam*. Arabische Seefahrer und Entdecker verballhornten diese Namen zu *Serendib*. Den Chinesen war die Insel bekannt als *Si-lan*, was kein Geringerer als Marco Polo zu *Seylan* abwandelte. Die portugiesischen Eroberer nannten sie *Celao*, die Holländer *Zeilan*, woraus die englischen Kolonialherren endlich *Ceylon* machten. Die Singhalesen aber nennen die Insel seit der Zeit ihrer Königreiche *Sri Lanka*, »Strahlendschönes, königliches Land«.

Was ist das für eine Insel, die über Jahrtausende hinweg die Menschen zu poetischen und verzückten Namen inspirierte? Welche Schönheit der Natur und der Bewohner hat die Entdecker und Besucher stets auf ein neues bezaubert und zu märchenhaften Erzählungen animiert, so daß man in ihren Berichten die Paradiesvorstellungen aller Weltreligionen wiederzufinden glaubt?

Sri Lanka ist eine kleine Insel im Indischen Ozean, gerade so groß wie Bayern, nur sechshundert Kilometer vom Äquator entfernt, vor der Südspitze Indiens gelegen. Vom Subkontinent nur durch die fünfundvierzig Kilometer schmale Palkstraße getrennt, hat sie eine wechselvolle Geschichte erfahren. Man nannte Sri Lanka »Perle am Ohr Indiens« oder »Steinerne Träne im Ozean«. Von den Vorfahren der Singhalesen, die heute den größten Bevölkerungsanteil stellen, wurde die Insel vor zweitausendfünfhundert Jahren besiedelt, im Laufe der Jahrhunderte fielen immer wieder tamilische Eroberer ein, arabische Seefahrer blieben und gründeten Häfen und Handelsplätze, und in den letzten fünfhundert Jahren herrschten nacheinander und jeweils kaum länger als hundertfünfzig Jahre portugiesische, holländische und britische Kolonialherren. Heute ist Sri Lanka ein faszinierendes Kaleidoskop verschiedener ethnischer Gruppen, Religionen und deren architektonischer und kultureller Manifestationen.

Immer lag die Insel im Mittelpunkt der Schiffahrt zwischen Ostasien, Indonesien, Südasien, Indien und den Ländern um den Persischen Golf und das Rote Meer. Mit den europäischen Entdeckern, Eroberern und Händlern entstanden wichtige Verbindungen zu den Ländern des Mittelmeerraumes.

Die ersten Erwähnungen findet Sri Lanka in den epischen Dichtungen Südostasiens wie dem *Ramayana*, im 5. Jahrhundert besuchte der chinesische Reisende Fa-Hsien die Insel. Griechen und Römer berichteten von einem seltsamen Land in der Ferne, und arabische Seefahrer und Geographen wie Ibn Al-Fakih Al-Hamadi oder Ibn Batuta lieferten die ersten ausführlichen Beschreibungen der Insel. Die Entdeckungen des Marco Polo lösten im 14. Jahrhundert in Europa eine Sehnsucht nach diesem paradiesischen, an Wundern und erstaunlichen Begebenheiten reichen Eiland aus, die zu einer nicht unbedeutenden Triebkraft für die folgenden Reisen werden sollte. Ab dem 15. Jahrhundert wird die Literatur über Sri Lanka vor allem dominiert von den Berichten der Kolonialisten und Missionare, aber auch von denen der Händler und Seeleute. Der englische Seemann Robert Knox erlitt 1660 Schiffbruch vor Sri Lanka und verbrachte die folgenden neunzehn Jahre nicht ganz freiwillig als Gast des Königs von Kandy an dessen Hof im zentralen Bergland. Ihm verdanken wir das bis dahin ausführlichste Buch über die Sitten und die Lebensweise der Inselbewohner. Vor zweihundert Jahren griff der englische Romancier Horace Walpole in seinem Märchen »The Three Princes of Serendip« auf den alten arabischen Namen der Insel zurück und ließ einige Seefahrer auf dem Weg nach Ostindien glücklich auf einer paradiesischen Insel landen. Seitdem steht das englische Wort »Serendipity« für das unverhoffte – und zuweilen auch unverdiente – Glück der Entdeckung unbekannter magischer Welten.

Seit dem 16. Jahrhundert gelangten auch deutsche Seeleute, Händler und Abenteurer nach Sri Lanka, aber ihre Berichte sind eher spärlich und von geringem poetischen Reiz. Ab der zweiten Hälfte des 19. Jahrhunderts jedoch setzt ein reger Tourismus deutscher, österreichischer und Schweizer Reisender nach Indien und Sri Lanka ein. Pioniere waren Naturforscher wie Ernst Haeckel, der Zoologe und Philosoph aus Jena, oder der Mitbegründer des Schweizerischen Nationalparks, der Zoologe Paul Sarasin, und sein Vetter Fritz Sarasin. Reiseschriftsteller wie Otto E. Ehlers, Leopold von Wiese und Richard Katz folgten, nicht selten unter Gefahr für Leib und Leben. Als Wegbereiter des modernen Tourismus können Wohlstandsreisende wie Ida Barell, Eugenie Schaeuffelen oder Irma Prinzessin Odescalchi gelten, aber auch Maler wie Oswald Malura und Otto Scheinhammer wurden von der tropischen Pracht zu neuen Formen und Farbgestaltungen inspiriert. Andere ließen sich auf der Insel nieder und versuchten, ihren Lebensunterhalt mit Plantagen, Handel und Tierfang zu bestreiten. Eines der eindrucksvollsten Dokumente dieses Lebens ist John Hagenbecks »Fünfundzwanzig Jahre Ceylon«. Dem Pflanzer und Ethnologen Paul Wirz hingegen verdanken wir die wohl imposantesten Schilderungen der alten Tänze, kultischer Handlungen um Exorzismus und Dämonenbeschwörung und die genaueste Beschreibung der Heilkunde in den Dörfern. Viele Reisende in der ersten Hälfte des 20. Jahrhunderts, über deren

Leben sonst kaum etwas in Erfahrung zu bringen ist, fertigten Privatdrucke ihrer Tagebücher und Notizen an und widmeten diese ihren Freunden und Geschäftspartnern. Alle aber beschreiben mit den gleichen verzückten Worten die großen Orte einer uralten Zivilisation; die Magie der Ruinenstädte von Anuradhapura und Polonnaruwa, die Faszination der Bergfestung Sigiriya oder der Felsentempel von Dambulla, die Schönheit der Bergwelt zwischen Kandy und Nuwara Eliya, den Reichtum an Tieren, Pflanzen und Edelsteinen, die Eigenheiten der Menschen und die unfaßbare Vielfalt der Landschaft zwischen Jaffna und Dondra Head. All das wird immer wieder staunend und mit großem Atem beschworen. Nicht immer frei von europäischem Dünkel, sind die in diesem Band versammelten Berichte auch Zeugnisse des Umgangs mit fremden Völkern. Die Worte mögen wechseln, auch die Blickwinkel unterschiedlicher Beobachter zu verschiedenen Zeiten – doch keiner bleibt unberührt von der Einzigartigkeit dieser in zweieinhalb Jahrtausenden gewachsenen Kultur. Selbst die Reisenden in der zweiten Hälfte des 20. Jahrhunderts, die dank moderner Fortbewegungsmittel schnell und fast ohne Beschränkungen zu allen Wundern dieser Welt gelangen können, scheinen in Sri Lanka ihre Worte sorgsamer abzuwägen und können sich doch des poetischsten Ausdrucks ihres Entzückens nicht erwehren.

Sri Lanka ist aber nicht nur Tropenvielfalt und Hüter einer großen Geschichte. Es ist heute ein modernes Land in einer immer mehr vernetzten Welt voller Widersprüche, Aufbrüche und Hoffnungen. Ein reiches und ein armes Land. Ein Land, das diejenigen enttäuschen wird, die eine Postkartenidylle erwarten und die sich hinter Hotelzäunen verschanzen. Ein Land, das die Fremden reich beschenkt, welche den Blick über die Urlaubsprospekte und Reiseführer hinaus wagen. Die auch abseits der Touristenrouten auf Entdeckungen hoffen. Die ein wenig vom Pioniergeist und Wagemut der in diesem Buch versammelten Erzähler in sich tragen und, heimgekehrt nach Europa, wie diese von unerhörten Dingen berichten wollen.

Man bezeichnete, wie gesagt, Sri Lanka als »Perle« oder als »Träne im Indischen Ozean« – je nach Laune und im Wissen um die großen und die tragischen Geschehnisse in der wechselvollen Geschichte dieses einzigartigen Landes. Gerade nach der Schreckensflut vom 26. Dezember 2004 ist es wichtig, daran zu erinnern, daß Sri Lanka sich von allen Rückschlägen immer wieder erholt hat. Es hat Naturkatastrophen, wankelmütige und korrupte Herrscher und vierhundertfünfzig Jahre europäischen Kolonialismus überstanden, denn es ist ein stolzes und starkes Land, das es immer wieder neu zu entdecken gilt.

Gerd Püschel *Berlin, im Januar 2005*

Ernst Haeckel
Sechs Wochen unter Singhalesen

Das tägliche Leben im Rasthause zu Belligemma* gestaltete sich, nachdem ich einmal die vielen Schwierigkeiten der ersten Einrichtung überwunden hatte, recht befriedigend und bot weniger Mängel, als ich von vornherein gefürchtet hatte. Meine vier dienstbaren Geister erfüllten ihre Aufgaben ganz leidlich, und wenn es ja einmal an irgend etwas fehlte, so war der gute Ganymed sofort bemüht, dasselbe herbeizuschaffen. Bei der Masse verschiedener Aufgaben, die mir einerseits die Naturaliensammlung und die Arbeit im zoologischen Laboratorium, anderseits die malerische Ausbeutung der herrlichen Umgebung von Belligemma beständig stellte, war ich natürlich vor allem darauf bedacht, die kostbare Zeit meines hiesigen Aufenthalts so gut wie möglich auszunutzen. Eingedenk der vielen und großen Opfer, die ich meiner indischen Reise gebracht, sagte ich mir jeden Morgen beim Aufstehen, daß der beginnende Tag wenigstens fünf Pfund Sterling wert sei und daß ich am Abende mindestens so viel Arbeit getan haben müsse, als diesem Werte eines »Hundertmarkscheines« entspreche. Demgemäß machte ich es mir zum festen Gesetze, keine Stunde ungenutzt zu verlieren und insbesondere auf die landesübliche Siesta während der heißen Mittagsstunden gänzlich zu verzichten; gerade diese wurden meine ergiebigste und ungestörteste Arbeitszeit.

Da Belligemma noch nicht ganz sechs Grad vom Äquator entfernt ist und da demnach selbst am kürzesten Tage

* Anm. d. Herausg.: Da das Dorf Weligama Ernst Haeckel an eine schöne Brosche erinnerte, nannte er es lautspielerisch »Belligemma«.

des Jahres der Unterschied von Tag und Nacht noch nicht eine ganze Stunde beträgt, so konnte ich für jeden Tag nahezu volle zwölf Arbeitsstunden aufwenden. Ich stand demnach regelmäßig schon vor der Sonne, um fünf Uhr morgens, auf und hatte mein erstes kühles Morgenbad bereits genommen, wenn Helios sich über den Palmenwäldern des Mirissa-Kap, meinem Rasthause gerade gegenüber, erhob. Auf der Veranda des letzteren, auf der ich das plötzliche Erwachen des jungen Tages gewöhnlich beobachtete, stand Ganymed schon bereit mit einer geöffneten Kokosnuß, deren kühle Milch morgens stets mein erster Labetrunk war. Inzwischen schüttelte William die Kleider aus, um die etwa hineingekrochenen Tausendfüße, Skorpione und andres Ungeziefer zu entfernen. Alsbald erschien dann auch Sokrates und servierte mit demütigster Miene den Tee nebst einer Bananentraube und dem landesüblichen Maisbrote. Den altgewohnten teuren Kaffee, meinen Lieblingstrank, hatte ich mir in Ceylon abgewöhnen müssen. Denn der edle Mokkatrank ist auf dieser Insel, deren Kaffeedistrikte ihren Hauptreichtum bilden, gewöhnlich so schlecht, daß man den weit besseren Tee allgemein vorzieht. Es soll das hauptsächlich daran liegen, daß die Kaffeebohnen auf der Insel selbst nie gehörig austrocknen und erst in Europa jenen Grad von Trockenheit erlangen, der eine sorgfältige Zubereitung ermöglicht.

Um sieben Uhr erschienen gewöhnlich meine Bootsleute und holten meine Netze und Gläser für die tägliche Kanufahrt. Diese dauerte meistens zwei bis drei Stunden. Nach der Rückkehr verteilte ich sofort die gefangene Ausbeute in eine Reihe von Glasbehältern verschiedener Größe und suchte von den wenigen noch lebenden Seetieren zu retten, was irgend noch zu retten war. Die wichtigsten Formen wurden sofort mikroskopiert und gezeichnet. Dann nahm ich mein zweites Bad und hierauf um elf Uhr das sogenannte »Breakfast«, das zweite Frühstück. Den Hauptbestandteil desselben bildete das nationale »Curry and Rice«. Der Reis selbst erschien stets in gleicher Weise, einfach gekocht; bei der Bereitung des Curry aber, der ragoutähnlichen hochwichtigen Reiswürze, wendete Babua allen Scharfsinn, den die stiefmütterliche Natur in sein kleines Gehirn verpackt hatte, auf, um mich täglich durch eine Neuigkeit zu überraschen. Bald war der Curry sweet (d. h. wenig gewürzt oder selbst süß), bald hot (d. h. scharf mit spanischem Pfeffer und dergleichen brennenden Gewürzen versetzt); bald erschien dieses undefinierbare ragoutförmige Mixtum compositum mehr vegetabilisch, in mannigfaltigster Weise aus Kokosnuß und verschiedenen Früchten oder Gemüsen zusammengesetzt; bald mehr animalisch, mit Fleisch verschiedener Art ausgestattet. Das letztere erregte meine ganz besondere Bewunderung; denn Babua schien zu ahnen, daß für mich als Zoologen alle Tierklassen ein gewisses Interesse darböten und daß daher auch deren Bewertbarkeit für den Curry ein wichtiges zoologisches Problem sei. Wenn montags die Wirbeltiere durch delikaten Fisch im Curry vertreten waren, folgten denselben dienstags die noch feineren Prawns oder Garnelen, kleine Krebse als Typen der Gliedertiere. Wenn mittwochs Tintenfische oder Kalmare (Sepia und Loligo) als höchstorganisierte Vertreter der Mollusken erschienen, wurden dieselben donnerstags durch gekochte Schnecken, bisweilen auch durch geröstete Austern überboten. Freitags folgte der merkwürdige Stamm der Sterntiere oder Echinodermen, durch die Eiermassen der Seeigel oder durch die zähe Lederhaut der Holothurien (Trepang) repräsentiert. Samstags erwartete ich nun, zu den Pflanzentieren zu kommen und entweder Medusen oder Korallen, Spongien oder Gasträaden in der Currytunke zu finden. Diese Zoophyten hielt jedoch unser Koch offenbar, an die älteren zoologischen Systeme sich anschließend, für Pflanzen und ersetzte sie daher durch irgendwelche fliegenden Tiere; bald waren es Fledermäuse oder Vögel, bald dickleibige Nashornkäfer oder Nachtschmetterlinge. Sonntags stand natürlich eine ganz besondere Überraschung bevor; da erschien im Curry erster Klasse entweder ein indisches Huhn oder statt dessen eine fette Eidechse (Iguana), bisweilen auch eine Schlange, die ich anfänglich für Aal hielt. Offenbar war demnach Babua von der nahen Stammverwandtschaft der Vögel und Reptilien vollständig überzeugt und hielt es für gleichbedeutend, ob er die jüngere oder ältere Sauropfidenform für den Tisch verwende. Zum großen Glück für meine europäischen Vorurteile wurde ich mit dieser zoologischen Mannigfaltigkeit des Curry erst allmählich bekannt; gewöhnlich erst nachdem ich ihn mit stiller Resignation verschluckt hatte. Außerdem waren eine solche Masse von Gewürzen sowie Fragmente von Wurzeln, Blättern und Früchten in der dicken Sauce des Curry verteilt, daß erst genauere anatomische Untersuchung über die eigentlichen Grundbestandteile aufklärte; vor dieser hütete ich mich natürlich wohl!

In den ersten Wochen blieb ich einigermaßen zweifelhaft, ob ich es bei dieser nationalen »Curry and Rice«-Kost ein paar Monate aushalten würde. Es ging mir aber damit ebenso, wie es Goethe in Leipzig mit dem dicken Merseburger Bier ging; anfangs konnte ich es kaum genießen, und nachher konnte ich mich nur schwer davon trennen. Schon im Laufe der zweiten Woche machte ich aus der Notwendigkeit eine Tugend und nahm mir vor, den Geschmack des Curry recht schön oder wenigstens recht interessant zu finden; und nach Verlauf eines Monats war ich durch gastronomische Anpassung schon so sehr zum Indier geworden, daß ich nach neuen Curryarten begehrte und den Ertrag meiner eigenen Jagdbeute zur Erfindung solcher verwertete; es traten nun Curryformen aus Affen- und Federfuchsfleisch auf, die selbst Babua in Erstaunen setzten!

Ein großer Trost blieben mir unter allen Umständen die wundervollen Früchte, die tagtäglich auf dem Tische des Rasthauses prangten und mich für alle Curryqualen reichlich entschädigten. Vor allem muß ich dankbarst der herrlichen Bananen oder Pisangs gedenken, jener edelsten Tropengabe, die ihren Namen »Paradiesfeigen« mit Recht verdient (Musa sapientum). Wenn diese unvergleichliche Frucht überall in der Tropenzone zu den dankbarsten Kulturpflanzen gehört und ihrem Besitzer die geringe auf sie verwendete Pflege tausendfach lohnt, so ist das doch in Ceylon ganz besonders der Fall. Denn wir sind ja hier im »Paradiese von Lemurien«! Die possierlichen Halbaffen oder Lemuren, die ich mir lebend im Rasthause hielt (Stenops gracilis), ließen darüber keinen Zweifel aufkommen; sie zogen ihre süßen »Paradiesfeigen« aller andren Kost vor. Viele verschiedene Spielarten werden von den Singhalesen kultiviert. Als die feinsten gelten die kleinen, goldgelben »Ladiesfinger«, die in der Tat nicht viel größer sind als der Finger einer wohlgebildeten Dame und sich durch besondere Süßigkeit auszeichnen. Dagegen besitzen die riesigen Wasserbananen die Gestalt, Größe und Farbe einer stattlichen Gurke und sind besonders erquikkend durch ihren kühlen, durststillenden Saft. Die dicken Kartoffelbananen umgekehrt sind geschätzt wegen ihres Mehlreichtums und ihrer Nahrhaftigkeit; drei bis vier Stück genügen, den Hunger zu stillen. Die Ananasbananen zeichnen sich durch ihr feines Aroma aus, die Zimtbananen durch den gewürzten Geschmack usw. Gewöhnlich wird die edle Frucht roh verzehrt, aber auch gekocht und geröstet, eingemacht und mit Fett gebraten schmecken sie vortrefflich. Wohl keine andre Frucht der Erde ist gleichzeitig in so hohem Maße wohlschmeckend und nahrhaft, gesund und ergiebig. Ein einziger Bananenbaum trägt eine Fruchttraube, die mehrere hundert Früchte zusammengepackt enthält, und ein solcher prächtiger Baum, mit der herrlichen Krone seiner frischgrünen überhängenden Riesenblätter von zehn Fuß Länge, ist eine einjährige Pflanze! Dabei wetteifert die landschaftliche Schönheit der Paradiesfeige mit ihrem unschätzbaren Nutzen. Für alle indischen Hütten liefert sie den reizendsten Schmuck. Wenn ich nur eine einzige edle Tropenpflanze in meinen europäischen Garten verpflanzen könnte, so würde ich der herrlichen »Musa sapientum« vor allen andren den Vorzug geben. Diese »Muse der Weisen« ist von Wert ein vegetabilischer »Stein der Weisen«.

Nächst den Bananen, deren ich täglich dreimal mehrere Stück in Belligemma verzehrte, bildeten die Hauptzierde der dortigen Tafel prächtige Ananas (ein paar Pfennige wert!); ferner die edle Mango (Mangifera indica), eiförmige grüne Früchte von einem halben bis einem Viertel Fuß Länge; ihr cremeartiges, goldgelbes Fruchtfleisch zeichnet sich durch ein feines, jedoch etwas an Terpentin erinnerndes Aroma aus. Sehr angenehm fand ich die Früchte der Passionsblume (Passiflora); sie erinnern an Stachelbeeren. Weniger entzückt war ich von den berühmten Custardäpfeln, den schuppigen Früchten der Annona squamosa und von den indischen Mandeln, den harten Nüssen der Terminalia catappa. Auffallend gering ist in Ceylon die Qualität der Äpfel und der Orangen; letztere bleiben grün, sind faserig und saftlos; die geringe Güte dieser und andrer Früchte ist jedoch wohl vorzugsweise auf den Mangel sorgfältiger Pflege zu setzen; die Singhalesen sind viel zu bequem, um sich mit der Züchtung ihrer Kulturpflanzen viel Mühe zu geben.

Nachdem ich mich an den Früchten meines bescheidenen Frühstücks im Rasthause von Belligemma gelabt hatte, verwendete ich die heißen Mittagsstunden, von zwölf bis vier Uhr, gewöhnlich zur anatomischen und mikroskopischen Arbeit, zum Beobachten und Zeichnen sowie zum Einmachen und Verpacken des gesammelten Materials. Die folgenden Abendstunden, von vier bis sechs Uhr, wurden dann in der Regel zu einer Exkursion in die reizende Umgebung genutzt; bald nahm ich einige Aquarellskizzen derselben auf, bald suchte ich sie in Photographie zu verewigen. Dazwischen wurden im Walde Affen und Vögel geschossen, Insekten und Schnecken gesammelt oder am

Strande die Korallenriffe abgesucht und die wachsende Sammlung mit deren mannigfaltigen Produkten vermehrt. Reich beladen mit Schätzen, kehrte ich gewöhnlich eine halbe Stunde oder eine Stunde nach Sonnenuntergang in das Rasthaus zurück. Eine Stunde kosteten in der Regel dann noch die Verpackung der eben gesammelten Sachen, das Abbalgen und Präparieren der geschossenen Tiere, das Pressen der Pflanzen usw.

So wurde es meistens acht Uhr, ehe ich zu meiner zweiten Hauptmahlzeit, zu dem sogenannten »Dinner«, gelangte. Auch bei diesem war wieder die wichtigste Schüssel der ewige »Curry and Rice«. Indessen kam dazu gewöhnlich noch ein Fisch oder Krebs, den ich mir vortrefflich schmecken ließ, nachher auch wohl noch eine Eierspeise oder Mehlspeise, und zum Schlusse wieder die köstlichen Früchte. An Fischen war in Belligemma natürlich kein Mangel. Unter allen als der feinste galt mit Recht der köstliche Seirfisch (Cybium guttatum), ein großer platter Stachelflosser aus der Familie der Makrelen oder Skomberoiden. Aber auch die Familien der Panzerwangen (Cataphracti), der Schuppenflosser (Squamipennes) und der Lippfische (Labroides) lieferten recht wohlschmeckende Vertreter. Weniger zu rühmen waren die abenteuerlich gestalteten Rochen und Haifische, die täglich in Riesenexemplaren auf dem Fischmarkte erschienen. Indem Babua mir dieselben mit einer scharfgewürzten Pfeffersauce schmackhaft zu machen suchte, rechnete er vermutlich auf das besondere phylogenetische Interesse, das diese alten »Urfische«, die Vorfahren der höheren Wirbeltiere (mit Inbegriff des Menschen), für mich besitzen.

Wie der geneigte Leser aus diesem Menü von Belligemma ersieht, war ich auf dem besten Wege, dort vollständiger Vegetarianer zu werden. Zwar machte Sokrates einige Male den Versuch, mich durch die außerordentliche Leckerei von Beefsteak und Mutton-Chop zu erfreuen; allein ich unterlasse, dem Leser meine Mutmaßungen über die wahre Natur der Tiere, denen ich diese Gerichte verdankte, mitzuteilen.

Dagegen muß ich nun das Geständnis ablegen, daß ich den Mangel der europäischen Fleischkost mir bisweilen durch die Erträgnisse meiner Jagd zu ersetzen suchte. Obenan unter den Delikatessen, die ich mir durch meine Flinte verschaffte, stand Affenbraten; ich fand dieses edle Hochwild sowohl frisch geröstet als in Essig gelegt ganz vorzüglich und lernte ahnen, daß der »Kannibalismus« eigentlich zur raffinierten Gourmandie gehört! Weniger appetitlich fand ich das Fleisch der Flederfüchse (Pteropus), dem ein eigentümlicher Moschusgeruch anhaftet. Dagegen näherte sich der Geschmack der großen Eidechsen (Monitor dracaena) ziemlich dem des Kalbfleisches; und die Schlangensuppe erinnerte einigermaßen an Aalsuppe. Unter den verschiedenen Vögeln wurden insbesondere wilde Tauben und Krähen, ferner wilde Enten und Reiher als Surrogate der Hühner verwendet. Rechne ich dazu nun noch alle die verschiedenen »Frutti di mare«, die pikanten Seefrüchte – Muscheln, Schnecken, Seeigel, Holothurien usw. –, so gewinnt der Küchenzettel von Belligemma eine weit größere Mannigfaltigkeit, als es zuerst den Anschein haben mochte. Zum Überfluß hatte mich mein lieber Gastfreund von Punto-Galle, Mr. Scott, auch noch mit verschiedenen europäischen Konserven, schottischer Marmelade, Liebigs Fleischextrakt usw. ausgestattet, wie er auch für die nötigen Getränke Sorge getragen hatte.

Was diese wichtige Frage des Getränkes betrifft, so schien sie anfangs sehr bedenklich. Denn das gewöhnliche Trinkwasser gilt fast allenthalben im Flachlande von Ceylon als sehr schlecht und ungesund, während das Hochland überreich am schönsten und frischesten Quellwasser ist. Die großen Regenmengen, die täglich auf die Insel herabstürzen, schwemmen beständig eine Masse Erdreich und vegetabilische Reste mit sich fort in die Flüsse. Auch das stagnierende Wasser der Lagunen steht mit diesen vielfach in Kommunikation. Allgemeine Regel ist es daher, das Wasser nur abgekocht zu trinken, als schwachen Tee, oder versetzt mit etwas Claret oder Whisky. Von letzterem hatte mir Freund Scott eine mehr als ausreichende Quantität geschickt. Mein Lieblingsgetränk wurde jedoch bald die Milch der Kokosnuß, die ich ebenso angenehm und erfrischend als gesund fand.

War abends das frugale Dinner glücklich vorüber, so machte ich in der Regel noch einen kurzen Spaziergang am einsamen Meeresstrande, oder ich ergötzte mich an der Illumination des Kokoswaldes durch Tausende von prächtigen Leuchtkäfern und Feuerfliegen. Dann schrieb ich noch einige Notizen oder versuchte beim Scheine meiner Kokosöllampe zu lesen. Indessen wurde ich gewöhnlich bald so sehr von Müdigkeit übermannt, daß ich mich schon um neun Uhr zu Bett verfügte, nachdem durch sorgfältiges Schütteln, wie morgens aus meinen Kleidern, die Skorpione und Tausendfüße daraus entfernt worden waren. Die großen schwarzen Skorpione von sechs Zoll Länge sind hier so häufig, daß ich einmal im Laufe einer Stunde ein halbes Dutzend derselben sammelte. Auch Schlangen finden sich in großer Zahl. Die zierlichen grünen Peitschenschlangen hängen überall von den Zweigen der Bäume herab, und auf den Dächern der Hütten jagt bei Nacht die große Rattenschlange (Coryphodon Blumenbachii) Ratten und Mäuse. Obgleich sie harmlos und nicht giftig ist, bleibt es doch immer eine unangenehme Überraschung, wenn diese fünf Fuß lange Natter plötzlich bei allzu eifriger Jagd durch die Dachluken in das Zimmer und gelegentlich in das Bett hineinfällt.

Im übrigen wurde meine Nachtruhe durch die mannigfaltigen Bestien von Belligemma nur wenig gestört, abgesehen von dem Geheul des Schakals und dem unheimlichen Ruf des Teufelsvogels (einer Eule, Syrnium Indrani) sowie einiger andrer Nachtvögel. Die glockenartigen Stimmen der kleinen niedlichen Laubfrösche, die ihre Wohnung in großen Blumenkelchen aufschlagen, wirkten eher wie ein Schlummerlied. Dagegen ließ mich oft das Spiel der eigenen Gedanken nicht zur Ruhe kommen; die Erinnerung an die vielen Erlebnisse des vergangenen Tages und die Spannung auf diejenigen des kommenden. In langer glänzender Reihe zogen da alle die bunten Bilder an mir vorüber, mit denen mich die letzten Ausflüge und Beobachtungen bereichert hatten, und neue Pläne für den nächsten Tag wurden entworfen.

Mit der braunen Bevölkerung von Belligemma, die zum größten Teil rein singhalesisches Blut besitzt, kam ich durch die mannigfaltigen Arbeiten im zoologischen Laboratorium wie durch meine Versuche im Aquarellieren und Photographieren bald vielfach in nähere Berührung. Gleich anfangs hatte mich der »Native Doctor« gebeten, ihm bei einigen chirurgischen Operationen behilflich zu sein, und dadurch hatte sich auch mein ärztlicher Ruf in einem Maße übertrieben verbreitet, daß ich manchen lieben Kollegen in Deutschland die glänzende (wenn auch nicht einträgliche) Praxis gegönnt hätte. Bald kam ich sogar in den Ruf eines Tausendkünstlers und Hexenmeisters, der aus Pflanzen Zaubertränke und aus Seetieren Gold machen könne. Die wunderlichsten Anforderungen an meine schwarze Kunst wurden gestellt. Alt und Jung begleitete mich scharenweis auf meinen Wanderungen durch das Dorf und dessen Umgebung. Alles, was ich tat und unternahm, war für sie interessant, und hinter allem vermuteten sie besondere Geheimnisse.

Sehr unterhaltend und zum Teil auch recht ergiebig gestaltete sich bald der Naturalienhandel mit den Eingeborenen, und ich verdanke ihm manches schöne Stück für meine Sammlung. Insbesondere erwies sich der schon erwähnte Tauschhandel bald als sehr vorteilhaft. Unter den verschiedenen Tauschwaren, die ich zu diesem Zwecke mitgebracht, waren namentlich eiserne Instrumente – Messer,

Scheren, Zangen, Hammer usw. – begehrt, aber auch Glasperlen, bunte Steine und dergleichen Schmuck. Den höchsten Wert besaßen jedoch – und es spricht das für den Kunstsinn der Singhalesen – bunte Bilderbogen, von denen ich ein paar Hundert mitgenommen hatte. Diese Kunstwerke, die allbekannten Lieblinge unsrer Kinder, die berühmten »Bilderbogen aus Neu-Ruppin, Schön zu haben bei Gustav Kühn« (Stück für Stück fünf Pfennig!) fanden in Belligemma den höchsten Beifall, und ich bedauerte nur, nicht noch mehr mitgenommen zu haben. Auch als Gastgeschenk wurden sie außerordentlich geschätzt; und ich konnte mit nichts Besserem mich erkenntlich zeigen für die Haufen von Kokosnüssen, Bananen, Mango und andren edlen Früchten, die mir meine braunen Freunde, und besonders die beiden Häuptlinge, täglich in das Rasthaus sendeten. Bald fand ich alle vornehmeren Hütten des Dorfes mit diesen feinen Erzeugnissen der deutschen Malerei geschmückt; und selbst aus benachbarten Dörfern kamen einzelne Häuptlinge und verehrten mir Früchte und Blumen, um sich dadurch in den ersehnten Besitz von Neuruppiner Bilderbogen zu setzen. Obenan im Range standen die Militaria: preußische Ulanen, österreichische Husaren, französische Artillerie, englische Marinesoldaten usw. Ihnen folgten zunächst Theaterfiguren, die bekannten Phantasiegestalten von Oberon und Titania, von der weißen Dame, der Nachtwandlerin und Wagners Nibelungenring. Daran schlossen sich die Haustiere: Pferde, Rinder, Schafe. Dann erst kamen die Bilderbogen mit Genrebildern, Landschaften usw. Je bunter und greller, desto schöner!

Durch die gegenseitigen Geschenke und durch jenen Tauschhandel kam ich bald zu der Bevölkerung von Belligemma in sehr freundschaftliches Verhältnis; und wenn ich zu Fuß durch das Dorf wanderte oder auf dem Ochsenkarren hindurchfuhr, hatte ich nur immer rechts und links zu grüßen, um die ehrerbietigen Verbeugungen meiner braunen Freunde, die sie mit auf der Brust gekreuzten

Armen ausführten, zu erwidern. Bei diesen Dorfpromenaden fiel mir, ebenso wie bei den späteren Besuchen andrer singhalesischer Dörfer, nichts so sehr auf wie die Seltenheit des schönen Geschlechts, namentlich der jungen Mädchen im Alter zwischen zwölf und zwanzig Jahren; selbst unter den spielenden Kindern sind die Knaben weit überwiegend. Die Mädchen werden früh daran gewöhnt, im Innern der Hütten zu bleiben und dort häusliche Arbeiten zu verrichten. Dazu verblühen sie sehr bald. Oft schon mit zehn oder zwölf Jahren verheiratet, werden sie bereits mit zwanzig, dreißig Jahren alte Frauen. Großmütter von fünfundzwanzig, dreißig Jahren kommen häufig vor. Ein wichtiger Umstand ist ferner das permanente Mißverhältnis der männlichen und weiblichen Geburten unter den Singhalesen. Auf je zehn Knaben sollen durchschnittlich nur acht bis neun Mädchen geboren werden. Das schöne Geschlecht ist hier zugleich das seltene! Selten freilich ist es auch wirklich schön.

In ursächlichem Zusammenhange damit, wenigstens teilweise, steht wohl auch das merkwürdige Verhältnis der Polyandrie. Obwohl die englische Regierung seit langem eifrig bemüht ist, dasselbe zu unterdrücken, besteht es dennoch fort, wahrscheinlich noch sehr verbreitet, besonders in den entlegeneren Teilen der Insel. Nicht selten haben zwei oder drei Brüder eine Frau gemeinschaftlich; es soll jedoch auch Damen geben, die sich des Besitzes von acht bis zwölf anerkannten Männern erfreuen. Über diese verwickelten Familienbeziehungen und ihre Konsequenzen werden eine Menge von merkwürdigen Geschichten erzählt; doch ist es wohl sehr schwer, das Wahre daran von den zugefügten Fabeln zu sondern.

Der alte Sokrates, mit dem ich mich einmal über diese Polyandrie ausführlich unterhielt, überraschte mich dabei durch eine neue Vererbungstheorie, die zu merkwürdig ist, als daß ich sie hier nicht mitteilen sollte. Sie fehlte bisher unter den verschiedenen Vererbungsgesetzen im neunten

Kapitel meiner »Natürlichen Schöpfungs-Geschichte« und ist so originell, daß sie für jeden Darwinisten von hohem Interesse sein muß. Ich muß vorausschicken, daß Sokrates ein Sohn des Hochlandes von Kandy und nach seiner Angabe aus einer hohen Kaste gebürtig war. Nur mit stiller Verachtung bewegte er sich daher unter den Bewohnern von Belligemma, unter denen er erst seit einigen Jahren weilte und mit denen er offenbar nicht auf dem freundlichsten Fuße stand. Er warnte mich gleich anfangs vor deren Schlechtigkeit im allgemeinen und redete ihnen manch einzelnes Übles nach. »Freilich, ist diese verdorbene Gesinnung nicht wunderbar«, sagte er dann plötzlich achselzuckend mit einer sehr ernsten Miene, »denn, Herr, Ihr müßt wissen, jeder dieser Leute im Tieflande hat von Anfang an mehrere Väter, und da er von allen seinen Vätern immer so viele schlechte Eigenschaften erbt, ist es ganz natürlich, daß diese Rasse immer verdorbener wird!«

Als Sokrates mir zum ersten Male (gleich am ersten Tage in Belligemma!) eine Warnung vor dem schlechten Charakter seiner Landsleute zukommen ließ, wurde ich dadurch in der Tat etwas besorgt, und es beruhigte mich einigermaßen, als er treuherzig versicherte, daß er selbst dafür der beste Mensch sei und daß ich mich in allen Dingen unbedingt auf ihn verlassen könne. Wie erstaunte ich aber, als gleich darauf der erste Häuptling mich wieder mit seinem Besuche beehrte und mir im stillen ungefähr ganz dasselbe versicherte – und als an den folgenden Tagen noch ein halbes Dutzend Honoratioren des Dorfes mich besuchten und dasselbe Thema in andren Tonarten variierten! Jeder bat mich, nur ja vor seinen Mitbürgern mich in acht zu nehmen, denn es seien meistens schlechte Kerle, Lügner, Diebe, Verleumder usw. Nur der Redner selbst sei eine Ausnahme, und ich könne mich unbedingt auf seine Freundschaft verlassen.

Wenn schon durch diese merkwürdigen Mitteilungen ein dunkler Schatten auf die geträumte Paradiesunschuld der

Singhalesen fiel, so erschien diese in noch trüberem Lichte durch die Mitteilungen des Richters (oder, wie er sich nannte, des »Gerichtspräsidenten«). Derselbe versicherte mir seufzend, daß er am meisten im ganzen Dorfe zu tun habe und daß er den ganzen Tag nicht mit seiner juristischen Tätigkeit fertig werde. In der Tat fand ich die Gerichtshalle (gleich der Schule ein offener Schuppen) fast immer mit ein paar Dutzend und bisweilen mehr als hundert Dorfbewohnern gefüllt, die dort ihr Recht suchten. Indessen erfuhr ich zu meiner Beruhigung, daß die Mehrzahl der Prozesse sich um Beleidigungen und Verleumdungen, um Betrügereien und besonders um Gartendiebstahl drehe. Denn die Singhalesen sind im allgemeinen zu List und Betrug sehr geneigt, ganz besonders aber Lügner erster Klasse. Hingegen sind sie keine Freunde von Gewalttaten; Körperverletzungen und Totschlag sind selten, Raub und Mordtaten große Ausnahmen. Überhaupt kommen lebhafte Leidenschaften selten zur Erscheinung; ihr Temperament ist im ganzen entschieden phlegmatisch.

Große Liebhaber sind die Singhalesen von Tanz und Musik, beides allerdings in Formen, die wenig nach unsrem Geschmacke sein würden. Die wichtigsten Instrumente sind Pauke und Tam-Tam, deren Kalbsfell aus Leibeskräften mit hölzernen Keulen bearbeitet wird, außerdem Rohrpfeifen und ein sehr primitives Streichinstrument mit einer einzigen Saite (Monochord). Wenn ich abends in der Nähe des Rasthauses den Lärm dieser ohrenzerreißenden Werkzeuge vernahm und demselben nachging, traf ich in der Regel vor einem Feuer unter einer Palmengruppe einen Trupp von einem halben oder ganzen Dutzend brauner nackter Kerle, die sich mit weißen, gelben und roten Strichen phantastisch bemahlt hatten und in den wunderlichsten Kapriolen umhersprangen. In weitem Kreise hockte eine andächtige Volksmenge dicht gedrängt umher und verfolgte diese grotesken Kunstleistungen mit Aufmerksamkeit. Um die Weihnachtszeit (welche auch für die

Buddhisten das Fest der Jahreswende ist) wurden diese abendlichen »Teufelstänze« häufiger und erhielten besondere religiöse Bedeutung. Die Hauptkünstler waren dann mit bunten Federn abenteuerlich verziert, trugen ein paar Hörner auf dem Kopfe und hatten einen langen Schwanz angebunden, ein besonderes Vergnügen der lieben Jugend. Springend und johlend zog jetzt öfter ein ganzer Trupp solcher Dämonen unter Musikbegleitung auch bei Tage durch das Dorf, während die nächtlichen Trinkgelage manches Mal zu etwas bedenklichen Orgien ausarteten.

Eine besondere buddhistische Feierlichkeit hatte am 19. Dezember der Häuptling des benachbarten Dorfes Dena Pitya veranstaltet. Ich war als Ehrengast eingeladen und wurde nachmittags in feierlichem Aufzuge abgeholt. Ein ganzes Dutzend alter kahlgeschorener Buddhapriester in gelbem Talar empfing mich unter den Wipfeln eines ungeheuren heiligen Feigenbaumes und führte mich unter wunderlichem Gesange in den Tempel, der mit Girlanden zierlich dekoriert war. Hier wurde mir das große Buddhabild, reich mit duftenden Blumen geschmückt, gezeigt und die Bedeutung der Wandmalereien (Szenen aus der Lebensgeschichte des Gottes) erklärt. Dann wurde ich auf einen Thronsessel geführt, der dem Tempel gegenüber unter einer schattigen Bananengruppe errichtet war, und nun begann die eigentliche Vorstellung. Ein Musikchor von fünf Tam-Tam-Schlägern und ebenso vielen Flötisten begann einen Lärm zu erzeugen, der Steine erweichen konnte. Zugleich erschienen auf zwölf Fuß hohen Stelzen zwei Tänzer, die eine Reihe der wunderlichsten Evolutionen ausführten. Dazwischen trugen die Töchter des Häuptlings, üppige, schwarzlockige Mädchen von zwölf bis zwanzig Jahren mit sehr zierlichen Gliedmaßen, Toddy oder Palmwein in Kokosschalen und Zuckerbackwerk nebst Früchten zur Erfrischung umher. Von einer längeren Rede, die der Häuptling dann an mich hielt, verstand ich leider kein Wort; doch merkte ich, daß sie vorzugsweise die hohe Ehre betonte, die ihm heute durch meinen Besuch widerfuhr. Pantomimisch wurde dieselbe Idee durch eine Bande von zehn nackten, buntbemalten und geschmückten Teufelstänzern ausgedrückt, die rings um meinen Thron die tollsten Sprünge ausführten! Als ich endlich gegen Sonnenuntergang aufbrach und meinen Ochsenkarren aufsuchte, fand ich ihn ganz gefüllt mit den schönsten Bananen und Kokosnüssen, die die freundlichen Leute mir noch als Gastgeschenk mit auf den Weg gegeben hatten.

Kaum hatte ich hier als Ehrenpräsident eines echt singhalesischen buddhistischen Zauberfestes fungiert, so mußte ich – schon am nächsten Tage! – eine entsprechende Funktion bei der Jahresfeier der Wesleyanischen Mission ausüben. Am folgenden Morgen (dem 20. Dezember) erschien unvermutet in einem Wagen aus Punto-Galle der Präsident der dortigen Wesleyanischen Mission (einer Religionsgesellschaft, die unsren Herrnhutern ziemlich nahe steht). Er teilte mir mit, daß in der hiesigen Schule derselben heute zum Schlusse des Jahresunterrichts eine feierliche Preisverteilung stattfinde und daß ich ihrer guten Sache keinen größeren Dienst erweisen könne, als wenn ich selbst die Prämien an die Kinder verteile. Trotz allen Sträubens mußte ich mich doch schließlich fügen. Hatte ich gestern dem großen Buddha gehuldigt, so mußte ich heute dem guten Herrn Wesley einen Gefallen tun. Ich wanderte also nachmittags in das kleine offene Schulhaus, wo etwa einhundertfünfzig Kinder in weißen Kleidern (teils aus Belligemma, teils aus benachbarten Dörfern) versammelt waren. Zuerst wurden mehrere Gesänge aufgeführt, die jedoch für die musikalische Bildungsstufe des braunen Schulmeisters kein besonders erfreuliches Zeugnis ablegten; es kam mir vor, als ob die einhundertfünfzig Kinder (etwa neunzig Knaben und sechzig Mädchen) mindestens fünfzig verschiedene Melodien gleichzeitig exekutierten. Die mangelnde Harmonie suchten sie offenbar durch Stärke und Höhe der Stimme zu ersetzen. Dagegen fiel das folgende Examen in biblischer Geschichte und englischer Grammatik recht befriedigend aus. Auch die aufgelegten Schreib- und Zeichenhefte waren nicht übel, wenigstens in Anbetracht des Umstandes, daß sie im Paradiese von Ceylon unter sechs Grad nördlicher Breite entstanden waren. Nun hielt der Referent N. eine feierliche Rede, an deren Schlusse er mich aufforderte, die dreißig ausgesetzten Prämien an die fleißigsten Schulkinder zu verteilen. Ich rief die Namen derselben, einer Liste folgend, auf, und jedesmal kam der kleine Singhalese mit strahlendem Antlitze vor und empfing mit tiefer Verbeugung aus meiner Hand seine Belohnung: ein englisches Buch oder eine Bilderfibel. Zum Schlusse wurde alles mit Kaffee und Kuchen traktiert. Meine Freunde in Galle und Colombo, die durch die Zeitungen von diesen meinen außerordentlichen Leistungen erfuhren, hatten darüber großen Spaß.

Die merkwürdigste Feier jedoch, der ich während meines Aufenthaltes in Belligemma beiwohnte, war das Begräbnis eines alten Buddhapriesters am 13. Januar. Während die gewöhnlichen Menschen hier einfach begraben werden (und zwar im Garten hinter dem Wohnhaus oder im nahen Kokospark), so werden die Priester allein der Ehre der Verbrennung teilhaftig. Diesmal handelte es sich um den ältesten und angesehensten Priester des Dorfes, und demgemäß war in der Nähe des Haupttempels ein gewaltiger Scheiterhaufen mitten im Kokoswalde aus Palmenstämmen aufgeschichtet. Nachdem die Leiche auf einer hohen, blumengeschmückten Bahre unter feierlichen Gesängen durch das Dorf getragen worden war, zog eine Schar von jungen Buddhapriestern in gelber Toga sie auf den Scheiterhaufen hinauf, der eine Höhe von ungefähr dreißig Fuß hatte. Die vier Ecken desselben wurden durch vier hohe, im Boden wurzelnde Kokosstämme gestützt, zwischen denen baldachinartig ein großes weißes Tuch ausgespannt war. Nach Ausführung verschiedener Zeremonien, feierlicher Gesänge und Gebete wurde um fünf Uhr abends unter lautem Tam-Tam-Lärm der Scheiterhaufen angezündet. Die rings versammelte braune Volksmenge, mehrere tausend Köpfe stark, die den umgebenden Kokoswald erfüllte, folgte nun mit größter Spannung der Verbrennung der Leiche, besonders aber dem Momente, in dem der Baldachin von den Flammen ergriffen wurde. Die aufsteigende heiße Luft blähte dieses horizontal ausgespannte weiße Tuch gleich einem gewaltigen Segel hoch empor, und es war schon die Dunkelheit eingebrochen, ehe dasselbe von der hochauflodernden Flamme ergriffen und verzehrt wurde. In diesem Augenblick durchtobte tausendstimmiger lauter Jubel den stillen Wald; die Seele des brennenden Oberpriesters war jetzt gen Himmel geflogen. Zugleich gab dieser feierliche Moment das Signal für den Beginn des heiteren Festteiles. Reiskuchen und Palmwein wurden herumgereicht, und es begann eine laute und lustige Zecherei, die den größten Teil der Nacht hindurch rings um den noch immer brennenden Scheiterhaufen fortdauerte. Abgesehen von diesen Feierlichkeiten und einigen weiteren Exkursionen in die Umgebung erlitt mein einsames Stilleben im Rasthause von Belligemma nur selten eine Unterbrechung. Dann und wann kam auf seiner Inspektionsreise durch die Provinz ein englischer Regierungsbeamter, der ein paar Stunden im Rasthause verweilte, auch wohl den Abend mit mir speiste und dann weiterfuhr. Unbequemere Besuche waren einige singhalesische Schulmeister, die, durch den Ruf meines Laboratoriums angezogen, aus weiter Entfernung angereist kamen, sich mir als Kollegen vorstellten und alles mögliche wissen oder sehen wollten. Nun bin ich zwar allerdings in der Hauptsache auch nur ein Schulmeister und habe demgemäß vor meiner Kaste natürlich den größten Respekt. Allein die besondere Spezies des Praeceptor singhalensis, die ich hier näher kennenlernte, war doch wenig nach meinem Geschmacke, und ich war froh, wenn ich diese zudringlichen und eingebildeten, dabei aber doch sehr unwissenden Gesellen glücklich abgeschüttelt hatte. Daneben lernte ich übrigens später einige angenehmere und besser unterrichtete Exemplare dieser Gattung kennen.

Der merkwürdigste unter den vielen neugierigen Besuchen, die ich während meines dortigen Aufenthaltes empfing, überraschte mich jedoch zur Weihnachtszeit. Ich kam abends spät sehr ermüdet von einer weiten Exkursion nach Boralu zurück, als schon vor dem Rasthause Sokrates mir entgegenkam und mit geheimnisvoller Miene mir zuflüsterte, daß vier fremde »Ladies« seit einer Stunde schon auf mich warteten. In der Tat erblickte ich bei meinem Eintritte in das dunkle Rasthaus auf der Bank sitzend vier Damen in europäischer, aber höchst geschmackloser Kleidung. Wie erschrak ich aber, als der flackernde Schein der Kokoslampe auf vier alte Hexengesichter fiel, von denen eins immer häßlicher und runzeliger war als das andre. Wären es drei gewesen, so würde ich sie für die drei Phorkyaden aus der klassischen Walpurgisnacht gehalten und ihnen nach dem Muster des Mephistopheles einiges Angenehme gesagt haben. Glücklicherweise wurde mir dies erspart; denn die älteste der vier braunen Huldinnen (sie mochte wohl über fünfzig Jahre zählen) begann mir ebenso höflich als würdevoll in leidlich gutem Englisch mitzuteilen, daß sie die wißbegierigen Töchter des Häuptlings aus einem benachbarten Dorfe seien und daß der Großvater ihrer Mutter ein Holländer gewesen sei; da sie wissenschaftliche Interessen besäßen, wünschten sie meine Sammlung zu sehen und photographiert zu werden. Ich bat sie, am andern Morgen wiederzukommen. Zur Photographie konnte ich mich freilich nicht entschließen; aber durch Demonstration des Laboratoriums konnte ich doch ihren Wissenstrieb befriedigen.

Fritz Sarasin
Reise von Kandy über Polonnaruwa nach Kandy

14. Februar bis 23. März 1884

Das trockene Wetter der Monate Februar und März benutzten wir zu einer ersten Orientierungsreise. Eine Anzahl tamilischer Kulis und zwei große Ochsenwagen wurden gemietet. Diese letzteren dienten uns außer für den Transport des Gepäcks nicht selten als Schlafraum. Wenn man die vordere und die hintere Öffnung des tonnenförmigen, aus dichtem Flechtwerk bestehenden Oberbaus des Wagens mit Moskitonetzen schließt, kann man sich einen bequemen Schlafplatz bereiten. Wir selber gingen selbstverständlich zu Fuß, wie auf allen unseren Reisen in Ceylon, was für Naturforscher, die beobachten wollen, die einzig richtige Art des Reisens ist.

Durch die herrliche Kulturvegetation der Umgebung von Kandy mit ihren smaragdgrünen Reisfeldern, Palmen, Bananen-, Brotfrucht-, Mango- und anderen Fruchtbäumen führte unser Weg zunächst direkt nordwärts nach dem Orte Matale, umgeben von Bergen mit Kaffeeplantagen. In einem der dortigen brahmanischen Tempel, dessen Heiligstes uns natürlich verschlossen war, standen in einer Vorhalle von Kokosöl triefende, schwarze, steinerne Götterbilder und in einem Schuppen nahebei lebensgroße, aus Holz gearbeitete und mit Spiegelchen und Flittern verzierte Tierfiguren, die bei festlichen Anlässen herumgeführt werden, so ein Pferd in springender Stellung, Löwe, Panther, Pfau, auf einer Kobra stehend, und andere mehr. Sie sollen in Jaffna hergestellt worden sein. Auch ein reichgeschnitzter Götterwagen war vorhanden.

Bei Mondschein wanderten wir am nächsten Morgen nordwärts weiter. Die europäischen und eingeborenen

Kulturflecke machten nach und nach im Wald Platz, in dem einzelne mit Schlingpflanzen bedeckte Riesenbäume über die anderen herausragten. Wir waren nun aus dem Bergland in die große nordceylonische Ebene eingetreten. Isolierte Gneisberge, oft von domförmiger Gestalt, kahl oder bewaldet, erhoben sich zu beiden Seiten des Weges aus dem Flachland. Ein solcher Gneisdom enthält die berühmten und oft beschriebenen Felsentempel von Dambulla mit ihren zahllosen Buddhabildern. Von der etwas mühsam zu besteigenden, rundlichen, schalenförmig verwitternden, höchsten Kuppe des Dambulfelsens genossen wir eine wundervolle Aussicht, nach Süden zu auf die Berge des zentralen Gebirgsstockes, nach anderen Richtungen auf isolierte, direkt aus der Fläche aufsteigende Gneisfelsen. So weit man sehen konnte, war das ganze Land von Wald bedeckt. Nur hin und wieder unterbrachen der glänzende Spiegel eines Teiches oder eine Grasfläche das einförmige Waldmeer. Wo sich etwa zur Seltenheit Gruppen von Palmen zeigten, waren dies sichere Anzeichen menschlicher Siedlungen.

Am Wege rastend, ließen wir, wie wir dies oft taten, durch die Kulis Grabungen ausführen nach unterirdisch lebenden Tieren. Es belohnte uns hier ein seltener Fund, eine zu den Skinken gehörige Eidechse aus dem sonst madagassischen Genus Acontias, die sich von allen anderen Arten der Gattung unterschied durch Fehlen der vorderen, bei Anwesenheit der hinteren Extremitätenstummel. Ratsherr Fritz Müller war so freundlich, sie nach uns zu benennen.

Im Rasthaus von Habarana trafen wir zufällig den eingeborenen Headman von Polonnaruwa, der uns gleich seinen dortigen Bungalow als Wohnung zur Verfügung stellte. Der Weg von hier ostwärts nach der genannten Ruinenstadt wurde für unsere Ochsenkarren sehr beschwerlich. Hindernde Bäume mußten gefällt werden; einmal fiel ein Wagen um; durch Bacheinschnitte mußten alle unsere Leute ziehen und stoßen helfen. So ging es langsam weiter immerzu durch Wald bis zu einer freien, grasbewachsenen Ebene, in der der Spiegel des Minneriya-Sees glänzte. In seiner Nähe bezogen wir im Grase Nachtquartier, durch Wachtfeuer gegen die hier häufigen Elefanten geschützt. Ein Rasthaus bestand damals hier noch nicht.

Unsere Wagen konnten von hier unmöglich weiter, und so mußten die Kulis mit dem nötigen Gepäck schwer belastet werden. Im freundlichen Bungalow des Headman in Polonnaruwa am schönen See Topawewa fanden wir gutes Nachtquartier. Die Königsstadt Polonnaruwa ist eine Gründung des 8. Jahrhunderts und erlebte ihre Glanzzeit im 12. unter dem großen König Parakrama Bahu. Die über eine enorme Fläche zerstreuten Ruinen der Stadt waren ganz im Dschungel begraben. Ficusbäume, die gefährlichsten Feinde menschlicher Bauwerke in den Tropen, sprengten mit ihren Wurzeln die Mauern auseinander. Doch konnte man sich immerhin erfreuen am Anblick schöner Skulpturwerke, zierlichen Säulen und halbkreisförmigen Platten vor zerfallenen Treppen mit Reihen von Pferden, Elefanten, Gänsen und Blumenornamenten, jeweilen durch Bänder voneinander getrennt. Eine Beschreibung der vielen Ruinen von Tempeln, Dagobas und Palästen kann hier füglich unterbleiben, da dies bereits vielfach geschehen ist. Ich habe Polonnaruwa im Jahre 1925 wiedergesehen. Wie anders war das als 1884. Eine bequeme Autostraße führte hin, ein behagliches Rasthaus empfing die Reisenden, und die Ruinen waren zum guten Teil von ihrer Walddecke befreit und freigelegt, teilweise sogar restauriert. Aber ich kann nicht leugnen, daß diese vergänglichen Reste alter Herrlichkeit, als noch Wald sie umschloß, einen poetischeren und tieferen Eindruck machten als nach ihrer Freilegung.

Im Gestrüpp der Ruinen fanden wir einen Steinblock mit einer Löwenskulptur in Hochrelief. Der Stein ist fünfundvierzig Zentimeter lang, siebenunddreißig breit und siebzig und ein halbes Kilogramm schwer. Mit Mühe schleppten ihn vier Kulis abwechselnd zu den am Minneriya-See zurückgebliebenen Ochsenwagen. Wir haben das interessante Skulpturwerk auf den Wunsch Professor Bastians dem Berliner Museum für Völkerkunde geschenkt, wo es sich heute noch befindet. Eine ganz ähnliche Löwenskulptur bildet H. W. Cave in seinem Werke über die Ruinenstätten Ceylons von dem in Anuradhapura befindlichen Palaste des Königs Maha Sen ab, der im 3. Jahrhundert unserer Zeitrechnung regierte. Löwenskulpturen finden sich auch an der steinernen Umrahmung einer Türe im Tempel von Kandy angebracht.

Das Colombo-Museum besitzt herrliche Kunstwerke aus Stein und Bronze, die den Trümmern von Polonnaruwa entstammen, so den gewaltigen steinernen Löwenthron Parakrama Bahus und prächtige Götterfiguren aus Bronze.

Der Löwe (Sing oder Singha) spielt bei den Singhalesen eine große Rolle, und sie haben sogar ihren Namen von dem Tier. Ihre Insel bezeichnen sie als Sinhala oder Sihala Dwipa, was nach Tennent soviel wie »Wohnplatz der Löwen« bedeutet. Radja Singha, »Löwenkönig«, war ein Ehrentitel ceylonischer Fürsten. Diese Hochschätzung des Löwen in Ceylon ist um so sonderbarer, als Löwen auf der Insel gar nicht vorkommen. Die Einwanderer aus dem nördlichen Indien müssen diesen Begriff mitgebracht haben. Ganz ähnlich ist die löwenlose Insel Bali außerordentlich reich an Skulpturwerken, die den Löwen darstellen.

Zurück zum Minneriya-See, wo wir einen genußreichen Abend zubrachten mit Beobachtung des zahlreichen Wassergeflügels. Von den die Bäume belebenden Vögeln fielen namentlich Flüge zweier Taubenarten durch ihr buntes, grün und gelbes Gefieder auf, Osmotreron pompadora und bicincta, die letztere noch besonders geschmückt durch ein lila- und orangefarbiges Brustband. Am Morgen zeigte das Thermometer im feuchten Gras nur siebzehn Grad.

Bevor wir unsere Reise nach Norden fortsetzten, wurde noch ein Ausflug nach dem Sigiriya-Fels unternommen. Der völlig isoliert und mit senkrechten Wänden über einhundert Meter hoch aus der Fläche aufragende Felsblock hatte einst dem vatermörderischen König Kasyapa als unbezwingbare Feste gedient. Er hat seinen Namen von den Löwenfiguren an dem ihn umgebenden Wall erhalten. Ein künstlicher Teich liegt an seinen Füßen. Ursprünglich hatte eine Galerie in einer Spirale in die Höhe geführt, einem natürlichen Einschnitt des Felsens folgend. Jetzt war sie teilweise zerfallen. Ihr unteres Ende konnten wir mit Leitern erreichen. Nach außen zu ist die Galerie durch eine Ziegelsteinmauer gedeckt, auf deren Überzug Reste von Malereien bemerkbar sind. Große Steinplatten bilden den Boden. Der höchste von uns erreichte Punkt lag etwa siebzig Meter über der Fläche des Teiches. Dann hinderte ein Unterbruch der Galerie weiteres Vordringen. Spätere Erkletterer haben nachgewiesen, daß der ganze Gipfel mit Ruinen bedeckt ist.

Die fast gerade verlaufende, nordwärts nach Anuradhapura führende Straße bietet wenig Abwechslung. Ein ununterbrochener, unschöner Niederwald begleitet sie, und große Hitze brütet auf dem schattenlosen Weg. Von der Straße aus machten wir noch einen Abstecher westwärts zum See Kalawewa. Ein Führer begleitete uns auf einem Waldpfad zunächst zu den unbedeutenden Trümmern der alten Stadt Wijitapura und weiter eine Felsplatte hinauf zu einer enormen, etwa fünfzehn Meter hohen, aus dem anstehenden Fels ausgehauenen Buddhastatue, die sich in ihrer Waldeinsamkeit sehr seltsam ausnimmt. Die Gesichtszüge des Kolosses sind würdevoll, Hände und Füße dagegen plump gearbeitet. Wir bestimmten die Fußlänge auf zwei Meter dreißig, die der großen Zehe auf vierzig Zentimeter. Die Kopfflamme, die dem Monolithen aufgesetzt gewesen war, lag in zwei Stücke zerborsten am Boden. Das gewaltige Werk soll auf Befehl des Königs Parakrama Bahu ausgeführt worden sein.

Wijitapura liegt nahe beim großen See Kalawewa, auf dessen breitem und vierzig Fuß hohem Damm wir fünf

Meilen weit wanderten. An mehreren Stellen waren Reste alter Schleusenwerke zu erkennen. In der Mitte war der Damm auf eine ziemlich weite Strecke vom Wasser weggeschwemmt. Dort waren Ingenieure tätig, auf Befehl des Gouverneurs den Damm wieder instand zu stellen. Der See wird dann wieder eine gewaltige Ausdehnung erhalten und zur Bewässerung ausgedehnten Trockenlandes dienen können. Ursprünglich soll er einen Umfang von über vierzig englischen Meilen gehabt haben.

Der Kalawewa, wie die bereits erwähnten Seen von Minneriya und Polonnaruwa und viele andere, die wir noch kennenlernen werden, sind, sosehr sie in ihrer Größe als natürliche Seen erscheinen, dennoch künstliche Gebilde. Sie wurden zur Zeit, als die Singhalesen noch nicht durch die beständig wiederholten, räuberischen Einfälle aus Südindien in das Bergland und in den Südwesten des Landes gedrängt wurden, von den Königen angelegt zur Ermöglichung ausgiebigen Reisbaues in trockenen Gebieten. Durch einen Damm wurden zwei Hügel verbunden und auf diese Weise ein Fluß zu einem See aufgestaut. Die englische Kolonialregierung ist eifrig tätig, manche dieser alten Seebecken, die vielfach durch Einbrüche des Dammes zu bloßen Sümpfen geworden sind, wiederherzustellen, um einer dichten, reisbauenden Bevölkerung die Existenz zu ermöglichen und so Ceylon von fremdem Reisimport unabhängig zu machen. Ein gewisses Hindernis für den gewünschten Erfolg dürfte freilich darin liegen, daß diese Seen wahre Brutstätten der malariaübertragenden Anophelesmücke sind. Ich halte es für möglich, daß zur Zeit, als die großen Städte im Niederland blühten und die Bewässerungsteiche angelegt wurden, diese verderbliche Mücke in Ceylon noch nicht heimisch gewesen ist oder noch nicht malariaübertragend war, wie dies heute noch an manchen Orten, wo die Mücke häufig ist, konstatiert worden ist. Ich gebe nicht nur den Einfällen der Südinder, sondern auch der Malaria die Schuld, daß heute die frühere

Riesenstadt Anuradhapura zu einer bescheidenen Ortschaft geworden ist.

Weiter nordwärts wandernd, erschienen am zweiten Tage vor uns grüne, glockenförmige Hügel; es waren die mächtigen, von Vegetation überwachsenen, aus Ziegeln erbauten Dagobas von Anuradhapura. Den dortigen Governement Agent Fisher fanden wir leider an Malaria krank. Der Unteragent empfing uns, und mit ihm wurde abends ein orientierender Gang über das ungeheuer ausgedehnte Areal der alten Stadt unternommen.

Von allen den gloriosen Überresten, den vielen ungeheuren Dagobas, Palästen und Tempeln interessierte uns Naturforscher am meisten der heilige Bobaum (Ficus religiosa), ein Ableger des Baumes, unter dem Buddha seine Erleuchtung zuteil wurde, im Jahre 288 vor Christ in goldenem Gefäß aus Indien hergebracht und seitdem als großes Heiligtum verehrt. Was man von dem Baum sieht, sind nur einige aus dem Boden kommende starke Äste; der sie vereinigende Stamm ist bis zur Astverzweigung von aufgeschütteter Erde und Mauerwerk umgeben. Gerne folgten wir der Aufforderung eines Priesters, vor diesem ehrwürdigen Baum, dessen Geschichte durch die Jahrhunderte im Mahawamsa, der Chronik Ceylons, aufgezeichnet ist, den Hut abzunehmen und den Baum nicht zu berühren. Ungestraft durfte indessen eine Herde Macacusaffen sich auf dem Baume herumtreiben und ohne Rücksicht auf seine Heiligkeit Zweige und Blätter bearbeiten. Uns war es nur gestattet, ein gefallenes Blatt als Andenken mitzunehmen. Eben näherte sich eine Prozession, um dem Baume Wasser zu bringen: Männer, auf dem Kopf ein gelbmetallenes Gefäß mit Wasser tragend, auf dem eine Lotosblüte, Buddhas heilige Blume, schwamm, begleitet von einem Priester in gelbem Seidengewand. Dabei wurde auf eine Trommel geschlagen, und alle schrien von Zeit zu Zeit laut auf.

Neuerdings hat der Jenenser Professor L. Plate das Alter des Baumes ins Reich der Märchen zu verweisen gesucht.

Er sagt, man könne wohl behaupten, daß sehr wahrscheinlich an dieser Stelle eine über zweitausendjährige Generationenfolge des ersten Bobaumes vorliege, aber man dürfe dieses ehrwürdige Alter nicht einem der noch lebenden Bäume zuschreiben. Plate hat wohl übersehen, daß der Stamm nicht sichtbar ist, sondern nur die Äste. Aber selbst wenn er recht behalten sollte, würde das von ihm zugegebene Alter des Wurzelstocks für die Verehrung genügen.

Von Anuradhapura wanderten wir ostwärts zur Küste. Bis zum wenig weit entfernten heiligen Berg von Mihintale war die Straße in gutem Zustand. Es spielt dieser Berg in der Geschichte des Buddhismus eine bedeutsame Rolle, da der aus Indien gekommene Prinz Mahinda hier den König Tissa im Jahre 307 vor Christ zur buddhistischen Lehre bekehrte. Eine fast endlose Treppe, zum Teil in den Fels gehauen, führt auf den Berg. Oben sind Dagobas und als besonderes Heiligtum Mahindas Felsenzelle mit herrlicher Aussicht. Sehenswert ist ein Felsbassin mit kleinem Weiher, aus dem an der Felswand ausgehauen eine Kobra vom Umfang eines starken Baumstammes aufsteigt mit fünf kunstvoll skulptierten Köpfen, von denen der mittlere mit weit ausgebreitetem Halsschirm nach vorne schaut, die anderen in Profil oder Halbprofil dargestellt sind.

Die nächsten Tage ostwärts waren eine böse Wanderschaft. Der Weg war stellenweise über alle Maßen schlecht. Sehr oft mußten die Wagen mit Hilfe aller Kulis durch Furten gezogen werden; zuweilen sanken die Räder bis zu den Achsen in den Schlammgrund der Flußeinschnitte ein und mußten mühsam mit Seilen wieder flottgemacht werden. Auch Strecken tiefen Sandes bildeten lästige Hindernisse. Wir erkannten, wie recht Tennent hat, wenn er sagt, daß für den Verkehr Brücken von viel größerer Wichtigkeit seien als Straßen.

Auf Hilfe von Eingeborenen war hier nicht zu rechnen, denn der Weg ging durch menschenleeren Wald, der an feuchten Stellen sich zu großer Pracht erhob. Von Spuren des Menschen sahen wir nur an einer Stelle ein Tamilheiligtum, ein kleines, von einem Hag umgebenes Grundstück, in dem ein Phallusstein aufgestellt war, begleitet von einer roh aus Ton gefertigten, rot bemalten Tierfigur. Zahllose Herden von Vanduraaffen belebten den Forst und warfen sich geräuschvoll von Ast zu Ast. F. Doflein berichtet, daß die Hände der Semnopithecusaffen ohne Anstrengung von Muskeln einen Ast umfassen können, indem der Druck des Astes gegen die Fingerknochen einen Zug auf eine eigenartig angebrachte Sehne ausübe, so daß die Finger sich automatisch umbiegen und sich in einen Haken umwandeln, an dem sich das Tier aufhängen kann; für solche Baumbewohner gewiß eine Einrichtung von großer Wichtigkeit. Von allen Seiten ertönte das Krähen des herrlich gefärbten Wildhahnes (Gallus Lafayettii), und Tauben belebten in Menge den Forst. An einem Sumpf mit prächtig rot blühendem Lotos (Nelumbium speciosum) erquickten sich unsere Leute mit den Samen; ihr Geschmack sagte uns nicht besonders zu.

Am vierten Wandertage trafen wir plötzlich auf eine neue Brücke, und von da an blieb die Straße gut. Den nicht weit von unserem Wege abliegenden heißen Quellen von Kanniya wurde noch ein Besuch abgestattet. Das Wasser von sechs Quellen hatte eine Wärme von einundvierzig Grad, das einer siebenten bloß fünfunddreißig Grad. J. Cordiner gibt nach im Jahre 1798 ausgeführten Messungen als Maximaltemperatur einundvierzig Grad, als niederste sechsunddreißigeinhalb Grad an, wonach in diesem Zeitraum keine Änderung in der Temperatur der Quellen stattgefunden hat. Fische und Algen leben in dem warmen Wasser, und eine reiche Vegetation umgibt die Quellen. Eingeborene gebrauchen sie gegen rheumatische Leiden.

Von einem Hügel aus eröffnete sich plötzlich ein Blick auf die wunderschöne, tiefblaue Bucht von Trincomalee. Dichter Wald reicht bis ans Meer, wo nicht Palmenpflanzungen angelegt sind. Damit hatten wir den rassentrennenden Waldgürtel durchschritten und befanden uns nun im Lande der Tamilen. Das Rasthaus von Trincomalee, einer nicht unbedeutenden Ortschaft, war das erste, seit wir Mihintale verlassen. Zum Schutze der gewaltigen Bucht, in der die ganze englische Kriegsflotte Raum finden könnte, sind auf Felsen Festungswerke angelegt. Vom Fort Ostenberg aus überblickt man den ganzen Hafen und die weite Bai von Koddiyar. Blaue Hügel begrenzen in der Ferne das herrliche Bild.

In Trincomalee erfuhren wir, daß der in der Nähe der Küste südwärts nach Batticaloa führende Weg für Ochsenwagen unmöglich passierbar sei. So packten wir alles irgendwie Entbehrliche in die Wagen und sandten sie auf dem gleichen Weg, auf dem wir gekommen, nach Kandy zurück. Wir mußten zum Ersatz der Wagen noch eine Anzahl Kulis für die Weiterreise einstellen und ein Boot mieten zur Überfahrt nach Koddiyar, dem Ausgangspunkte des südwärts führenden Weges. Anfangs mit Rudern, später mit günstigem Wind erreichten wir in dreieinhalb Stunden den genannten Ort am Südufer der Bai. In diesen Gewässern wird in Menge die Muschel Placuna placenta gefischt, deren dünne, durchschimmernde Schalen in China als Fensterscheiben verwendet werden. Das Rasthaus von Koddiyar stammt noch aus holländischer Zeit und bietet eine behagliche Unterkunft. In seiner Nähe steht eine riesenhafte Tamarinde, deren runder, tiefgefurchter Stamm in der Höhe von einem Meter über dem Boden einen Umfang von zehn Metern besitzt. An diesem Orte fiel im Jahre 1659 Robert Knox in singhalesische Gefangenschaft, für ihn ein sehr unglückliches, für die Nachwelt aber glückliches Ereignis, denn seiner fast zwanzigjährigen Gefangenschaft auf der Insel verdanken wir sein vortreffliches Buch über das damalige Ceylon.

Gleich bei der Biegung des Weges nach Süden mußten wir mit Booten eine breite Lagune übersetzen. Das nahe

Dorf Toppur, von Tamilen und mohammedanischen Moormen bewohnt, machte einen gut gehaltenen Eindruck mit seinen sauber umzäunten Höfen. Der Weiterweg war nur noch ein schmaler Pfad auf flachem, sandigem Boden, der stellenweise mit einer dünnen Salzkruste, wie mit leichtem Schnee bedeckt war. Strecken mit niedrigem, halbverdorrtem Buschwald brachten wenig Abwechslung in die wüstenartige Landschaft. Man konnte sich kaum vorstellen, auf derselben Insel zu sein, die anderwärts in üppigstem Grün prangt.

Es begegneten uns einige Männer, deren fremdartiges Aussehen und dunkle Hautfarbe uns überraschten und sie als etwas von Singhalesen und Tamilen Verschiedenes erkennen ließen. Es waren in der Tat Weddas. Sie begleiteten uns nach ihrem im Buschwerk gelegenen, aus sieben Hütten bestehenden Dörfchen. Weiber und Kinder entflohen bei unserem Anblick ins Gebüsch.

Weiter ging es durch Grasflächen, seltener durch Buschwald oder trockene Reisfelder auf oft tiefsandigem, mühsam zu begehendem Pfad. Über den Virugal-Fluß, einen Zweig des nördlich in die Koddiyar-Bai mündenden Mahaweli Ganga, brachte uns eine Fähre. Auch die folgenden Tage blieb die Gegend von ermüdender Einförmigkeit. Im Buschwald war keine Spur von Luftzug zu verspüren. Dankbar begrüßte man von Stelle zu Stelle kleine Hütten mit Strohdach, die gegen die glühende Sonne und die ofenartige Mittagshitze Schutz gewährten. Spuren wilder Büffel waren in diesem traurigen Lande häufig, und plötzlich rasten zwei gewaltige Tiere in sausendem Lauf aus dem Buschwerk gerade auf uns zu, die wir an nichts Böses dachten. Sie hätten uns sicher über den Haufen gerannt, hätte nicht das Geschrei unserer Kulis die Bestien erschreckt und bewogen, eine andere Richtung einzuschlagen. In erschöpftem Zustand erreichten wir den Panichankeni-Fluß; ein Auslegerboot setzte uns über. Noch waren lange, lästige Sandstrecken zu überwinden, bis wir zu unserer freudigen Überraschung auf eine gute, breite Straße trafen. Boote brachten uns und unsere Leute über die einem See gleichende, von stelzwurzligen Mangroven umgürtete Lagune des Nattur-Flusses zum Rasthaus von Valaichenai. Massenhafte Cerithien lebten in dem brackischen Wasser. Von hier besuchten wir die nahe Wendeloos-Bai. Diese liebliche Meerbucht ist von halbrunder Form mit bewaldeter Küste. Der Sandstrand war mit Korallenstücken und massenhaften, aber leider meist beschädigten Molluskenschalen bedeckt. Die Bai ist berühmt für ihren Reichtum an schönen Mollusken, und Händler kommen öfters hierher, um Schalen für den Verkauf zu sammeln. Auf Gerüsten räucherten Moormen Fische, meist in Streifen zerschnitten.

Auf der nun guten, südwärts führenden Straße war das Wandern mühelos. Schon einige Meilen nördlich von Batticaloa begannen schöne Kokospalmenpflanzungen, die sich dann als ununterbrochener Gürtel südwärts weit über den genannten Ort hinaus fortsetzen. Die Kokospalme gedeiht hier sogar üppiger als bei Colombo. Auch die Palmyrapalme ist hier reichlich vertreten, zuweilen von den Wurzeln der Ficus indica netz- oder röhrenartig umwachsen.

Das saubere Städtchen Batticaloa liegt am Westrand einer südwärts weit sich erstreckenden Lagune; das alte holländische Fort und ein Teil des Ortes sind sogar von Wasser umgeben. Eine sehr schmale Lücke in der die Lagune meerwärts begrenzenden Sandbank, etwa dreieinhalb Meilen nördlich vom Ort, führt vom offenen Meer in die Lagune; sie ist unpassierbar für größere Schiffe. Die Sandbank ist dicht mit Kokospalmen bestanden.

Zu den Merkwürdigkeiten Batticaloas gehört vor allem der sogenannte singende Fisch in der Lagune. Wir ließen uns um acht Uhr abends bei Mondschein auf die Lagune in der Nähe des alten Forts hinausrudern. Längere Zeit vernahmen wir nichts, plötzlich aber mit auf den Bootsrand aufgelegtem Ohre einzelne metallische Töne bald lauter, bald schwächer, bald höher, bald tiefer aus dem Wasser heraufklingen. Bald hörten wir dieses nicht unmelodische Konzert auch deutlich ohne aufgelegtes Ohr. Unser Fischer sagte, die Töne seien nur an ganz bestimmten Stellen der Lagune zu hören. Sir J. E. Tennent beschreibt die Erscheinung ganz ähnlich; er sagt, die Töne glichen denen einer angeschlagenen Saite oder auch der Vibration eines mit feuchtem Finger geriebenen Weinglases; besonders deutlich seien sie zu vernehmen mit aufgelegtem Ohr. C. A. Kriekenbeek spricht von drei verschiedenen Noten, ähnlich einer in Distanz gespielten Orgel. L. K. Schmarda, der die ihm erzählte Erscheinung nicht glauben wollte und nur auf Drängen sich nachts auf die Lagune hinausrudern ließ, vernahm zu seinem Leidwesen die Töne aus der Tiefe ebenfalls und verglich sie mit dem Summen aufgescheuchter Bienen oder Fliegen oder dem Schwingen kurzer Metallsaiten.

Wer ist nun dieser Musikant im Wasser? Tennents Fischer schrieben die Töne einer Schnecke zu und brachten ihm Exemplare von Littorina und Cerithium, welche ganz gewiß nicht die Urheber sind. Wenn Mollusken die Tonerzeuger sind, können es nach meiner Meinung nur Bohrmuscheln, Pholadiden und Terediniden sein, die mit ihren mit kleinen Zacken besetzten Schalen bei ihrer Bohrarbeit wohl Geräusche durch Reibung hervorbringen können. Es wird diese meine Ansicht bestätigt durch eine Notiz von Kriekenbeek, nach welcher sich diese singenden Muscheln an Felsen und an Holz anheften und sehr schädlich seien für Boote, die man durch einen Kupferbelag vor ihnen schützen müsse. Schmarda erklärte die Töne für solche von Zikaden oder Laubfröschen, vom Lande her über den Wasserspiegel geleitet und dabei etwas modifiziert, eine ganz sicher unrichtige Deutung.

Was nun die Fische angeht, so ist es klar, daß sie kein Stimmorgan besitzen wie die höheren Wirbeltiere. In einer Schrift mit dem Titel »Ob die Wassertiere hören?« sagt

A. Lang, es gebe Krebse und Fische, welche Töne oder Geräusche erzeugen, sei es durch Anschlagen von Körperteilen gegen eine Unterlage, Klopftöne, oder durch Reiben harter Körperteile aneinander, Reib- oder Streichtöne, oder endlich dadurch, daß sie gewisse Muskeln in fabelhaft rasch aufeinanderfolgende Kontraktionen versetzen, sogenannte Muskeltöne. Er berichtet weiter, daß gewisse Fische, manche, wie es scheine, besonders zur Laichzeit, einen wahren Spektakel im Wasser vollführen, den man besonders laut höre, wenn man das Ohr auf den Schiffsboden lege. Daß Fische Geräusche verursachen können, ist eine längst bekannte Tatsache, manche besonders, wenn sie aus dem Wasser genommen werden, wie der Knurrhahn (Trigla) durch Aneinanderreiben der Kiemendeckelknochen oder auch durch rasche Schwingungen der muskulösen Schwimmblase.

Was nun die Musikanten in der Lagune von Batticaloa angeht, so wäre es nach dem Gesagten nicht unmöglich, daß es Fische sein könnten. Aber die Lokalisation an bestimmten Stellen spricht entschieden gegen bewegliche Fische. So bleibe ich bei meiner Meinung, daß die Töne der Minierarbeit von Bohrmuscheln ihre Entstehung verdanken.

In den Palmenhainen um Batticaloa sammeln sich abends zur Nachtruhe aus dem Innern lärmende Scharen des grünen Alexandersittichs mit rosenrotem Nackenband (Palaeornis eupatria), und der Fisch- und Krebsreichtum der Lagune lockt viele Möwen, Reiher, Ibisse und Störche an. Ein schwarz und silberweiß gefärbter Königsfischer (Ceryle varia) ist ein ständiger Gast der Lagune, und über der blauen Fläche sieht man eleganten Fluges die Brahminenweihe (Haliastur indus), weiß mit kastanienbraunen Flügeln und ebensolchem Rücken, hinschweben.

Die in Trincomalee angeworbenen Kulis wurden nun abbezahlt und neue in Batticaloa in Dienst genommen, die aber, sobald sie den verlangten Vorschuß erhalten hatten, verschwanden und nur mit Hilfe der Polizei wieder zur Stelle gebracht werden konnten.

Wir wandten uns nun südwestwärts dem Gebirge und unserem Ausgangspunkt Kandy zu. Die große dorthin führende Straße läuft nach ihrer Abzweigung von der Nordstraße südwestlich in gerader Richtung über flaches, in der Regenzeit oft überschwemmtes und stellenweise sumpfiges Land, weshalb sie über die Fläche erhöht und mit zahlreichen Brücken versehen ist. Nach Verlassen der Küste hören die Kokospalmenplantagen bald auf. Reisfelder und Buschwald treten an ihre Stelle, keinen Schutz gegen die glühende Sonne gewährend, so daß wir auf der guten Straße gerne Teile der Nacht zum Wandern benutzten. Allmählich ging indessen der Buschwald in schönen Hochwald über.

In Maha Oya brachte uns der Dorfvorsteher einen alten Wedda-Mann mit seiner ebenso alten Frau. Das waren nun die ersten echten Weddas, die wir zu Gesicht bekamen, von primitiverem und wilderem Aussehen als die an der Ostküste angetroffenen. Der Alte war nur mit einem kleinen Schamtuch bekleidet, trug in der Hand Bogen und Pfeile und über die Schulter gelegt eine kleine Axt. Auf unsere Frage, woher er die eisernen Pfeilspitzen und die Axtklinge habe, erzählte er, daß er früher die eisernen Gegenstände vom Dorfschmied in Maha Oya bezogen habe. So habe er nachts den zerbrochenen und zu ersetzenden Gegenstand oder auch ein Blatt in seiner Form, begleitet von einem Stück getrockneten Fleisches, vor seine Türe gehängt und in der folgenden Nacht das Gewünschte abgeholt, ohne je mit dem Schmied in Verkehr zu treten. Heute aber, nachdem er vor einiger Zeit auf höheren Befehl sei angesiedelt worden und sein freies Leben in Höhlen habe aufgeben müssen, könne er direkt mit dem Schmied verhandeln. Vom Schmied hatte er auch sein halbmondförmiges Eisengerät, mit dem er gegen einen Stein Feuer zu schlagen pflegte; die zu entzündende Baumwolle hatte er in einer hohlen Palmyranuß geborgen. Auf unseren Wunsch, Feuer zu machen, ging er gleich an die Arbeit. Als es nicht sofort gelingen wollte, kreischte er wie ein zorniges Kind. Als wir ihm eine Rupie gaben, sagte er, er könne das nicht essen, wolle es aber sein Leben lang aufbewahren. Weißes Tuch ergriff er dagegen gierig und schlang es roh um seine Hüfte, fröhlich lachend und mehr davon verlangend. Schon diese flüchtige Begegnung mit einem echten Wedda des Innern machte auf uns einen tiefen Eindruck, und wir beschlossen, später diesem verschwindenden Rest der Urbevölkerung Ceylons eine eingehende Untersuchung zu widmen.

Noch am gleichen Abend wanderten wir weiter nach Kalodai. Von hier aus hätten wir der bequemen Straße folgen können, die in weitem Bogen über Badulla und Nuwara Eliya nach Kandy führt. Wir zogen es aber vor, uns direkt westwärts durch den Wald dem Gebirge zuzuwenden. Der Pfad, den wir einschlugen, war oft durch gefallene Bäume gesperrt und so unkenntlich, daß wir uns verirrten und ein Dorf, in dem wir für die Nacht unterzukommen hofften, nicht zu finden vermochten, und als noch ein Gewitter drohte, schlugen wir an einem Bach eine Schutzhütte auf und schliefen auf Tüchern am Boden.

Der Wald wurde immer großartiger, je mehr wir uns der vor uns gewaltig aufsteigenden, Feuchtigkeit spendenden Gebirgsmauer näherten. Besonders fielen riesige Ficusbäume auf. Palmen spielen im Walde des Niederlands keine Rolle. Offene Grasplätze waren mit zierlichen Cycadeen geschmückt, und über das Gebüsch der Waldränder schlang sich häufig die Kletterlilie Gloriosa superba mit ihren überaus herrlichen, gelben und roten Flammen gleichenden Blüten. Im dichten Wald war von Tierleben wenig zu bemerken. Das Hämmern von Spechten unterbrach oft einzig die tiefe Stille.

Endlich erreichten wir das ärmliche Dorf Bintenne. Das Rasthaus war von europäischen Jägern besetzt. Dafür bot uns der Dorfvorsteher, an den wir empfohlen waren, in seinem Haus einen Raum an, nachdem er ihn zuvor, wie es sich für europäische Gäste geziemt, mit weißen Tüchern ausgeschlagen hatte.

Das heute so unansehnliche Bintenne, offiziell Alutnuwara, blickt auf eine große Vergangenheit zurück und war einst eine blühende Stadt. Die noch stehende, aber stark zerfallene, aus Ziegelwerk aufgebaute Dagoba ist 300 Jahre vor Christ errichtet worden. Außer diesem Bauwerk sprechen nur wenige skulptierte Steine von früherer Herrlichkeit. Noch zur Holländerzeit war Alutnuwara eine Stadt von Bedeutung, und die Frage drängt sich auf, wie es kommen konnte, daß heute nur ein bescheidenes Dorf übriggeblieben ist. Von Feinden ist der Ort nie zerstört worden; der Zerstörer ist vielmehr wahrscheinlich die Malaria gewesen. Wir trafen hier einen Neffen des Gouverneurs, der sich mit Schießen von Schnepfen vergnügte; er starb bald nachher an einer in diesem Fiebernest geholten Malaria.

Etwa fünf Kilometer vom Orte entfernt liegt einer der lieblichsten Stauseen der Insel, der Horabora-Wewa, nach einer Inschrift auf einer Säule in Badulla im Jahre 165 vor Christ errichtet von König Dutu Gemunu. Zwei mehrere Kilometer voneinander entfernte Hügel sind durch einen gewaltig hohen und breiten Damm verbunden worden und durch diesen ein Fluß zu einem See von über zwölf Kilometer Länge und etwa fünf Kilometer Breite aufgestaut. Riesenhafte Bäume wachsen auf diesem Damm. Zwei Ausflußkanäle sind tief in den Felsen eingehauen, aber heutzutage genießen nur wenige Reisfelder den Segen des zur Bewässerung eines großen Areals bestimmten Staubeckens.

Eine Fähre brachte uns unweit von Bintenne über den breiten, aber wenig tiefen, nordwärts fließenden Mahaweli Ganga, wobei wir mehrmals auf Sandbänken festsaßen. Nebenbei sei bemerkt, daß in Ceylon die Bezeichnung

Ganga ausschließlich für große Flüsse gebraucht wird. Kleinere nennt man Oya oder Aru.

Durch hohen Wald ging es nun steil bergan mit schönem Blick nach Westen auf hohe, alpin anmutende Berge, nach Osten auf die waldbedeckte Ebene, die wir durchwandert hatten. Die Luft wurde angenehm kühler. In feuchten Schluchten gediehen prächtige Farne, und im Walde zeigten sich häufig zierliche kleine Palmen, eine um so auffallendere Erscheinung, als der Wald des Niederlands, wie schon erwähnt, nur aus Laubbäumen zusammengesetzt ist. Weiter folgten smaragdgrüne Reisfelder und Kaffeeplantagen, teilweise verlassen und von Lantana überwachsen. Im Rasthaus von Teldeniya fanden wir alle nur wünschbare Bequemlichkeit. Dann noch eine Strecke durch malerische Landschaft längs des Mahaweli, und am 23. März trafen wir über Kandy wieder in unserem Heim in Peradeniya ein, etwas müde zwar von der langen Wanderschaft, aber hochbefriedigt von dem vielen Schönen und Interessanten, das wir gesehen und erlebt hatten.

Otto E. Ehlers

Deutscher Schweinebraten und Ceylontee

Es gibt kaum ein andres Land in der Welt, mit dem sich meine Phantasie von Jugend auf so viel beschäftigt hatte wie mit Ceylon. In der Geographiestunde hatte ich erfahren, daß diese Wunderinsel englischer Besitz sei, daß dort weiße Elefanten an goldenen Ketten gehalten würden und daß die kostbarsten Gewürze da gediehen wie bei uns die gewöhnlichsten Feldfrüchte. Man hatte mir erzählt, daß unvergleichliche Edelsteine in den Bergen Ceylons gefunden und die herrlichsten Perlen im Norden der Insel aus der Tiefe des Meeres gefischt würden. Kaschmir und Ceylon, das waren diejenigen Länder, nach denen ich mich schon als Knabe sehnte. Mein Wunsch in bezug auf Kaschmir war längst in Erfüllung gegangen, und alle meine Phantasiegebilde hatten verblassen müssen vor der unvergleichlich bestrickenden Schönheit dieses paradiesischen Landes. Nun hatte ich vom frühen Morgen an, sobald die ersten Umrisse der Ostküste der Insel in unseren Gesichtskreis getreten waren, auf Deck gestanden, der Wunder harrend, die da kommen sollten. Sowohl die Fahrt an der Küste entlang als auch die Einfahrt in den Hafen entsprachen in keiner Weise meinen hochgespannten Erwartungen. Ein dichter, über die Insel sich ausbreitender Wolkenschleier hatte sämtliche Berge und Höhenzüge während unsrer Annäherung den Blicken entzogen, wir hatten nichts gesehen als einen flachen, sandigen, palmwaldbedeckten Küstenstreifen, und weder der Hafen von Colombo mit seinen wie mit der Schnur ausgerichtet nebeneinander ankernden Schiffen noch das Bild, das die Stadt von hier aus dem Auge des Beschauers bot, waren dem vergleichbar, was meine Phantasie mir vorgegaukelt hatte. Ich war enttäuscht, wenn auch nur für den Anfang.

In keinem mir bekannten Hafen des Orients herrscht eine so vorzügliche Ordnung wie in dem Colombos. Ohne den sonst üblichen Lärm legen sich die Passagierboote längsseit der Dampfer; ihre braunen Insassen bleiben ruhig in ihren Fahrzeugen sitzen, bis sie gerufen werden. Die Landung erfolgt am Zollhause; man wird ersucht, die Zahl der mitgebrachten Gepäckstücke in ein Buch einzutragen, und damit ist die ganze Angelegenheit erledigt. Da ich erfuhr, die Gelegenheit, in offener See zu baden, finde sich nur in dem etwa zwanzig Minuten per Bahn von Colombo entfernten Mount Lavinia, nahm ich in dem entzückend auf einem weit ins Meer vorspringenden Hügel gelegenen Gasthof Wohnung. Dies Hotel, ursprünglich als Sommerpalast des Gouverneurs von Ceylon erbaut, ist an drei Seiten vom Meere umspült, so daß man sich fast wie auf einem Schiff, doch ohne dessen unangenehme Bewegungen mitten in den Wellen befindet. Dahinter dehnen sich wunderbare Kokospalmenhaine und Zimtplantagen weit ins Land hinein. Ein Morgen in Mount Lavinia, wenn alles Grün vom Tau der Nacht erfrischt ist, das weite, stille Meer perlmuttgleich im ersten Frührot glänzt und nur am Ufer leise rauschend schäumt, wenn sanfter Wind die Palmenkronen fächelt und ab und an ein Fischerboot vom Strande stößt, bemannt mit bronzefarbenen, nackten Singhalesen, und wenn man sich selbst in salziger Flut erquickt, das ist das Schönste mit, was ich erlebt habe.

Während des vorzüglichen Frühstücks ist die Brise etwas stärker geworden, und man setzt beziehungsweise legt sich nun in die hallenartige, offene Veranda, um dem Rauschen des Meeres zu lauschen, in vollen Zügen unverfälschte Seeluft einzuatmen und die nahe an der Küste vorüberfahrenden Dampfer oder fern am Horizont langsam vor dem Winde dahintreibende Segler zu beobachten. Welch eine himmlische Ruhe! Die Bedienung des Gasthofs besteht durchweg aus Singhalesen, den Eingebornen der Insel, ruhigen, bescheidenen und aufmerksamen Leuten, denen man es wahrlich nicht an den Augen ansieht, daß sie mit dem Messer, wenn erregt, ebenso schnell bei der Hand sind wie etwa die Sizilianer.

Wenn ich in Mount Lavinia so unverhofft schnell gesundete und schon nach zehntägigem Faulenzen mich kräftig genug fühlte, eine längere Fußtour in die Tee- und Kaffeegebiete sowie eine Besteigung des siebentausenddreihundertdreiundfünfzig Fuß hohen Adam's Peak und des noch etwa eintausend Fuß höheren Pidurutalagala zu unternehmen, so verdankte ich das neben der kräftigenden Meeresluft und den stärkenden Seebädern in erster Linie der rührenden Pflege unseres Landsmannes Herrn Link, der als Leiter des Gasthofs nie müde wurde, die verführerischsten, für mich besonders nach deutscher Art bereiteten Gerichte auf meinen Tisch zu bringen. Zur Feier meiner Genesung wurde sogar ein Schwein geschlachtet und deutsche Wurst, deutsche Erbsensuppe mit Schweinsohren sowie allerhand sonstiges Schweinernes für einige Tage in Permanenz erklärt. Ein Schweineschlachtfest in Colombo, und ein sehr gelungenes dazu, das war für mich eine Überraschung, wie ich sie auf Ceylon wahrlich nicht erwartet hätte!

Das Hotel Mount Lavinia blieb für die ganze Dauer meines Aufenthaltes in Ceylon mein Hauptquartier. Von hier aus besichtigte ich die wenigen Sehenswürdigkeiten Colombos und unternahm meine weiteren Reisen in das Innere der Insel, von denen ich weiter unten berichten werde. Bevor ich mich jedoch mit Einzelheiten befasse, gestatte man mir, einige kurze Notizen über die Geschichte der Insel und über ihre Bewohner meinen Schilderungen vorauszusenden.

Wenige Länder nur erzählen uns durch die Überreste großartiger Bauten, durch die Trümmerfelder verfallener Städte so viel von ihrer Vergangenheit wie Ceylon. Den ältesten Reisenden, selbst aus der Zeit des Königs Salomo, soll die Insel bereits bekannt gewesen sein, und gelehrte Menschen behaupten, daß die Ruinen der alten Hauptstädte der Insel älter seien als zweitausend Jahre. Sei dem, wie ihm wolle, alt sind sie, davon habe ich mich überzeugt, und schließlich kommt es ja dabei auf ein paar Jahrhunderte mehr oder weniger nicht an.

Die neuere, den Nichtarchäologen mehr interessierende Geschichte Ceylons beginnt mit dem Anfang des 16. Jahrhunderts, nämlich dem Jahre 1505, als die Portugiesen zuerst auf der Insel erschienen. Einhundertundfünfzig Jahre hielten sie sie besetzt. Im Jahre 1656, nach jahrelangen Kämpfen, gelang es den Holländern, die Portugiesen endgültig von der Insel zu vertreiben und dort für einhunderteinundvierzig Jahre selbst festen Fuß zu fassen, d. h. so lange, bis sie im Jahre 1797 ihrerseits von den heutigen Herren des Landes, den Engländern, verjagt wurden. Endgültig an diese abgetreten wurde Ceylon freilich erst im Jahre 1802 durch den Frieden von Amiens.

Das Eigentümlichste an den Singhalesen ist ihre Haartracht. Das Haar wird zurückgekämmt, hinten in einen Knoten geschlagen und dann mit einem hufeisenförmigen Kamm, wie er bei uns von kleinen Mädchen getragen wird, geschmückt. Er ziert nur den männlichen Scheitel, sogar dann noch, wenn dieser Scheitel längst zur Glatze geworden ist, wird aber in der Regel erst dann »genommen«, wenn die Knaben ihre Schulzeit beendet haben und ihnen der Bart zu wachsen beginnt; bis dahin tragen sie kurzes, gescheiteltes Haar oder lange Locken. Ich habe nie schöneres Haar gesehen als das der singhalesischen Jugend; es ist blauschwarz, wächst wunderbar üppig und schmiegt sich in sanften Wellenlinien dem meist gut geformten Schädel an. Wirklich schöne Männer und Frauen sieht man in Ceylon verhältnismäßig wenig; dagegen sind die Kinder, namentlich die Knaben, mit ihren wunderbaren Augen, ihrem prächtigen Haar und ihrer in allen Abstufungen glänzenden, bronzefarbenen Haut von fast berückender Schönheit, die aber leider gar zu schnell verblüht und mit dem Kamme vollends verschwindet.

Von den Tamulen, eingewanderten Bewohnern Südindiens, kann nur ein verhältnismäßig geringer Teil zur ansässigen Bevölkerung gezählt werden, mit Ausnahme des Jaffnadistrikts, wo sie die Singhalesen fast vollständig verdrängt haben; sie kommen meist auf kürzere oder längere Zeit nach Ceylon, um Kulidienste auf den verschiedenen Tee-, Kaffee-, Kakao- und sonstigen Pflanzungen zu nehmen und, sobald sie sich genügend Geld erspart haben, wieder in ihre Heimat, an die Malabar- oder Madrasküste, zurückzukehren.

Die eigentliche Landesreligion in Ceylon ist der Buddhismus; etwa ein Viertel der Gesamtbevölkerung bekennt sich zum Brahmanismus. Ich möchte gleich vorweg bemerken, daß ich bisher nirgends, selbst in Nepal nicht, den Buddhismus in so entarteter Form angetroffen habe wie hier. In den für Reisende, die Burma besucht haben, wenig sehenswerten Tempeln der Insel finden wir häufig neben Buddhabildnissen auch solche indischer Gottheiten, die von den Singhalesen vor allem in Krankheitsfällen in Anspruch genommen werden. Die Erziehung der Jugend liegt hier ausschließlich in den Händen von der Regierung fest angestellter oder unterstützter Lehrer. Nahezu viertausend Schulen sind über die ganze Insel verbreitet.

Mit besonderer Freude werde ich mich stets meiner vielen Fahrten zu Bahn oder Wagen erinnern. Die Eisenbahn zwischen Mount Lavinia und Colombo führt größtenteils durch Kokospalmenwald, und zwar so unmittelbar am Meer entlang, daß der Bahndamm zuweilen direkt von den Wellen bespült wird. Zuerst erschien es mir rätselhaft, daß dieser nicht bei jedem hohen Seegang fortgespült werde, bis ich erfuhr, daß ein langes, mit der Küste parallel laufendes Riff die Kraft der Wogen so sehr abschwäche, daß eine Gefahr für den Damm sogar bei Stürmen nicht vorhanden sei. Die Fahrstraße liegt weiter landeinwärts; man fährt etwa drei Viertelstunden auf ausgezeichneter Chaussee durch anmutige, palmenüberschattete Dorfschaften, in deren Gärten sämtliche tropischen Pflanzen in seltener Üppigkeit prangen. Dann erreichen wir die von den Holländern ins Leben gerufenen Zimtgärten, die heute einen ziemlich verwilderten und verwahrlosten Eindruck machen. Sie befinden sich größtenteils in den Händen Eingeborner.

Sobald wir die Zimtgärten verlassen, gelangen wir zu dem südlich von Colombo gelegenen Stadtteil Kolupitya mit seinem Eingebornenbasar und einer langen Reihe dicht an der See gelegener Bungalows. Weiter geht es über die am Meer entlangführende Galle Face Promenade, auf der sich gegen Abend die europäische Gesellschaft zu Wagen, zu Pferd oder zu Fuß zu treffen pflegt, nach dem Fort, dem Geschäftsviertel Colombos. Hier haben sämtliche Firmen ihre Büros, hier befinden sich die Hotels, Kaufhallen, Gouvernementsgebäude und Kasernen sowie die Resi-denz des Gouverneurs, das sogenannte Queens House, ein außen schmuckloses, innen seiner Bestimmung entsprechend würdig eingerichtetes Bauwerk mit Terrassen, Hallen, Gärten und Springbrunnen. Irgendwie interessante Gebäude sind im Fort nicht vorhanden, wohl aber ein sehenswertes Bauwerk, nämlich die weit ins Meer hineinragende, viertausendzweihundertelf Fuß lange Mole, durch die der Hafen von Colombo gebildet wird. Bevor die Mole gebaut wurde, hatte Colombo überhaupt keinen Hafen, sondern nur eine zur Zeit des Südwestmonsums gänzlich ungeschützte Reede. Fast alle größeren Dampfer liefen daher den natürlichen, aber wegen vorliegender Korallenriffe auch gefährlichen Hafen von Galle an, um dort Kohlen einzunehmen, vermieden aber das Anlaufen eines Ceylon-Hafens stets nach Möglichkeit. Heute dürften hingegen nur wenige Dampfer die Gelegenheit versäumen, ihre Feuerungsvorräte in dem bequemen Hafen Colombos zu ergänzen.

Unmittelbar an das Fort schließt sich die »schwarze Stadt«, an das Eingebornenviertel, »Pettah« genannt, in dem Singhalesen, Tamulen und Moormen hausen. Etwa zwei Kilometer zieht sich dieser Stadtteil am Meere entlang und erstreckt sich bis an die Mündung des Kelani-Ganga, dem die Stadt ihren Namen »Kelan-Bua« verdankt, woraus die Portugiesen Colombo machten.

Das Klima Colombos gilt als gesund, die Hitze ist bei einer Jahresdurchschnittstemperatur von fünfundzwanzig Grad Celsius niemals unerträglich, zumal in der Regel gegen Mittag die Seebrise Kühlung bringt; schwere Fieberanfälle scheinen zu den Seltenheiten zu gehören.

Eine große Überraschung brachte mir die Begegnung mit meinem Freunde Stanley im Queens House. Ich hatte den vielgefeierten und vielgeschmähten Reisenden bei seiner Rückkehr von der Emin-Pascha-Expedition in Ostafrika kennengelernt und in Sansibar manche frohe und anregende Stunde mit ihm verlebt. Damals war er ein Mann voll körperlicher und geistiger Frische, mit funkelndem Auge und einer fesselnden Unterhaltungsgabe, ein Mann, der mir als die verkörperte Energie erschien – dazu ein Triumphator. Wie sah ich diesen Mann nach kaum zwei Jahren wieder! Der kleine, mir langsam entgegenhinkende, jetzt etwas zur Korpulenz neigende Herr mit aufgedunsenem Gesicht, schneegebleichtem Haar, das war allerdings Henry Morton Stanley, aber nicht mehr der Stanley, dem ich in Afrika begegnet war; das matte, glanzlose Auge, es sprühte keine Funken mehr, dahin schien alle frühere Beweglichkeit, verschwunden scheinbar gar das Selbstvertrauen. Zum Frühstück war ich mit ihm, seiner bezaubernd liebenswürdigen Gattin und deren Mutter, Mrs. Tennent, zur Tafel des Gouverneurs, Sir Arthur Havelock, geladen, und es gelang mir allmählich, den schweigsamen Mann ein wenig aufzumuntern. Da Stanley Colombo nur auf der Durchreise nach Australien berührte, wo er Vorlesungen zu halten beabsichtigte, so war sein Aufenthalt hier auf nicht mehr als zwölf Stunden bemessen. Als ich mich von ihm verabschiedete, geschah das in der festen Überzeugung, daß dieser Mann, der für die Erschließung Afrikas so unendlich viel geleistet hat, keinen Ehrgeiz mehr spürte, noch einmal in das Innere des dunklen Weltteils zurückzukehren. »Zum zweiten Male«, so bemerkte er scherzhaft, »hole ich Ihren Emin nicht heraus.« – Damit schieden wir.

»Waren Sie schon in Kandy?« Das ist die ständige Frage, die vom Tage unserer Ankunft bis zur Stunde der Abreise jedermann, dessen Bekanntschaft wir in Colombo zu machen das Glück oder Unglück haben, an uns richtet; und wenn wir diese Frage verneinen, so laufen wir Gefahr, eine wahre Flut von Vorwürfen über uns ergehen lassen zu müssen. »Was? Sie haben die alte Königsstadt noch nicht gesehen? Aber einen Besuch Kandys dürfen Sie unter keinen Umständen versäumen. Wenn Ceylon die Perle des Indischen Ozeans ist, so ist die Perle Ceylons – Kandy.« Kurz, es wird einem von allen Seiten so viel von Kandy vorgeschwärmt, daß man mit Recht in der Erwartung lebt, in dieser sechzehnhundert Meter über dem Meeresspiegel gelegenen ehemaligen Residenz der Könige der Insel etwas geradezu überirdisch Schönes, Märchenhaftes, mit keinem andern Erdenwinkel Vergleichbares zu schauen. Kein Wunder daher, daß, sobald ich mich kräftig genug fühlte, auch nötigenfalls Fußtouren ins Gebirge zu unternehmen, mein erstes war, nach Kandy hinaufzufahren.

Die im Jahre 1867 eröffnete, etwa einhundertvierzig Kilometer lange Bahn von Colombo nach Kandy ist von der Regierung des Landes erbaut und gilt als eine der interessantesten Gebirgsbahnen der Welt. Für die ersten zwei Stunden fährt man durch eine fruchtbare Ebene zwischen Palmhainen und Zimtplantagen dahin, vorüber an smaragdgrün im Morgenlichte glänzenden Reisfeldern und unter Mangobäumen, Bananenstauden und fruchtbeladenen Palmen fast versteckten einzelnen Wohnungen und kleinen Dorfschaften. Allmählich beginnt die Landschaft hügliger zu werden; über und über mit Schlingpflanzen bedeckter Wald tritt vielfach an Stelle der Kulturen.

Auf der Station Rambukkana wurde unserem Zuge eine zweite Lokomotive angehängt, da von hier an eine außergewöhnlich starke Steigung (eins zu fünfundvierzig) beginnt. In gefälligen Schlangenwindungen an wildromantischen Taleinschnitten vorbei, an schroffen Felswänden entlang, durch Laterit- (eisenhaltiger Lehm) und Granitmassen durchschneidende Tunnel und über eiserne Brükken, die in schwindelerregender Höhe weite Schluchten überspannen, führt uns das Dampfroß. Man wird nicht müde, von einem Fenster zum andern zu eilen, um sich möglichst wenig von der beständig wechselnden großartigen Szenerie entgehen zu lassen. Bald sind es kunstvoll angelegte, tief unter uns terrassenförmig übereinander sich erhebende Reisfelder, bald von rauschenden Wasserfällen und schäumenden Gießbächen durchzogene Teegärten und Kaffeeplantagen, dann wieder von blühenden Schlinggewächsen überwucherte, freundliche Häuschen oder auffallend prächtige Exemplare irgendeiner Palmenart. Neben der Kokos- und Arekapalme finden wir die unvergleichliche Kitul- und die majestätisch ihre mächtigen, fächerartigen Blätter entfaltende Talipotpalme. Ich hatte das besondere Glück, unterwegs mehrere Talipotpalmen in Blüte zu sehen, ein herrlicher, mir unvergeßlicher Anblick. Aus der Mitte der wie trauernd gesenkten Blätter, die die Krone des glatten, einer Säule gleich, wohl an die einhundert Fuß hoch aufstrebenden Stammes bilden, erhebt sich ein oft mehr als dreißig Fuß hoher Büschel cremefarbener Blüten – das Schönste, was man überhaupt sehen kann. Die Talipotpalme blüht nur einmal, und zwar meist, nachdem sie das achtzigste Lebensjahr erreicht hat. Ihre Blütezeit dauert nahezu sechs Monate. Damit hat sie ihre Aufgabe erfüllt und beim Abfallen der reifen Frucht ihren Lebenslauf vollendet.

Bei Kadugannawa, in einer Höhe von etwa zweitausend Fuß, hört die Steigung auf. Von hier geht es bergab, bis wir, nachdem wir Peradeniya passiert haben, die vierhundert

Fuß niedriger gelegene Station Kandy und damit das Ziel unserer herrlichen Fahrt erreichten.

Mein Weg führte durch freundliche Anlagen mit einem hübschen Springbrunnen, dann vorbei an geräumigen Markthallen mit lebhaftem Verkehr in die Hauptstraße der Stadt. Am Ende dieser in jeder Hinsicht interesselosen Straße gelangte ich an einen von schattenspendenden Bäumen eingerahmten Platz, in Front vor mir lag der berühmte Buddhatempel, der »Maligawa«, zu meiner Rechten der künstliche, von einer selten geschmacklosen Mauer eingefaßte See, in dessen Mitte sich ein kleines, mit Bambusgruppen bestandenes Inselchen gar schmuck ausnimmt; hier haben in früheren Zeiten die später von den Engländern in ein Pulvermagazin umgewandelten, nunmehr bis auf einen Torbogen gänzlich verfallenen Haremsbauten des Königs gestanden. Man denke sich alles dies eingeschlossen von bewaldeten oder mit Tee und Kaffee bepflanzten Bergen, dann wird man sich leicht vorstellen können, daß das Bild, das Kandy bietet, überaus anmutig ist. Wie aber Dutzende von Schriftstellern dazu kommen konnten, dieses Bild als eins der bezauberndsten zu beschreiben, die das Menschenauge überhaupt schauen kann, ist mir rätselhaft; denn Kandy ist tatsächlich nichts weiter als ein freundliches, sehr hübsch gelegenes Gebirgsstädtchen ohne irgendwelchen anderen Anziehungspunkt als seine Lage und Umgebung. Historische, an seine ehemalige Bestimmung als Königssitz erinnernde Denkmäler sind in Kandy so gut wie gar nicht vorhanden. Der viel beschriebene Tempel, der von den Buddhisten als eine der geheiligsten Stätten auf Erden bezeichnet wird, ist ein vernachlässigtes Gebäude ohne irgendwelche Reize. Vom Palast des Gouverneurs führt ein schattiger Pfad in sanfter Steigung auf einen Bergrücken, von dem man eine prächtige Aussicht über das Dumbaratal genießt; ebenso ist der Blick auf Kandy von irgendeiner der umliegenden Höhen des Schweißes selbst der Edelsten wert.

Peradeniya und seinem wunderbaren botanischen Garten galt mein nächster Besuch. Man fährt von Kandy aus bequem in einer halben Stunde zu Wagen nach diesem Eldorado aller Botaniker und aller Bewunderer tropischer Flora. Die Anlagen verdienen in der Tat den Ruf, dessen sie sich erfreuen, zu den schönsten und großartigsten der Welt zu zählen. Sie wurden im Jahre 1819 von der englischen Regierung ins Leben gerufen, und das Glück hat gewollt, daß bis auf den heutigen Tag die Leitung dieses Instituts stets in den Händen von Männern lag, die mit bedeutenden Fachkenntnissen einen vorzüglichen Geschmack verbanden. Die außerordentliche Gleichmäßigkeit der Luftwärme, die Reichlichkeit der Niederschläge zeitigen hier eine beispiellos dastehende Fülle und Üppigkeit des Wachstums. Der Direktor des Gartens, Dr. Trimen, der mich in liebenswürdigster Weise durch die Anlagen geleitete, erzählte mir unter anderem, als wir an einer der mächtigen Bambusgruppen, einer der Hauptzierden des Gartens, vorüberschritten, er habe beobachtet, daß junge Bambusschüsse innerhalb von vierundzwanzig Stunden um genau dreizehneinhalb Zoll gewachsen seien. Sehenswürdigkeiten sind die verschiedenen, in malerischen Gruppen vereinten Palmen, eine Allee von Oreodoxa (Kohlpalme) und die vor dem Eingang des Gartens stehenden kolossalen Exemplare der Ficus elastica, die einem jeden Deutschen unter dem Namen »Gummibaum« wohl bekannt sein dürfte. Auch die Orchideensammlung, die Abteilung für Farnkräuter, die Baumschule sowie der Garten für Gemüse und medizinische Pflanzen lohnen eine eingehende Besichtigung. Dr. Trimen zeigte mir zum Schluß eine Sammlung sämtlicher auf der Insel vorkommender Hölzer und führte mich zu dem einen geräumigen Saal füllenden Herbarium des Instituts.

Zur Bahnstation zurückgekehrt, fuhr ich mit dem nächsten Zuge nach Gampola, von wo aus eine Wanderung durch die Tee- und Kaffeebezirke beginnen sollte. Mein vierzig Kilometer entferntes vorläufiges Reiseziel war die Teeplantage Rangbodde. Nachdem ich die eingeborenen Kulis am nächsten Morgen schon vor fünf Uhr auf den Marsch gebracht hatte, folgte ich selber etwa eine Stunde später. Als wir die Ortschaft hinter uns hatten, überschritten wir auf eiserner Hängebrücke den hier an beiden Ufern üppig bewaldeten Mahaweli Ganga, einen der größten Wasserläufe der Insel; sein Brausen drang noch lange an mein Ohr, als ich auf sanft und allmählich ansteigender breiter Fahrstraße munter pfeifend weiterzog. Unausgesetzt begegnet man auf den Landstraßen langen Zügen kolossaler zweirädriger Karren, mit einem über beide Enden des Gefährts beträchtlich vorragenden Palmdach von oft gegen zwanzig Fuß Länge versehen und von Buckelochsen gezogen. Sehr originell sind auch die kleinen, zweirädrigen, mit einem Zwergzebu bespannten Personenfuhrwerke, »Hackorys« genannt, deren sich selbst in Colombo die Eingebornen vielfach zum Verkehr bedienen. Stundenlang führte mein Weg zwischen Teegärten dahin, die sich hier und da bis auf die Kuppen der Berge ausdehnten. Eine Faktorei reihte sich an die andere; überall sah man das Wasser der von den Bergen herunterkommenden Bäche und Fälle in Kanälen und Rinnen zu riesigen Mühlrädern geleitet, mit denen die im Inneren der Faktoreien aufgestellten Roll- und Teesortiermaschinen getrieben werden, und Hunderte von Kulis beiderlei Geschlechts waren in den Gärten mit dem Pflücken der jungen Teeblätter beschäftigt.

Als ich in die Nähe von Rangbodde kam, zeigten sich die vielen ringsum von den Bergen rauschenden Wassermassen in ihrer ganzen Großartigkeit. Der Bungalow der Faktorei Rangbodde liegt dreitausenddreihundert Fuß über dem Meeresspiegel, an steilem Abhange am Ende einer reizenden Talschlucht. Imposante, mehrere hundert Fuß senkrecht in die Tiefe oder in Unterbrechungen von Felsen zu Felsen stürzende Wasserfälle, deren jeder einzelne in Europa als eine Sehenswürdigkeit ersten Ranges gelten würde, erfüllen mit ihrem dumpfen Brausen und Donnern die Luft derartig, daß man, bevor man sich an dieses Getöse gewöhnt hat, wie mit Taubheit geschlagen ist.

Am Eingang seines von Blumenbeeten umgebenen Hauses empfing mich der Besitzer, Herr de Lemos, ein Hamburger, in dem ich während meines dreitägigen Aufenthaltes in Rangbodde einen ebenso liebenswürdigen und hochgebildeten wie als Pflanzer erfahrenen Herrn und Kenner des Landes schätzenlernte. Ich verdanke ihm Aufklärungen über manche Dinge und Verhältnisse, die ich an anderer Stelle schwerlich erhalten haben würde, auch darüber, wie sich in Ceylon aus der noch bis zum Jahre 1870 fast ausschließlich betriebenen Kaffeekultur die heutige Teekultur entwickelt hat (zu der heute besonders in mittleren Höhen die Gummiplantagenwirtschaft getreten ist, die aber, wie fast alle Pflanzungen, nicht mehr Privatbesitz ist, sondern von Angestellten englischer Aktiengesellschaften betreut wird).

Der erste Kaffee ist von arabischen Händlern nach Ceylon gebracht worden, und der Kaffeestrauch gedieh hier, lange bevor die Portugiesen und Holländer ins Land kamen. Den Singhalesen war der Wert der Kaffeebohne unbekannt, und der Strauch wurde von ihnen nur wegen seiner Blätter, die zur Bereitung von Curry Verwendung fanden, sowie wegen seiner jasminähnlichen Blüten, mit denen die Tempel geschmückt wurden, geschätzt. Den ersten Versuch, den Kaffeestrauch systematisch in Ceylon anzupflanzen, machten die Holländer im Jahre 1740; doch erst mit dem Augenblick, als die Engländer anfingen, Kaffeeplantagen anstatt in der Ebene, wie die Holländer es getan hatten, in den Bergen um Kandy herum anzulegen, begann der Aufschwung dieser Industrie. Die Kaffeeausfuhr erreichte ihren Höhepunkt mit durchschnittlich über einer Million Zentner in den Jahren 1868, 1869 und 1870. Dann kam der Krach. Ein Feind des Kaffeestrauches stellte sich in Gestalt eines Pilzes (Hemileia vastatrix) ein, der sich mit ungeahnter Schnelligkeit über sämtliche Pflanzungen der Insel verbreitete und solche Verheerungen darin anrichtete, daß nach zwölf Jahren die Produktion fast auf ein Fünftel zurückgegangen war. Hunderte von tüchtigen Pflanzern haben ihr Vermögen eingebüßt und Ceylon am Bettelstab verlassen müssen, während diejenigen, die sich über Wasser halten konnten, ohne Zeitverlust nach anderen Kulturpflanzen Umschau hielten. Die Cinchona, aus deren Rinde das bekannte Heilmittel, das »Chinin«, gewonnen wird, schien in erster Linie berufen zu sein, den Pflanzern über die Zeit der schweren Not hinwegzuhelfen. Im Jahre 1869 wurde die erste Cinchonarinde, wenn auch nur in wenigen Pfunden, von Ceylon versandt und erzielte den ungeheuren Preis von zweiundvierzig Mark und achtzig Pfennig für das Pfund. Alles warf sich auf die Anpflanzung der Cinchona, so daß nach vier Jahren durch Überproduktion nur noch etwas über eine Mark, 1889 genau sechsundzwanzig Pfennig für das Pfund gezahlt wurden.

Auch die Anpflanzung von Kakaobäumen wurde mit Eifer in die Hand genommen; doch beansprucht der Kakao nicht nur einen sehr guten Boden, sondern auch eine besonders geschützte Lage, so daß er nur in verhältnismäßig geringem Umfang den Kaffee zu ersetzen vermochte. Wo die eben genannten Bedingungen hingegen vorhanden sind, gedeiht der Kakaobaum äußerst üppig und wirft guten Gewinn ab.

Weder Cinchona noch Kakao noch Kardamom vermochten indessen die gewaltigen Lücken, die durch die Blattkrankheit in den Kaffeepflanzungen entstanden waren, in der Weise auszufüllen wie der Teestrauch. Nur allmählich erkannten die Ceylon-Pflanzer, was sie eigentlich an dem Teestrauch besaßen. Die selten günstigen klimatischen Verhältnisse Ceylons gestatteten dem Pflanzer, das ganze Jahr hindurch ununterbrochen zu ernten, wohingegen die Erntezeit in den Himalajas nur etwa sechs Monate, in Assam vielleicht deren acht dauert. Dazu kommen die durch die Einfuhr von Tamulkulis günstigen Arbeiterverhältnisse, die vorzüglichen Verkehrsmittel, deren sich Ceylon erfreut, die sämtliche Teedistrikte durchziehenden Fahrstraßen, auf denen die fertige Ware in billigster Weise zur Bahn befördert werden kann, und die durch den großartigen Schiffsverkehr im Hafen von Colombo bedingten wohlfeilen Frachtsätze nach allen Weltteilen.

Ich unternahm mit Herrn de Lemos täglich kleine Ausflüge. Unter anderem zeigte mir mein freundlicher Wirt eine etwa fünfzehn Fuß tiefe, in einen Quarzfelsen hineingearbeitete Höhle, in der er hatte nach Gold suchen lassen. Man hatte es aber in so geringen Mengen gefunden, daß ein weiteres Graben nicht der Mühe lohnte.

Nach dreitägigem Aufenthalt in Rangbodde setzte ich meine Reise nach Nuwara Eliya fort, wo ich nach fünfstündigem Marsch durch einen Wald von Koniferen, Oleandern, Rhododendren und vereinzelten Baumfarnen und nach Überwindung einer Steigung von dreitausend Fuß anlangte.

In Nuwara Eliya, dem Erholungsort für alle in der Ebene erschlafften Europäer, gibt es keine andern Sehenswürdigkeiten als das, was die Natur dem Menschenauge bietet. Vor meinen erstaunten Augen lag das rings von Bergen eingeschlossene Tal, der Gregory-See, Gruppen freundlicher, aus dunklem Grün hervorschimmernder Häuser und Bungalows mit wohlgepflegten Gärten, dazu unmittelbar vor mir, das Haupt umhüllt von leichten weißen Nebelwolken, der höchste Berg der Insel, der Pidurutalagala. Am folgenden Morgen machte ich mich auf den Weg zur Besteigung des Berges, von dessen Gipfel man eine wunderbare Aussicht haben mußte. Da der Gipfel selbst höchstens zweitausend Fuß über das bereits sechstausendzweihundert Fuß über dem Meeresspiegel gelegene Nuwara-Eliya-Tal sich erhebt, so ist eine Besteigung des Piduru (das talagala schenke ich mir) keineswegs ein anstrengendes Unternehmen. Der Weg windet sich fast beständig durch niederen Busch und Rhododendronwald, nur gelegentlich führt er auch über kleine grasbestandene Lichtungen, in denen frische Spuren zeigen, daß der unserem Rothirsch ähnliche Elch von Ceylon (Rusa Aristotelis) hier kurz zuvor geäst hat. Je höher wir kommen, um so bemooster werden die knorrigen Stämme und Äste der Rhododendren, ab und zu werden wir von einer Nebelwolke eingehüllt, die Busch und Bäume in gespenstische Erscheinungen verwandelt und uns fröstelnd zusammenschauern macht, bis der Sonne wärmende Strahlen den Flor zerreißen und alles rings mit Lichtglanz überfluten. Es war noch nicht halb acht, als ich den von Busch- und Strauchwerk befreiten, mit hohem Holzkreuz geschmückten Gipfel erklommen hatte. Vom Steigen erhitzt, suchte ich hinter einem Felsblock Schutz gegen den eisig aus Osten pfeifenden Wind, aber nur für wenige Minuten, dann hielt es mich nicht länger, und ich begann nach allen Richtungen der Windrose Umschau zu halten. Was für ein herrliches Panorama! Was für wunderbare Fernblicke, man mochte sich drehen und wenden, wie man wollte. Weit, weit über imposante Höhenzüge verlor sich der Blick nach Norden in der schier endlosen Ebene, aus der einzelne Berge und Hügel gleich Inseln hervorragten. Vom Winde hin und her getriebene Nebelmassen wogten in den Tälern, und, Gletschern gleich in der Sonne glänzend, hingen, durch Vorsprünge geschützt, vereinzelt kleine, schneeweiße Wolkenfetzen an den Bergabhängen. Im Südwesten erhob sich die eigentümlich geformte Spitze des sagenumwobenen Adam's Peak vom tiefblauen Himmel ab, während zweihundert Fuß unter uns, einem grün umrahmten Spiegel gleich, der langgestreckte See im Frühlicht schimmerte. Ganz Nuwara Eliya sah aus, als sei es mit seinen dunkelgrünen Bäumen und hellgetünchten Häuschen soeben einer Nürnberger Spielzeugschachtel entnommen worden, so frisch und neu erschien das ganze Städtchen. Es wird behauptet, man könne vom Gipfel des Piduru die Wogen des Indischen

Ozeans sehen, was sehr wohl möglich ist, da die Entfernung bis zum nächstgelegenen Küstenpunkt in der Luftlinie nur wenig über einhundert Kilometer betragen dürfte.

Im höchsten Maße befriedigt von dem Gesehenen, trat ich den Abstieg nach Nuwara Eliya an und zog dann in südwestlicher Richtung, meist bergab, durch anmutige Gebirgslandschaft über Nanu Oya nach Great Western, verbrachte dort die Nacht, um am folgenden Morgen weiterzuwandern und nach langem Marsch durch hügeliges Plantagenland Torrington Estate, den im Agra-Patna-Distrikt gelegenen Besitz eines Mr. Rossi-Ashton, zu erreichen. In dieser Gegend ist die Kaffeeblattkrankheit weniger heftig aufgetreten als in den meisten anderen Distrikten, so daß man neben der Teekultur auch noch die des Kaffees betreibt. Die Büsche, die infolge der Krankheit einen großen Teil ihrer Blätter verloren hatten, boten zwar einen wenig erfreulichen Anblick, aber trotzdem hatten einige von ihnen gut angesetzt und waren bedeckt mit Früchten, die in Form und Farbe unseren roten Kirschen nicht unähnlich sind. Die Ernte hatte gerade begonnen, und Kulis waren mit dem Pflücken der reifen Kirschen beschäftigt. Zur Faktorei gebracht, werden die Früchte gewaschen und mit Hilfe von feilenartig behauenen Walzen ihres süßlichen Fleisches beraubt. Die ausgelösten Bohnen – je zwei sitzen in einer Kirsche – werden darauf in Haufen geschüttet, um einen achtzehn bis vierundzwanzig Stunden dauernden Gärungsprozeß durchzumachen, wodurch die schleimige äußere Umhüllung sich zersetzt und dann leicht durch Waschung entfernt werden kann. Ist das geschehen, so werden die Bohnen an der Sonne getrocknet und nach Colombo geschafft, wo in besonderen Mühlen die beiden auch jetzt noch die Bohne umschließenden Häute, die sogenannte Pergamenthülse und die sehr feine darunter sitzende Silberhaut, losgelöst werden. Erst nach diesem Verfahren und dem Polieren der Bohnen ist der Kaffee versandbereit.

Da Mr. Ashton gerade dabei war, die seinerzeit zwischen die Kaffeebüsche gepflanzten Cinchonabäume wegen Ertragslosigkeit der Kultur wieder ausroden zu lassen, so sah ich zur gleichen Zeit, wie in diesem Falle die Borke gewonnen wird, nämlich genau wie bei uns die als Gerbmittel begehrte Eichenrinde, durch längsseitiges Einritzen und Abpellen vom Stamm. Will man dagegen den Baum am Leben erhalten und regelmäßig Ernten von ihm erzielen, so wird die Rinde nur oberflächlich etwa alle sechs Monate abgehobelt. Die so gewonnenen Späne werden zusammengepreßt und in Ballen nach Europa versandt, wo in eigens dazu eingerichteten Fabriken nach einem äußerst komplizierten Verfahren das Chinin daraus gewonnen wird.

Emil Schmidt
Uwa. Badulla

Wenn auch Colombo unmittelbar in die direkte und sehr lebhafte Straße des Weltverkehrs einbezogen ist, so dauert es doch dem Nachrichtsbedürfnis immer noch viel zu lange, bis Zeitungen aus Europa herüberkommen, und die Reporter der dortigen Blätter liegen beständig auf der Lauer, um zuerst alles Bemerkenswerte von dem, was Zeitungen und Telegraph aus Europa bringen und was auf der Insel vorgeht, ihren Lesern vorzusetzen. Einige Tage nach unserer Ankunft in Colombo waren wir sehr, aber nicht gerade angenehm überrascht, als plötzlich in der Times of Ceylon, einem der vielen Winkelblättchen Colombos, schwarz auf weiß zu lesen stand, daß Ceylon immer mehr die Augen der Welt auf sich ziehe; so seien in der letzten Woche drei berühmte Männer aus Europa angekommen, um die Insel kennenzulernen, ein altadeliger preußischer Baron (er war ein einfacher Rittergutsbesitzer, der als Globetrotter auf dem Heimweg von Japan in Colombo seine Reise für acht Tage unterbrach) und zwei deutsche Professoren, von denen der eine die Pflanzenwelt, der andere die Ethnologie Ceylons studieren wolle. Diese Notiz war in andere Zeitungen Ceylons übergegangen, und so hatte sie auch der Gouverneur der Insel, Sir Arthur Gordon, gelesen, der gerade in Nuwara Eliya residierte. Als er nun hörte, daß Professor Schimper und ich dort angekommen wären, schickte er uns seinen Privatsekretär, um zu fragen, ob er etwas zur Förderung unserer Studien tun könne. Für mich war diese Unterstützung des Gouverneurs natürlich sehr wertvoll, und seiner sehr wirksamen Empfehlung verdanke ich es in erster Linie, wenn ich mit solcher Leichtigkeit eine größere Anzahl von Weddas beobachten konnte. Auch persönlich war Seine Exzellenz, der sonst in Ceylon im Rufe großer aristokratischer Zurückhaltung stand, äußerst liebenswürdig gegen uns. Er zeigte ein für einen Engländer auffallend vielseitiges und tiefes Interesse an naturwissenschaftlichen Fragen aller Art. Die Weddas hatte er kurz vorher auf einer Reise durch das Innere Ceylons kennengelernt.

Am 20. September brach ich, nachdem Professor Schimper schon am Morgen nach Colombo zurückgereist war, mit der Abendschnellpost nach Badulla, dem Hauptort der Provinz Uwa, auf. Der Tag war auch in Nuwara Eliya verhältnismäßig vom Wetter begünstigt, die Wolken versteckten nur die Spitzen der Berge, und jenseits der Wasserscheide leuchtete wieder der schönste Sonnenschein. So genoß ich von neuem das herrliche Panorama von Hakgala, das sich beim Weiterfahren immer umfassender öffnete, indem auch links in der Ferne noch weitere trotzige Felsberge hinzukamen, und das jetzt durch die Pracht der gesättigten Farben des Sonnenunterganges noch verschönt wurde. Die Fahrt ging auf der schmalen, aber sehr gut gehaltenen Straße in rasendstem Galopp abwärts, so daß man bei den vielen Windungen der Straße wohl ängstlich hätte werden können, wenn man nicht bald die Überzeugung gewonnen hätte, daß die Pferde ganz sicher und der Kutscher zuverlässig waren. Vor ein paar Tagen hatte ich schon zwischen Nanu Oya und Nuwara Eliya die Leistungen der Vorspannkulis bewundert, die mehrere Meilen ohne Unterbrechung den steilen Weg neben ihren Pferden hinangaloppiert waren; aber die Schnelläuferkunst der braunen Pferdeknechte auf dieser Strecke war noch viel erstaunlicher. Alle paar Minuten sprang der posthornbewaffnete Tamil von dem hinteren Trittbrett des Break, auf dem er zwischen den hoch aufgestapelten Koffern und Taschen nur mit einem Bein stehen konnte, herab, um, in rasender Eile die Pferde überholend, nachzusehen, ob alles in Ordnung sei, um hier ein kleines Kind, dort eine gebrechliche Alte aus der Mitte der Straße wegzuräumen oder um die

Pferde an den Köpfen seitwärts vorbeizuleiten, wenn uns ein anderes Fuhrwerk begegnete. Jede Pfütze im Seitengraben der Straße, jeden Bach am Wege kannte er, und wie ein Pfeil schoß er mit seinem Blechkübel, einem alten Petroleumbehälter, den Pferden voraus, füllte sein Gefäß und stand, wenn der Wagen ihn einholte, auch gleich wieder mit dem einen Bein auf dem Trittbrett, um die heißen Achsen und die oft recht brenzlig riechende Bremse zu begießen.

Sobald die Sonne hinter den Bergen verschwunden war, brach die Dunkelheit schnell herein; man konnte nur noch die allgemeinsten Umrisse unterscheiden, als wir an unserem Nachtquartier, dem Wilson Bungalow, zwölf englische Meilen von Nuwara Eliya ankamen. Wie ist der Mensch in seinem Gefühl und Urteil doch abhängig von Kontrasten! Wohltuend hatte ich die frische Kühle des Hochgebirges empfunden nach dem heißen Colombo; aber nachdem die Kälte genügend durchgekostet war, war doch auch wieder die Hitze in dem von Bananen eingefaßten Bungalow sehr behaglich.

Die öffentlichen Rasthäuser (Governments resthouses) treten an den Verkehrswegen Ceylons und Indiens an die Stelle unserer Hotels. In erster Linie für die Aufnahme von Beamten auf ihren Dienstreisen bestimmt, geben sie auch den anderen Reisenden zu fest tarifierten Preisen Unterkommen. In einzelnen Provinzen der Insel liefern sie auch Speise und Trank, in abgelegeneren und seltener durchreisten Gegenden wird vorausgesetzt, daß der Reisende seinen Koch und seine Nahrung selbst mitbringt, und die Leistungen des Rasthauses beschränken sich dort nur auf das Nachtlager, höchstens noch auf ein paar Bananen, ein paar Eier oder, wenn's hoch kommt, auf ein Huhn. Die Einrichtung dieser Travellers bungalows ist im wesentlichen überall die gleiche: Auf einer etwas über dem Boden erhöhten, gemauerten Plattform ist das aus nur einem Geschoß bestehende viereckige Gebäude errichtet, das durch ein bis zum Rand der Plattform überstehendes, mit Reisstroh oder sonstigen Pflanzenfasern gedecktes dickes Dach gegen die Strahlen der Sonne wirksam geschützt wird und durch dasselbe eine ringsum laufende schattige Veranda erhält, wo die Reisenden die heißesten Tagstunden auf den langen Ruhesesseln liegend verbringen. Innen gruppieren sich um den meist in der Mitte gelegenen, einfach ausmöblierten Speisesaal mehrere Schlafzimmer, denen je ein kleiner Raum mit Kübel und Wanne für Übergießungen und mit einem Erdklosett angefügt ist. Das Hauptstück der Zimmer bildet ein Bett mit Lattenboden, harter Matratze und nicht immer ganz dichten Moskitonetzen. Die Ökonomieräume, Küche, Vorratsraum und Wohnung des Wirtes und der Diener sind gewöhnlich in einem oder mehreren Hintergebäuden untergebracht.

Wilsons Bungalow unterschied sich in nichts vom typischen Bild eines Rasthauses; Wohnung und Verpflegung waren gut. Wir trafen dort zwei Gäste, Träger sehr berühmter Namen, einen jungen brustkranken Engländer, der aus dem Tiefland nach Nuwara Eliya reiste und in Wilsons Bungalow erst für ein paar Tage Zwischenstation machte, und einen durch Branntwein sehr heruntergekommenen Elefantenjäger.

Als die Sonne am nächsten Morgen über die Berge hinter Badulla hervorkam, trafen uns ihre ersten Strahlen schon wieder wohlverpackt und dichtgeschachtelt im Wagen. Denn zu den drei Passagieren des gestrigen Abends waren noch drei Pflanzer angekommen, die auch nach Badulla wollten, und so wurde der Platz auf den beiden kurzen Längsbänken des Break recht eng; auf dem schmalen Bock wurde zwischen dem Kutscher und meinem Diener noch ein Eingeborener eingeschoben, dann wurden unter den Sitzen, auf dem Trittbrett, auf dem Bock Blechkoffer und Taschen der Reisenden verstaut. Man begreift gar nicht, wie eine solche Menge Gepäck untergebracht werden kann, und doch kam noch alles mit. Zu guter Letzt kamen noch zwei dicke Säcke mit Briefen, die noch unter die sechs Beine der Unglücklichen auf dem Bock eingeschoben wurden. Der Kutscher und mein Diener konnten wenigstens die Beine seitwärts herausstrecken, wo aber der Mittelmann in den nächsten vier Stunden seine Beine ließ, ist mir noch jetzt ein Rätsel.

Fort ging's, wieder in stürmendem Galopp. Die Sonne stieg gerade hinter dem in zartesten Duft getauchten Namunakule auf, und bei der einseitigen Beleuchtung trat plastisch die Modellierung der einzelnen Höhenzüge hervor, deren Formen nicht durch Wald verdeckt sind; jede Rinne, jeder Vorsprung kommt unter der dünnen Grasdecke zur schärfsten Ausprägung. Aber je mehr wir uns der Talsohle nähern, um so mehr verwischt sich der Gesamteindruck des großen Gebirgskessels durch das stärkere Hervortreten der einzelnen Höhenzüge in ihm: Gestern erschienen sie von der Höhe aus wie niedrige Wülste und Rücken, heute stehen sie vor uns als stattliche Berge, die oft eine Höhe von tausend Fuß und mehr erreichen.

Der Anbau nimmt mehr und mehr zu: Längs der Straße mehren sich Gärten, von Menschen angepflanzte Baumgruppen, Felder, Hütten, Dörfchen. Die Eingeborenen machen vor ihren Häusern mit großer Unbefangenheit Toilette; das Waschen nimmt gewöhnlich nicht viel Zeit und Mühe in Anspruch, dagegen werden Mund und Zähne mit um so größerer Sorgfalt mit dem Finger oder einem zerfaserten Stückchen Holz gereinigt. Fast jede Hütte an der Straße hat einen kleinen Laden mit Lebensmitteln, Reis, Ragi und anderen Körnerfrüchten, getrockneten Fischen, Bananen, Kokosnüssen, Apfelsinen, Arekanüssen, grünen Betel- und Bananenblättern, Tabak usw. Um die Hütten herum stehen Bananen mit stark vom Winde zerschlitzten Blättern, Melonen-, Mango- und Jackbäume, bald auch erscheinen wieder die ersten Areka- und Palmyrapalmen und dichten Bambusgebüsche. Im Grund der Täler mehren sich die durch Erddämme pfannenartig viereckig abgeteilten oder am unteren Gehänge der Berge in parallelen, isohypsen Terrassen hingeführten Reisfelder. Mehrere Male kommen wir durch größere Dörfer. In einem derselben, Dehiwinipalata, zeigt das Kreuz auf dem stumpfen Türmchen einer einfachen Kirche, daß hier die christliche Mission mit Erfolg tätig gewesen ist.

Die Straße verliert ihre Senkung, je mehr sie sich der Talsohle nähert; fast ganz eben folgt sie dem Lauf eines kleinen Flüßchens bis zu der nordwärts der Mahawelli-Ganga zufließenden Uma Oya, die sie auf schöner Eisengitterbrücke überschreitet; dann aber steigt sie wieder mehr als eintausend Fuß hoch auf, um den Querriegel zu überschreiten, der die Uma Oya von der Badulla Oya scheidet und der vom Hakgala aus die Aussicht auf Badulla verdeckte. Auf der Höhe stehen eine glockenförmige buddhistische Dagoba sowie ein kleines, verlassenes Fort aus der Zeit der Eroberung Kandys durch die Engländer; dann senkt sich der Weg wieder abwärts der Hauptstadt Uwas zu. Eine Anzahl Rodias begegnen uns, Leute der niedersten Kaste der Singhalesen, alle dürftig und schmutzig gekleidet, aber schön gewachsen. Die Sitte erlaubt noch jetzt nicht den Weibern, die Brust nach Art der Singhalesenweiber mit einem Jäckchen oder einem den ganzen Oberkörper umhüllenden Tuch zu bedecken. Noch zur Zeit der letzten kandyschen Könige mußten alle Rodias, Männer und Weiber, den Oberkörper bei Vermeidung strenger Strafen ganz frei tragen; jetzt hat englischer Einfluß es wenigstens dahin gebracht, daß die Weiber in Städten, oder wenn sie einem Europäer begegnen, ein taschentuchähnliches Stück Zeug um den Hals knüpfen und vorn über die Brust herabhängen lassen. Fragt man eine Rodiafrau, warum sie sich in der Stadt verhülle, so antwortet sie, daß die Engländer den Anblick einer nackten Brust nicht vertragen könnten. Es ist nur Rücksicht auf die Nerven der Europäer; das Gefühl, daß die Entblößung des Oberkörpers an und für sich etwas Unschickliches sei, ist den Rodias noch nicht anerzogen. Unter den uns Begegnenden war auch ein schöngewachsenes Mädchen, das jene zarten Rücksichten auf die Fremden nicht nahm. Die volle Unbefangenheit des Mädchens, die dunkle Farbe, die nicht das Aufdringliche unserer weißen Haut besitzt, die tropische Wärme und Umgebung, das alles bewirkte, daß die Nacktheit nicht störte, sondern als etwas ganz Natürliches erschien.

Nach vierstündiger Fahrt hielt der Wagen vor dem freundlich anmutenden Rasthaus von Badulla, das, der Hauptstadt der Provinz gemäß, stattlicher gebaut ist als die meisten übrigen Rasthäuser: Ein geräumiger, von weißen Säulen getragener Vorbau gestattet auch bei starkem Regen trockene Anfahrt; der Speisesaal ist geräumiger, die Fremdenzimmer größer und etwas besser möbliert, freundlich schaut das rote Ziegeldach aus dem Grün des gutgehaltenen Gartens heraus, in dem farbenreiche Blumenbeete das Auge des Europäers erfreuen.

Mein erster Ausgang galt dem ersten Regierungsbeamten (Governments Agent) der Provinz, Herrn Fisher. Die Empfehlung des Gouverneurs war mir schon vorausgeeilt, und mit meiner Ankunft in Badulla konnte ich es gar nicht günstiger treffen: es war gerade die Monatsversammlung der Distriktsvorsteher (Ratemahatmea) der ganzen Provinz, und so konnte Herr Fisher mit den Beamten der Weddadistrikte Bintenne und Nilgala alle Verabredungen für meinen Besuch der Weddas treffen. Der Ratemahatmea von Bibile war ein noch junger Mann, Singhalese, aber er erinnerte mit seinem langen, straffen, pechschwarzen, in der Mitte gescheitelten und nach hinten zurückgekämmten Haar, mit seinem hartgezeichneten, knochigen Gesicht, den dunklen stechenden Augen, der stark vortretenden Adlernase mehr an einen nordamerikanischen Indianer als an einen Eingeborenen Ceylons. Er war Christ und erst seit wenigen Wochen verheiratet. In Colombo, wo er die Schule besuchte, hatte er das Englische geläufig sprechen gelernt, auch seine Bewegungen und Manieren waren europäisch abgeschliffen, sein Anzug von europäischem Schnitt, nur trug er über die grauen Hosen noch ein aus gleichem Stoff gefertigtes, von der Hüfte bis über die Knöchel herabreichendes singhalesisches Umschlagetuch. Aus Bintenne waren zwei Häuptlinge da; der ältere war früher Ratemahatmea des Nilgala-Distriktes gewesen und sollte ein guter Kenner der Weddas sein, sprach aber, ebenso wie sein Kamerad, nicht Englisch. Ein stattlicher Amtshut zierte sein Haupt, ein großer, umgekehrt konischer Aufsatz, der auf der roten Unterseite reich mit Gold bestickt, auf der gelben Oberseite in zahlreiche, den Lamellen eines Blätterpilzes vergleichbare, feine radiäre Falten gelegt war. Ein auf der Brust in viele zierliche Falten gelegtes Hemd und eine kurze weiße Baumwolljacke bedeckten den Oberkörper, während Leib und Beine bis herab zu den Knöcheln in ein scharlachrotes Tuch eingeschlagen waren. Sein braunes, von weißen, kurzen Kopf- und Barthaaren eingerahmtes Gesicht hatte einen klugen, fast verschlagenen Ausdruck. Der jüngere der beiden Bintenne-Häuptlinge, der einen einfachen weißen Hut von derselben Form wie der des Alten trug und dessen Kleidung sich sonst nicht von der gewöhnlichen Singhalesentracht unterschied, war ein guter Vertreter des bärtigen Singhalesentypus. Mit den drei Ratemahatmeas, die erst einige Tage später zu ihren Distrikten zurückkehrten, wurde verabredet, daß sie mir am 28. September in Bibile, dem Sitz des Ratemahatmea von Nilgala, und am 30. September in Wewatte, dem Mittelpunkt der Bintenne-Weddas, so viele von diesen Wälderbewohnern zusammenbringen möchten, als sie nur könnten. Aus Nilgala stellte man mir etwa fünfundzwanzig, aus Bintenne noch mehr Weddas in Aussicht.

Meine Verabredungen ließen mir Zeit, mich noch ein paar Tage in Badulla aufzuhalten, und ich benutzte dies, um durch den Mudeliar, den einheimischen Regierungs-Dolmetscher und Vorsteher der Katschery (des Verwaltungsamtes), mich nach Möglichkeit über das Leben der Singhalesen zu informieren sowie Badulla und seine herrliche Umgebung kennenzulernen. Der Ort liegt in einem durch die Vereinigung zweier Flüßchen gebildeten Becken, aus welchem der Badulla Oya in nördlicher Richtung nach der Mahawelli Ganga hin abfließt. Durch diese Talöffnungen hat man tiefe Ausblicke in den Gebirgskranz, der in blauer Ferne das Becken von West-Uwa umzieht. Die Töne der Luftperspektive werden noch erhöht durch den bläulich-opaken Rauch weithin brennender Patenaflächen: Vor Eintritt des jetzt erwarteten Nord-Ost-Monsunregens wird das dürre Gras niedergebrannt; der durch die Asche gedüngte Boden läßt dann gleich nach den ersten Niederschlägen zartes grünes Gras in Menge hervorsprießen, das wenigstens für kurze Zeit, ehe es zu hart wird, dem Vieh gute Weide gibt. Alle Abende sah man an den Abhängen rings um Badulla diese Feuer aufleuchten, bei Tag stiegen die Rauchwolken auf, die sich bald zu einem allgemeinen bläulichen Schleier ausbreiteten, ja an einem Tage war der Rauch so dicht, daß man die Formen selbst der nächsten Berge nur undeutlich erkennen konnte; ein starker Höhenrauchgeruch erinnerte eindringlich an die Moorbrände Norddeutschlands.

Im Mittelgrund der Landschaft Badullas treten steile Berge und hochaufragende Felsmassen hervor, vor allem der südöstlich am Badulla gelegene zweitausendsiebenunddreißig Meter hohe, steile, schön geformte Namunakule; ihm liegt wieder ein niedrigerer Bergklotz vor, der durch den Kontrast reicher Lokalfarben belebt ist: Gegen das saftig grüne Laub setzen sich kräftig der rote nackte Boden frischer Rodungen für Teepflanzungen und der tiefblaue Schatten der scharf eingeschnittenen Talrinnen ab. Von welcher Stelle man auch auf diesen Mittel- und Hintergrund blicken mag, immer gibt dazu die Nähe mit ihrer Pflanzenpracht, den geschlossenen Gruppen von Palmen, den hohen und doch so zierlichen Bambusgebüschen mit den lauschig unter Bananenpflanzungen versteckten Hütten der

Eingeborenen, dem klaren, über Felsblöcke dahinrieselnden Wasser eine Fülle der schönsten Motive für den Vordergrund; ein Maler findet hier einen unerschöpflichen Reichtum landschaftlicher Tropenschönheit. Jeder Spaziergang um die racing grounds, auf dem neuen Dammweg längs der Badulla Oya, auf den Straßen in die einzelnen Täler hinein, führt in ununterbrochener Folge Prachtbilder vor das Auge. Badulla hat nicht die alles überwuchernde Vegetationsfülle wie die Südwestküste bei Colombo oder Point de Galle, aber es wirkt um so stärker auf unser Schönheitsgefühl. An der Küste verschwindet das Pflanzenindividuum in der erdrückenden Masse des Ganzen, in Badulla kommen die herrlichen Einzelgestalten tropischen Pflanzenwuchses zu malerischer Geltung. Trotz seiner Abgelegenheit würde Badulla bei der durch die höheren Berge gemäßigten Temperatur, den erfrischenden Abenden und Morgen, der wundervollen Naturschönheit viel mehr von Europäern aufgesucht werden, wenn nicht die zum Teil sumpfigen Niederungen den Ort in den nicht unverdienten Ruf gebracht hätten, ein Fieberherd zu sein. Aber das wird besser werden: Herr Fisher, der sich um die Hebung Badullas wie der ganzen Provinz großes Verdienst erworben hat, ließ von den Abhängen des Namunakule herab durch eine mehrere Meilen lange Wasserleitung dem Orte frisches, reines Gebirgsquellwasser zuleiten, und schon jetzt macht sich diese Verbesserung in dem allgemeinen Gesundheitszustand Badullas bemerklich.

Die Stadt ist nicht groß: Wie bei den meisten indischen Orten sind auch hier mehrere Dörfer von Eingeborenen zu einer Ortseinheit zusammengesetzt; und dazu hat sich eine kleinere Anzahl europäischer Bauten gesellt: Regierungsgebäude, Beamtenwohnungen und Häuser von Kaufleuten, die die Hauptstadt der reichen und fruchtbaren Provinz angelockt hat. Die Wohnungen der Europäer sind alle villenähnlich, dem Klima angepaßt, schattig-luftig in dem Grün ihrer Gärten versteckt. Auch an den Häusern der

Einheimischen lassen Sauberkeit und Nettigkeit auf verhältnismäßige Wohlhabenheit schließen; die weißgetünchten Wände vieler derselben sind wie übersät mit Abklatschen kleiner ausgespreizter Hände in Schwarz (Teer) oder Rotbraun (Lehm), eine Verzierung, die wohl weniger aus ästhetischen als aus abergläubischen Motiven entstanden ist.

Eine besondere Anziehung übt auf den Fremden der Basar aus, in dem das Leben der Eingeborenen seine verschiedenartigsten Erscheinungen zusammendrängt. Alles nimmt hier die Aufmerksamkeit gefangen, die Volksmenge, die sich auf den Straßen drängt und unter der man schon einen weit größeren Prozentsatz dunkler Tamilen bemerkt als in Colombo; die Händler, die zwischen ihren Waren sitzen und ihre Geschäfte mit den Kunden mit einer Lebhaftigkeit betreiben, gegen welche italienische Zungenfertigkeit und Gebärdespiel wie träges Phlegma erscheinen; die Handwerker, die zum Teil noch in alturtümlicher Weise ihr Werk tun, zum Teil aber auch sich schon stark mit der Technik und dem Material Europas vertraut gemacht haben. Eine große Rolle spielen die Klempner, in deren Bedeutung und Leistung das amerikanische Petroleum einen vollkommenen Umschwung herbeigeführt hat. Es wird in großen rechteckigen Behältern aus Weißblech in erheblichen Mengen eingeführt, und die leeren Blechkasten werden zum Teil sofort als Töpfe oder Kübel benutzt. Vor den Rasthäusern sieht man sie öfters als Blumentöpfe stehen, in den Badezimmern müssen sie als Übergießungskannen dienen, in der Stube als Wasserkrug, in der Küche als Kochtopf. Auch Konservenbüchsen finden, nachdem sie ihrer ursprünglichen Bestimmung gedient, ausgedehnte Anwendung zu den verschiedensten Zwecken im Haushalt der Eingeborenen. Was aber von diesen Gefäßen nicht unmittelbar weiter benutzt wird, wandert in die Werkstätte des Klempners. Hier findet der Petroleumblechkasten sofort eine originelle Verwendung: Nachdem unten an der einen Seitenwandfläche ein rundes Loch eingeschlagen ist, wird inwendig ein feuchter Tonklumpen so eingedrückt, daß er alle Wände auskleidet und eine unten abgerundete Höhlung umschließt. Nun werden von dem Loch in der Blechwand aus mehrere dünne Stifte in verschiedener Richtung durch den Ton bis in dessen innere Höhlung hinein durchgestochen, so daß enge Kanäle gebildet werden, die an verschiedenen Stellen in die innere Höhlung hineinmünden. Nachdem der Ton genügend ausgetrocknet ist, ist der kleine transportable Ofen fertig, der nur noch mit einem meterlangen Blasebalg europäischer Konstruktion armiert zu werden braucht, um, mit Holzkohle geheizt, einen zweckmäßigen Apparat zum Erhitzen der Lötkolben abzugeben. Diese selbst sowie alles andere Gerät des Klempners, Hämmer, Ambosse, Zangen, Scheren, Feilen, stammen sämtlich aus englischen Fabriken. Der Überfluß an Weißblech aber hat das Geschäft der Klempner zu hohem Aufschwung gebracht, und Ton und Holz sind heutzutage im Haushalt der Eingeborenen vielfach durch Eisenblech ersetzt.

Hinter dem Basar sind große Stallungen für die Ochsenfuhrwerke, die den Verkehr zwischen den Teepflanzungen, der Bahn und dem östlichen Meer vermitteln. Es wird fast nur Zugvieh von der Küste verwendet, ein großer Schlag Buckelochsen; die Zucht von Uwa selbst ist nur eine kleine schwächliche Rasse, auch soll importiertes Vieh nach einiger Zeit an Kraft bedeutend abnehmen. Neben den Ställen sind gewaltige Heuvorräte in großen Haufen aufgestapelt; die ganze Anlage ist zweckmäßig eingerichtet und gut gehalten.

Obgleich Badulla schon in längst vergangenen Zeiten unter kandyscher Herrschaft als Hauptstadt von Uwa ein wichtiger Platz war, sind doch keine nennenswerten älteren Bauwerke vorhanden; das einzige aus jener Zeit stammende Gebäude ist außer einem großen Reliquienturm (Dagoba) ein Buddhatempel, dessen Mauereinfassung mit ihrer Zinnenkrönung die Formen des berühmten buddhistischen Haupttempels in Kandy nachahmt, der aber sonst durchaus nichts Bemerkenswertes aufweist. Ein Hindutempel ist noch viel einfacher: Sein ganzer Schmuck ist eine grelle, rot-weiße senkrechte Streifung an der Außenwand. Die fratzenhaften Skulpturen, von denen fast alle südindischen Hindutempel in toller Überladung starren, fehlen hier ganz. Die christliche Kirche ist ein hübscher gotischer Bau, der zur Erinnerung an einen im Jahre 1845 in Haputale vom Blitz erschlagenen Präsidenten der Provinz (Governments Agent), Major Rogers, errichtet wurde. Es ist ein schönes Zeugnis sowohl für die Tüchtigkeit des Beamten als auch für den dankbaren Sinn der Singhalesen, daß die Kosten des Baues durch freiwillige Beiträge, und zwar zum größten Teil durch Eingeborene, aufgebracht worden sind. Der einfache, ruhige, würdig gehaltene Bau besteht aus einem Längs- und einem Querschiff, ohne Chornische, ein schön gemaltes Glasfenster schließt die Wand gegenüber dem Längsschiff ab. Ich wohnte einem einheimischen Gottesdienste bei: Ein dunkelbrauner Priester in langem weißen Ornat, assistiert von acht braunen Chorknaben in weißen, bis auf die Füße herabreichenden Mullchorröcken, hielt den sehr einfachen Gottesdienst ab: Unter Begleitung einer Hausorgel vorgetragene Wechselgesänge zwischen dem Geistlichen und der Gemeinde, aus dem Brevier abgelesene Wechselgebete in englischer Sprache füllten die ganze Stunde aus, eine Predigt wurde nicht gehalten. Die Kirche war sehr leer, ich war der einzige Europäer und daher das Ziel der Neugierde der übrigen, nur aus fünf braunen und gelbbraunen Kindern bestehenden Kirchenbesucher.

Auf dem Kirchhof befindet sich ein Gegenstand abergläubischer Verehrung der Eingeborenen, der 1817 gesetzte Grabstein einer Miss Wilson, der Gattin eines Assistant Governments Agent, deren Mann nur acht Tage nach ihrem Tode bei einem Aufstand durch den Pfeil eines Wedda fiel. Die viereckige Steinplatte mit Aufschrift, die ursprünglich in einen Mauerblock eingelassen war, ist jetzt so von einem indischen Feigenbaum umwachsen, daß sie von ihm eingerahmt erscheint, zugleich ist sie um mehrere Fuß gehoben, ohne jedoch ihre vertikale Richtung verändert zu haben. Ursprünglich waren es nur Luftwurzeln gewesen, welche auf den Stein von oben her auftrafen, die sich aber dann um ihn herum zum Boden hinabkrümmten. Später verschmolzen die nahe aneinander stehenden Luftwurzeln miteinander und mit dem Stamme, und so erscheint der Denkstein jetzt wie in den Baum eingelassen. Die Eingeborenen, unter denen sich noch bis auf den heutigen Tag die Tradition von dem jähen und fast gleichzeitigen Ende beider Gatten erhalten hat, umspinnen den Grabstein mit der Deutung, daß die Verstorbene eine so heilige Frau gewesen sei, daß der Baum sie für würdig gehalten habe, daß er als Rahmen ihres Grabsteines diene.

Wie alle Provinzialstädte hat auch Badulla seine kleine europäische Kolonie, in der die Regierungsbeamten wieder einen engeren Kreis bilden. Die »Gesellschaft« dieser Städte setzt sich überall aus einer sehr beschränkten Anzahl europäischer Familien und einigen unverheirateten Beamten zusammen. Die Kronkolonie Ceylon hat trotz ihres Aufblühens noch immer mit finanziellen Schwierigkeiten zu kämpfen; die Gehälter sind verhältnismäßig nicht hoch, die Regierung kann nicht zu hohe Anforderungen an die berufsmäßige Ausbildung ihrer Unterbeamten im Gerichts-, Polizei-, Forst- und Ingenieurwesen stellen. Es gibt dort Wegebaumeister, die unmittelbar vor ihrer Ernennung Kaufleute gewesen sind, Polizeichefs, die ihre ganze fachmännische Vorbildung auf Kaffeepflanzungen erhalten haben und umsattelten, als die große Kaffeekrisis eintrat; Forstleute, die keine Idee von wissenschaftlicher Botanik haben und von den allergemeinsten Bäumen wohl die singhalesischen und Tamil-, nicht aber die wissenschaftlichen Namen kennen. Man verläßt sich in den meisten Fällen auf den dem Engländer angeborenen praktischen Takt. Das Festland Indiens ist in diesen Dingen im allgemeinen besser gestellt, die Gehälter sind höher, die Anforderungen strenger, die Vorbildung gründlicher, die Organisation straffer. Einer der Zweige der Verwaltung, in dem Indien Ceylon beträchtlich überholt hat, ist das Forstwesen. Die Mittel der Kronkolonie gestatten auch hier noch keine durchgreifende Reorganisation; man hat sich damit beholfen, einen sehr tüchtigen, jüngeren Beamten, Herrn Broun, aus dem indischen Forstdienst herüberzurufen. Seine Aufgabe ist es, der Reihe nach die verschiedenen Provinzen zu bereisen und überall den einzelnen Forstbeamten sowie der Oberleitung des Forstwesens in Colombo mit Rat zur Seite zu stehen. Ich lernte ihn schon in Colombo im Hause des deutschen Konsuls kennen, und es fügte sich so günstig, daß er gleichzeitig mit mir eine Dienstreise über Badulla nach Batticaloa machte, so daß ich ihn unterwegs mehrfach traf. Ich verdanke seiner Liebenswürdigkeit viele Annehmlichkeiten auf der Reise und mannigfache Anregung und Belehrung.

Das gesellige Leben der europäischen Kolonie bewegt sich in ziemlich engen Grenzen: im Klub, in dem einzelne Unverheiratete wohnen, treffen sich die Herren; ein Lawn-Tennisplatz vereinigt morgens und abends Herren und Damen zur gesunden körperlichen Übung, die Familien pflegen freundschaftlichen Verkehr in einfachen, nicht übertriebenen Formen. Geistige Anregung gibt es wenig, existiert doch auf der ganzen Insel nicht eine einzige Buchhandlung, die sich auch nur mit einer solchen in einer unserer kleineren Städte vergleichen ließe. Selten wird von den Engländern Musik gepflegt; es ist schon viel, wenn man einmal in einer solchen europäischen Kolonie ein Klavier antrifft. Für den männlichen Teil der Gesellschaft bleibt die Jagd der beliebteste Sport. Sind Jagdtiere in Ceylon auch bei weitem nicht so häufig, wie wir es in Europa anzunehmen geneigt sind, so gewährt es doch einen besonderen Reiz, auf Elefanten, Bären, Leoparden zu schießen. Diese allgemeine Jagdlust hat unter den Riesen

Ceylons so aufgeräumt, daß, um das Ausrotten der Elefanten weiter hinauszurücken, Schutzgesetze für dieselben erlassen wurden, die die Jagd auf einen Elefanten jedesmal nur gegen besonderen Erlaubnisschein gestatten und auf das unberechtigte Töten eines Elefanten hohe Geldstrafen festsetzen. Trotzdem wird auch jetzt wohl noch mancher Elefant auch ohne Erlaubnisschein erlegt. In der Wohnung des Forstbeamten von Badulla, des Herrn Moß, sah ich ein ganzes Arsenal von Elefantenbüchsen, die mehr kleinen Kanonen als unseren kleinkalibrigen Gewehren glichen; sie schießen einzöllige Kugeln, von denen drei auf ein Pfund gehen; ihr Rückstoß ist ein ganz gewaltiger, und um die Schlüsselbeine nicht der Gefahr der Zertrümmerung auszusetzen, ist der Schaft an seinem Ende mit einem mehr als zolldicken elastischen Polster von Kautschuk überzogen. Auch Herr Fisher ist ein gewaltiger Nimrod, und sein Haus prangt von Jagdtrophäen, mächtigen Elefantenschädeln, einer großen Zahl Elefantenschwänzen, unter denen aber nur wenige voll entwickelte unversehrte Borstenkränze tragen, Elefantenfüßen, die etwa fußhoch abgeschnitten und durch Polster zu Schemeln umgestaltet sind, dann Hirschgeweihen, Köpfen und Schädeln von Bären. Das Museum von Colombo besitzt viele durch Herrn Fisher eingesandte Tiere, die sein sicherer Schuß erlegt hat.

Mit Hilfe des Mudeliars von Badulla traf ich meine Vorbereitungen für die Reise nach Battikaloa an der Ostküste. Er besorgte mir zunächst einen Ochsenwagen mit zwei kräftigen, guten, von der Küste stammenden Ochsen. Der Wagen ist ein stark gebauter zweirädriger Karren, mit doppelten Palmenmatten an den Seiten geschlossen und oben überwölbt. Das Dach reicht vorn und hinten zu besserem Regenschutz noch über den etwa zweieinhalb Meter langen Boden hinaus, und das Ganze bildet so eine lange, nur auf einer Achse unmittelbar aufruhende Röhre. Der Mudeliar hatte mir gesagt, er habe mir einen auf Federn ruhenden Wagen (spring-cart) besorgt, doch erwies sich dies als Irrtum. Der Sitz, oder vielmehr das Lager war daher auch beim Fahren nicht gerade bequem, um so weniger, als ich bei meiner Ausrüstung nicht darauf Rücksicht genommen hatte, die einzelnen Gepäckstücke gleich hoch machen zu lassen; es standen daher, nachdem das Gepäck als Basis meines Lagers hineingeschafft war, Kanten und Ecken der höheren Koffer und Kisten scharf hervor, und die dünne Strohschicht, die darüber ausgebreitet wurde, genügte nicht, um die Niveau-Ungleichheiten auch nur annähernd zu verdecken. Zum Sitzen war der Raum zu niedrig, man mußte sich also, wenn man nicht nebenherging, ausstrecken, und im Anfang war das Lager bei den Stößen des nicht immer ganz guten Weges nicht gerade bequem; aber bald paßte sich der ohnehin durch die Betten Ceylons nicht gerade verwöhnte Rücken auch dieser neuen Art von Unterlage an, und ich erfreute mich schon nach wenigen Tagen eines prächtigen Schlafes in meiner Wagenröhre.

Da in den Rasthäusern der Provinz Batticaloa nicht mit Sicherheit auf Speise und Trank zu rechnen war, versah ich mich noch mit einem Vorrat von Konserven, mit Brot und mit einem reichlichen Vorrat von Sodawasser. Frau Fisher spendete noch aus ihrem Garten einen Korb köstlicher Früchte, Bananen, Apfelsinen, Ananas und Papayas (Früchte des Melonenbaums), und so konnte ich, für zehn Tage ausgerüstet, getrost der Fahrt durch den Dschungel Ostceylons entgegensehen. Man rechnet bei der Langsamkeit der ceylonischen Ochsen nur zwölf Meilen als eine gewöhnliche Tagestour; in solcher Entfernung sind auch durchschnittlich die Rasthäuser an der Fahrstraße zwischen Badulla und Batticaloa verteilt.

Auch für die Weddas, denen ich für ihr Kommen kein Geld geben konnte, mußte ich mich mit Dingen versehen, die für sie Wert hatten. Ich überließ das Was? und Wieviel? dem Mudeliar, der am Nachmittag vor meiner Reise mit stattlichen Ballen weißen Baumwollzeugs, eintausend Blättern Tabak, mit Betelblättern und Arekanüssen, mit

Messern, Büchschen für den zum Betelbissen erforderlichen Kalk und mit geflochtenen Täschchen angerückt kam.

Noch der letzte Abend, als ich vom Klubhaus zu meinem Bungalow zurückkehrte, enthüllte mir neue Schönheiten Badullas. In der Ferne tönten die vielstimmigen Lockrufe der Frösche, ringsum das Zirpen der Grillen; wundervoll erfrischend war nach dem warmen Tage die Luft, am tiefdunklen Himmel glitzerten in matterem Scheine als bei uns die Sterne; das südliche Kreuz stand niedrig über dem Horizont, nur Kanopus strahlte in siriusähnlichem Glanz. Aber gegen den fast schwarzen Himmel hob sich um so wirkungsvoller die leuchtende Pracht eines zauberhaften irdischen Feuerwerkes ab: Wie Meteorschwärme zogen Tausende von leuchtenden Insekten (Lampyris und Elater), Feuerfliegen rhythmisch, etwa alle Sekunden in grüngoldenem Glanz aufblitzend, durch die Luft dahin; die Baumkronen waren dicht besetzt mit ihren Scharen, und hier war es, als ob sie gruppenweise, ein gut geschultes Lichtorchester, einem Dirigenten folgten: in regelmäßigem Takt übergießt der Feuerschein alle Formen, Äste, Zweige und Blätter mit metallisch-glänzendem Schiller. So geht es verschieden lange, zehn, zwanzig, dreißig Sekunden fort, dann plötzlich, wie auf gemeinsame Verabredung, liegt alles im Dunkel. Und ebenso plötzlich beginnt nach gleichlanger Pause wieder der vibrierende Pulsschlag des Lichtscheins. Das Leuchten war nicht auf einzelne oder wenige Baumkronen beschränkt, sondern überall blitzte es auf, die ganze Natur begleitete mit einem Feuerzauber von Märchenpracht die Liebesgesänge der Tierwelt. Nur die Hütten der Menschen waren dunkel, still war es auf den Straßen, und unter den Veranden lagen, in weiße Tücher eingewickelt, auf Matten die Schläfer.

Eugenie Schaeuffelen
Von Kandy nach Anuradhapura

6. Februar 1902

Vor Tagesgrauen sausten wir in drei Rikschas, unsere Handtasche auf dem Schoß, die Straße zum Bahnhof hinab. Charly folgt in einer vierten, denn zu gehen wird einem Boy niemals einfallen, solange er einen Dienstherrn hat. Als wir den Bahnhof erreichten, schickten sich die Leute eben erst an, unseren Zug zu rangieren. Mit Tagesanbruch setzte er sich dann in Bewegung und brachte uns nach einer Stunde an den jetzigen Endpunkt der nach Norden im Bau befindlichen Bahn. Matale ist ein ausgedehntes Dorf. Wohl eine Meile lang zieht sich die breite Straße durch den Ort. Rechts und links stehen Häuschen, Läden, Buden, Rasthäuser für Eingeborene und Schnapsläden, in denen »Toddy«, der berauschende Palmensaft, verkauft wird. Am Ende der langen Straße liegt das höchst primitive Posthaus, in das wir, von dem weiten Weg erschöpft, treten, sehr besorgt, ob der deutsche Manager des »Queens-Hotel« in Kandy wohl mit der Versicherung recht behalten würde, daß auf »reservierte« Plätze keine Rücksicht genommen werde und daß bereits drei Parteien von hier aus die Post nach Anuradhapura belegt hätten. Alles, was man uns gesagt hatte, war falsch. Offenbar wollte uns der Wirt als Dauergäste in seinem Hotel zurückhalten. Wir waren die einzigen europäischen Passagiere und unsere Plätze, welche wir bereits in Colombo genommen hatten, richtig gebucht. Wir wurden deshalb auch mit aller Höflichkeit behandelt und, wenn auch ohne jede Bequemlichkeit, befördert.

Die Postkutsche war ein uralter Rumpelkasten mit einem sogenannten Coupé, das aber nur ein einfacher Kutschersitz ist, auf dem höchstens zwei Personen Platz haben, doch werden drei hineingepreßt. »Honny soit, qui mal y pense« steht auf dem Kutschenschlag, der wie der ganze Wagen in allen Angeln quietscht. Das »Interieur« bedeckt ein Dach, dessen leinene Vorhänge gegen Sonne, Staub und Regen schützen. Auf den beiden Längsbänken des Wagens haben sechs Personen Platz, aber sie werden mit zehn und zwölf besetzt. Der Raum, der die beiden gegenüberliegenden Bänke voneinander trennt, ist so eng, daß man seine Knie nicht gerade vor sich stellen kann. Die Beförderung der »Reisenden« ist ja eigentlich Nebensache. Sie werden nur mitgenommen, soweit es die Pakete, Kisten und Kasten erlauben. Der Postverkehr ins Innere hat in erster Linie nur die Aufgabe, jene Europäer mit der zivilisierten Welt in Verbindung zu halten, welche teilweise tief im Dschungel leben, um die begonnene Bahn nach dem Norden der Insel auszubauen oder um die Bewässerungsanlagen in Ordnung zu halten, Kanäle und Tanks neu zu schaffen. Wir hatten um fünf Uhr eine Tasse Tee getrunken und hofften, hier in Matale eine kleine Stärkung zu finden. Aber der Posthalter drohte abzufahren, ohne auf uns zu warten, falls wir unsere Sitze nicht gleich einnehmen oder gar wieder verlassen würden. So blieb nichts übrig, als mit knurrendem Magen und ein paar Bananen als Wegzehrung in den Wagen zu klettern.

Ich saß zwischen Alfred und einer Eisenstange eingeklemmt. Die blauen Striemen, welche sie mir eindrückte, blieben noch lange in meiner Erinnerung haften. Alfred war zwischen mir und dem Kutscher eingekeilt und stöhnte jämmerlich über seine Gliedmaßen, die nirgends Platz finden konnten. Selbst der enge, für die Menschenbeine bestimmte Raum des Interieurs ist mit großen und kleinen Postpaketen angefüllt. Hier zwischen Schachteln, Kisten und Bündeln, zwischen Natives, die Betel kauen und unaufhörlich schwatzen, sitzt, in sein Geschick ergeben, der arme Graf Lippe wie in einem Schraubstock. Nach einer halben Stunde geduldigen Wartens – wir wissen gar nicht mehr, was Ungeduld heißt – erscheinen drei alte Gäule, die sich mit Widerstreben einspannen lassen. Der Pferdekuli nimmt, wie ein Affe, auf seinem Trittbrett zu meinen Füßen Platz, der Kutscher stößt einige unverständliche Worte und merkwürdige Töne aus. Zwei Kulis reißen die Pferde an den Ohren vorwärts, und fort geht es in sausendem Galopp. Die Entfernung von Anuradhapura beträgt hundertzwanzig Kilometer, die wir in zwölf Stunden zurücklegen sollen.

Zu beiden Seiten der Straße zieht sich ein dichter herrlicher Wald. Arekapalmen fassen den Weg ein. Ihre schlanken Stämme sind mit Schlinggewächsen und den samtweichen Blättern zahlreicher Orchideen überzogen. Berauschende Treibhausluft dringt aus der Baumwildnis hervor. Düfte von geheimnisvoll verborgenen Blumen und Sträuchern wehen über uns hin.

Alle Augenblicke verläßt der Pferdekuli mit einem katzenartigen Sprung seinen Sitz, um mit affenartiger Geschwindigkeit wieder auf seinem Posten zu sein. Bald bringt er mir eine süßduftende Blume, bald ein scharf riechendes Gewürz und hält es triumphierend unter meine Nase, oder er bricht eine lange Schote mit farbigen Bohnen auf, die ich kosten soll. Dann deutet er auf seltsam angebaute Kakaoplantagen. Die Kakaobäume mit ihren hängenden, länglichen Blättern gedeihen nur im Schatten, sie stehen deshalb unter hohen, in Reihen angepflanzten Laubbäumen wie ein kleiner Wald unter Riesenstämmen. Zwischen den Palmen schlingen sich Betel – die ostindische Pfefferpflanze –, Kaneel, Ingwer, Carcume und Gewürzpflanzen aller Art, auf die mich der zu meinen Füßen hockende Native mit seinen paar englischen Brocken in geschickter Weise aufmerksam macht.

Der Weg führt ebenso oft nach abwärts wie nach aufwärts, über viele kleine und ein paar große Flüsse. Er hätte wirklich im höchsten Grad genußreich sein können, wäre ich nicht halb ohnmächtig vor Hunger und halb tot vor Angst gewesen. Seit dem vergangenen Abend um acht Uhr hatten wir nichts mehr gegessen, und mit jeder Stunde bekamen wir schlechtere und unzuverlässigere Pferde. Keines der alten, ausrangierten australischen Militärpferde ließ sich einspannen. Sie stellten sich mit dem Kopf gegen den Wagen und schlugen aus. Was waren das für Tiere, die unserem Wagen vorgespannt wurden: zwei Durchgänger und Bocker, Blinde und Lahme, solche, die auf drei Beinen sprangen, andere, die sich wie eine Schraube vorwärts wanden oder vor jedem Sonnenstäubchen scheuten und den Wagen schier in den tiefen Straßengraben rissen! Als ärgstes »beast« aber erwies sich ein bissiger Brauner, der einen Maulkorb trug und bei jedem Galoppsprung nach hinten aushieb. Wenn es überhaupt geht, geht es im Galopp, und das Schutzleder des Bockes, auf dem wir sitzen, wird stets von den Hufen der Pferde gestreift.

Um halb ein Uhr sahen wir einen höchst seltsamen, langgestreckten, dunklen, kahlen Felsen sich aus grüner Ebene erheben. Endlich nahten wir dem wegen seiner Felsentempel berühmten Dambulla, heute für uns nur deshalb von Interesse, weil wir endlich ein Frühstück bekommen sollen. Aber viel Vergnügen hatten wir an dieser »Fütterung« nicht. Von dem meisten, was wir zu essen bekamen, konnte man die Zusammensetzung nicht ahnen. Es war wieder das abscheuliche Fleischgehack, dessen Anblick mich schon übel machte. Nur ein Stückchen Dschungelfowl (Geflügel), zu dem ein herrlicher Goldfasan gerechnet wird, den wir häufig fliegen sahen, konnte man ohne Ekel genießen. Das Fleisch wäre gewiß zart und wohlschmeckend gewesen, doch kam es kalt und halbverkohlt auf den Tisch.

Bei der Abfahrt von Dambulla drängte sich noch ein Europäer in das Innere der Postkutsche. Der Engländer hatte zwar einen »Bocksitz« für die ganze Tour ab Matale bezahlt, da wir aber das gleiche getan hatten und bereits auf dem Platze saßen, mußte er uns murrend das Vorrecht lassen.

Hinter Dambulla dringen wir weiter in den tiefsten Dschungel ein, der bereits halbwegs hinter Nalanda begonnen hatte. Unter Dschungel versteht man ein wildes Wirrsal von niedrigem Gesträuch, durchsetzt von baumartigen und undurchdringlichen Büschen. Rechts und links von der Straße zieht sich eine feste grüne Wand hin. Aus dem dichten Unterholz erheben sich manchmal herrliche Bäume, umrankt und überwuchert von Lianen und anderen Schlinggewächsen, die wie ein Schleier über das untere Gestrüpp herabfallen. Wundervolle Bäume mit bunten Blättern vom hellsten Rosa bis zum tiefsten Grün, andere an unsere Esche erinnernd mit großen gelben Blütentrauben, wie Riesengoldregen, ragen aus der Buschwildnis hervor. Ab und zu erscheint das feste Dickicht, in das kein Sonnenstrahl fällt, niedergetreten. Hier ist der Wechsel der Elefanten, die auf dem Wege zum Wasser sich Bahn brechen. Wir fahren an einer mit Gras bestandenen großen Lichtung vorbei, auf der das Wild Äsung findet. Als Jagdbeute sind der Axis, der Surbar sowie der Moschushirsch, ein kleines graziöses Tierchen von grauer Farbe und mit dunklen Flecken, sehr gesucht. Aber der Sabur, der irrtümlich als Elch bezeichnet wird, reizt vor allem des Jägers Lust. Groß wie unser Rothirsch, mit dunkelbrauner Decke, ist er ein schwer zu jagendes Wild. Er lebt einzeln, läuft in direkter Richtung von seinem Verfolger fort, womöglich kerzengerade den Berg hinauf, und setzt mit Kraft und Sicherheit über breite Bergklüfte und über tiefe Abgründe. Er wird mit einem Hunde gejagt, der aus einer Kreuzung des Fuchshundes mit dem Bluthunde stammt, die Kühnheit des Fuchshundes hat und »laut« jagt, eine sehr wichtige Eigenschaft, da der Hund dem Stück bis tief in den Dschungel folgt. Der Sabur hält sich tagsüber im finsteren Wald auf. Nachts wandert er und äst mit Vorliebe die junge Saat. Das beste Jagdgebiet für den Hirsch liegt in den Bergen bei Nuwara Eliya. Der Axis, ein reizender, kleiner, gefleckter Hirsch ist das einzige in Herden lebende Wild Ceylons. Er ist rehbraun, weiß gefleckt mit schwarzem Rücken, das Gehörn des Bockes ist glatt, während die Geiß nicht »auf hat«. In Rudeln von zwanzig bis hundert Stück weiden die Tiere im offenen Parkland zwischen den Bergen und den Seen. Bis vor kurzem war der Wildbestand noch vortrefflich. Tatsächlich ist er jetzt nahezu ausgerottet. Man hat zwar eine Schonzeit verordnet, aber sie wird selbst von den Europäern kaum gehalten. Die Eingeborenen achten des Gesetzes überhaupt nicht und jagen das Wild zu jeder Jahres-, Tag- und Nachtzeit. Gordon Cumming erzählt in ihrem Buch »Eight years in Ceylon«, daß sie im Juli 1891 in einer Zeitung Colombos die Notiz las, daß die Decken von siebenundzwanzigtausendvierhundertdreiundfünfzig »Ceylonelchen« seit Januar in London verkauft worden seien.

Hasen, Wildschweine und das Dschungelgeflügel bilden für den sensationslustigen Tropenjäger keine lockenden Ziele. Der Tiger fehlt, dagegen sind Leoparden und Bären ziemlich häufig.

Die Lichtung ist verschwunden. Zwischen der Waldwildnis und der Straße läuft ein schmaler Wiesenstreifen entlang. Ichneumons treiben hier ihr lustiges Spiel, haschen und fangen sich wie Kätzchen. Eine dünne, lange, smaragdgrün schillernde Schlange liegt am Wegrand. Sie ist nicht giftig, wird aber von den Eingeborenen gefürchtet, weil sie meist unbemerkt an den Bäumen hängt und den Vorübergehenden nach den Augen schießen soll. Auf den Telegraphendrähten sitzen in langen Reihen reizende grüne, gelbe und blaue kleine Vögel, wie Kolibris. Große silbergraue Bachstelzen spazieren im feuchten Sand der Flüsse, die infolge der ungewöhnlich lang andauernden Regenzeit noch ein breites Wasserbett zeigen. Manchmal tritt auch wohl der Dschungel ein wenig zurück, ein paar Reisfelder folgen, ein Tank glitzert im Hintergrunde, ein kleines Dorf liegt einsam im Urwald versteckt. Vor den Hütten spielen niedliche Kinder. Schöne Tamilinnen, die ihr malerisch drapiertes Gewand beibehalten haben und nicht das unkleidsame Nachtjäckchen der Singhalesin tragen, stehen auf der Mauer eines Ziehbrunnens und übergießen sich halb enthüllt mit kühlendem Wasser. Büffel liegen in den Tanks, das heißt den künstlichen Wasserreservoirs, die aus der früheren Blütezeit Ceylons stammen. Oft stehen die Büffel auch am Ufer der Tanks, umgeben von einem Kranz weißer storchenähnlicher Vögel – dem Padda- oder Reisvogel.

Der Dschungel schließt sich nun wieder dicht an die Chaussee an, die endlos und monoton vor uns liegt. Die Sonne steht bereits hinter den »blauen Bergen«. Wie auf Parkett fahren wir die glatte, sorgfältig gewalzte Landstraße entlang. Da, plötzlich, was sehe ich dort mitten auf dem Wege sitzen, der sich schmal und kerzengerade meilenweit vor uns hinzieht? Was ist das für ein schwarzer Punkt? – Ein Bär! – Ein wilder Bär! Die Pferde stutzen und schnauben, der blinde Braune macht noch einen Extrasprung. Ich bebe vor Entzücken, endlich einem wilden Tiere zu begegnen. Der Bär sitzt wie unser Petz auf den Hinterbeinen, reibt sich mit der Vorderpfote die Schnauze, sieht uns kopfschüttelnd an und trollt sich ins Dickicht. Der Pferdekuli hatte ihn auch gesehen und erzählte gleich eine Schauergeschichte. Erst kürzlich war hier in der Nähe ein Eingeborener von einem Bären angefallen worden und an den Wunden, die ihm das Tier beigebracht hatte, in einem entsetzlichen Zustande zugrunde gegangen. Die Augen waren ihm ausgekratzt, die Backenknochen zertrümmert und die Glieder gebrochen worden. Die Bären sind die in Ceylon am meisten gefürchteten Raubtiere. Sie sind zwar klein, aber ungeheuer wild und sehr mutig. Sie greifen den Menschen oft, ohne gereizt zu werden, an und springen ihm meist nach dem Gesicht, das sie zu zerreißen suchen. Wir waren ordentlich stolz, es endlich so herrlich weit gebracht zu haben, einen echten, rechten, freilaufenden Bären in der Nähe zu erblicken.

Wo ein Haus steht oder ein Reisfeld angebaut ist, brennen ungeheure Feuer als Schutz gegen die Verwüstung der Elefanten.

Obwohl die Pferde mich die ganzen Tage in Unruhe und den Kuli in Bewegung gehalten haben – er lenkte meist als Vorläufer die Deichsel mit einem Strick –, muß ich ihre

Leistung doch anerkennen. Sie liefen wie der Teufel und nahmen alle Berge im Galopp. Schweißtriefend mit zitternden Flanken kommen die abgehetzten Tiere in der nächsten Station an.

Um halb sieben Uhr treffen wir programmäßig in Anuradhapura ein. Im Halbdunkel sehen wir nichts von der merkwürdigen, im Dschungel versteckten Stadt. Ehe wir noch die Post abgeliefert und an ein paar Häusern gehalten haben, ist es pechrabenschwarze Nacht geworden. Wir wissen nicht, wo wir fahren. Der Himmel ist hinter den ineinanderwachsenden Baumkronen verborgen, und von der Straße sieht man auch nicht den geringsten lichten Streifen mehr. Der Kutscher läßt die Zügel hängen, die Pferde suchen sich im Schritt den Weg. Da endlich mitten aus der tiefsten Finsternis flimmert uns ein Licht entgegen. Die Post hält, wir sind am Ziel! Es ist das »Resthouse«, wie in Ceylon die Unterkunftshäuser heißen. Aber steif und krumm durch die lange Fahrt – ich sitze seit ein Uhr hart und eingekeilt in der »Box« (Coupé) –, kann ich kaum aus dem Marterkasten klettern. Ein netter alter Herr kommt mit einer Laterne an den Wagen. Wir hielten ihn für den »Resthousekeeper« (Wirt), aber es war ein teilnehmender Engländer, der wußte, was zwölf Stunden Post auf Ceylon bedeuten. Ich war mehr tot als lebendig und ging, unbekümmert um alle Schlangen, die etwa im Rasen verborgen liegen mochten, mitten hindurch auf das Resthouse zu. Dankbar gerührt nahm ich das Glas »Whisky and Soda« an, das mir der freundliche alte Herr entgegenbrachte. Außer ihm und uns fanden sich zum Dinner drei Damen, unser gekränkter Mitreisender und zwei weitere Herren ein. Die Herren und Damen, die wir im Resthouse antrafen, hatten ein paar Tage hier zugebracht, um Studien zu malen. Sie kehren morgen nach Kandy zurück. Nach dem Dinner, das ich nicht genießen konnte, entweder weil es zu schlecht oder ich zu müde war, suchte ich schnell mein Zimmer auf, sank auf mein Bett und schlief sofort fest ein.

Ida Barell
Die Felsentempel von Dambulla

Wir fuhren gleich weiter nach Dambulla. Der Weg führt uns durch herrlichen, stillen Wald; immer dichter stehen die Bäume, immer enger begrenzen undurchdringliche Hecken links und rechts den Fahrweg. Rotblühender Hibiscus leuchtet durch das helle und dunkle Grün der Bäume. Der »red cotton tree«, Bombax malabaricum, mit seinen fast tellergroßen, feuerroten Blumen ist ein wunderbarer Anblick. Da der Baum so dicht mit Blumen besetzt ist, vermißt man die zur Zeit fehlenden Blätter kaum, und am Boden bilden die abgefallenen Blüten einen purpurnen Teppich. Zwischen gelbblühenden, hohen Akazien steht, einer Eiche gleich, ein mächtiger »candletree«, Parmentiera cereifera; seine reich verzweigten Äste tragen ganze Bündel langer, gelber Schoten, welche in der Tat ein getreues Abbild der alten, biederen Talgkerze sind. So bietet der Urwald immer Neues, je tiefer wir in denselben eindringen.

Im Laufschritt kommt uns eben ein Postbotencooly entgegen, der seine Strecke von vier englischen Meilen mit den Postsachen abrennen muß. Der leichtfüßige Tamile trägt in einer Hand einen langen Holzspieß, an welchem die Glocke befestigt ist, die das Nahen des Postboten verkünden und allfällige Schlangen verjagen soll, in der anderen hält er den verschlossenen Postsack. Ist es nicht ein gutes Zeugnis für die Eingeborenen, daß die englische Regierung diese naive Art der Briefbeförderung beibehalten hat?

Wir erreichen bald das Rasthaus von Dambulla, wo wir uns mit Freuden in den Schatten der herrlichen Tamarindenbäume flüchten. Die Sonne sendet noch ihre sengendsten Pfeile hernieder, und dennoch trinken wir heißen Tee, der allein den namenlosen Durst zu löschen vermag, wenn man sich zu dem beliebten Whisky und Soda nicht entschließen kann. Das Rasthaus von Dambulla ist etwas besser eingerichtet; das Schlafzimmer hat einen Stuhl mehr, und an der Wand hängt ein wirklicher, halbblinder Spiegel. Statt einer sind zwei Waschschüsseln da, und vor einem Bett liegt ein kleiner Teppich auf dem Steinboden. Wer wäre nicht dankbar, mitten im Urwald so gute Unterkunft zu finden. Das Eßzimmer ist freundlich und der Teetisch zierlich, ja festlich gedeckt. Mit Cochenille gefärbte Reiskörner ziehen sich in hübschen Arabesken um den ganzen Tisch; es konnte einem ordentlich leid tun, die zierliche Zeichnung zerstören zu müssen. Wir saßen behaglich beim Tee, aber – nicht anders als ein Glasteufelchen in der Flasche hopste unser dürres Kutschermännchen vor der Türe auf und nieder, um uns zum Aufbruch zu mahnen. Die Sonne stand schon tief, und es war höchste Zeit aufzubrechen, wenn wir die Tempel noch bei Tageslicht beschauen wollten.

Wir gehen mitten durch Dambulla, das, wie die meisten Dörfer der Eingeborenen, aus zwei Reihen Hütten links und rechts der Straße besteht. Dambulla liegt im Schutze eines ca. einhundertsiebzig Meter hohen und siebenhundert Meter langen Felsens. Wohnhütten und Verkaufsbuden sind eins, und das Familienleben spielt sich auf der Straße ab. Jetzt, da wir vorübergehen, schauen uns Männer, Frauen und Kinder an, als ob uns »Hagenbeck« vorbeiführen würde. Die braunen Kinderaugen öffnen sich weit vor Schreck, wenn sie sich nicht vor Entsetzen schließen. Die Frauen kochen ihren Reis, und die Knaben stoßen die zahlreichen Curryzutaten. Kinder werden gewaschen – d. h., es wird ihnen unter obligatem Gebrüll ein Topf Wasser über die feinen, braunen Glieder geschüttet. Der Barbier hält den Kopf eines am Boden zusammengekrümmten Jungen im Schoß, dem er die vordere Hälfte der Haare abrasiert; ein Töpfer dreht emsig seinen Krug, und der Schmied hämmert an Kesseln herum. Hohe, schlanke Tamilenfrauen tragen schöne Messingkrüge gleich Amphoren auf den Hüften, indem sie den Hals des Kruges mit dem Arm umschlungen halten.

Jede einzelne ist ein schönes Bild in dem malerisch umgeschlagenen farbigen Tuch. Halsbänder, Ohrringe, Gelenkreife und Ringe funkeln auf der bronzefarbenen Haut, welche wie weiche Seide schimmert. Die dunklen Augen schauen sehnsüchtig in eine unbekannte Ferne, während die weißen Zähne zwischen den dunkelroten Lippen blitzen. Durch schönen Dschungelwald gelangen wir auch hier zu Felsenstufen, die zum Tempel führen.

Als der singhalesische König Walagambahu im 1. Jahrhundert vor Christus von den Tamilen aus Anuradhapura verjagt wurde, flüchtete er sich mit seinem Gefolge in diese fünf nebeneinanderliegenden Felsenhöhlen. Als er nach fünfzehnjährigem Exil wieder den Thron besteigen durfte, ließ er aus Dankbarkeit die Felsenwohnung zu buddhistischen Tempeln umwandeln, indem er gleichzeitig der Priesterschaft große Flächen Landes zur Reiskultur überließ, welche Felder noch jetzt den Mönchen angehören.

Vor der obersten Terrassentreppe liegt ein prächtig erhaltener sogenannter Mondstein, eine halbrunde Granitplatte, auf welcher skulptierte Blumen und Tiere schön erhalten sind. Sowohl die sich im Halbkreis folgenden Elefanten, Leoparden, Bären und Gänse mit der Lotosblume im Schnabel als auch die schönen Lotosornamente sind bis ins kleinste Detail gut erhalten. Vor den Höhlen selbst stehen uralte, prächtige Tempelbäume, ficus religiosa, mit mächtigen Stämmen und Ästen und vielfach verschlungenem Wurzelwerk. Die herzförmig zugespitzten glänzenden Blätter bilden eine dichte Laubkrone, in deren Schatten ganze Rudel kleiner Affen herumtollen. Eine neben der anderen liegen die fünf Höhlen unter dem weit überhängenden Felsendach, vor welchem zierlich geneigte Kokospalmen zum herrlichen Dome sich wölben. Der priesterliche Greis im hochgelben Gewand steht mit dem riesigen vergoldeten Schlüssel am Tempeleingang. Mit angeborener ruhiger Grazie öffnet er das hohe Tor, uns mit freundlicher Handbewegung zum Eintritt auffordernd. Heiße dumpfe Luft empfing uns in dem halbdunklen Raum, in welchem man vorerst betroffen vor einer Überfülle von stehenden, sitzenden und liegenden Buddhastatuen, steht; doch mehr und mehr steigert sich das Interesse, und man sollte Tage, nicht nur Stunden diesem Höhlentempel widmen können. Die Decke der ersten Höhle ist der ganzen Länge nach mit einem heraldisch wirkenden Motiv von Figuren und Blumen bemalt. Da sich König Walagambahu wahrscheinlich während seines Exils noch zum Hinduismus bekannte, sieht man Wischnu- und Siwahstatuen, Hindudämonen aller Arten und Buddhas friedlich nebeneinanderstehen. Der größte liegende Buddha ist ca. sechzehn Meter lang, direkt aus dem Felsen gehauen und mit Lackfarben übermalt. Die Fresken an den Wänden, welche teilweise zweitausend Jahre alt sind, zeigen Schlachtenbilder, Szenen aus dem Leben singhalesischer Könige auf der einen Seite, während an einer anderen Wand Ereignisse aus Buddhas Leben, seine Wanderungen als armer Mönch, seine Erleuchtung unter dem Tempelbaum in Magadha und seinen Eingang ins Nirwana vor Augen führen. Lange Züge von prächtig geschmückten königlichen Elefanten ziehen sich bis in die dunkelsten Ecken hinein, welche der Priester mit einem kleinen, rauchenden Wachskerzchen zu beleuchten sucht. Auf verschiedenen Alabasteraltartischen liegen prächtige Spitzendecken, welche vielleicht in dem Spitzendorf Galkissa hergestellt wurden. Die Tische sind über und über mit Blumen bestreut; neben den weißen Tempelbaumblüten liegen die reizenden Blumen des Sapubaumes, welche sich die Tamilfrauen so gern ins Haar stecken. Große weiße und zartrosa angehauchte Lotosblumen und deren wunderschöne Knospen legen sich im Kranze um große Messingteller, auf welchen hübsch zusammengestellte Blumenmosaiken in Sand eingebettet sind. Mit ausgesprochenem Farbensinn ist hier Blüte an Blüte gereiht, und der Gedanke liegt nahe, ob nicht vielleicht unsere Teppichgärtnerei von diesen Tempelgaben beeinflußt wurde. Links und rechts der Eingangstüre stehen hohe, mit Messingornamenten versehene Glaskästen, in welche die eßbaren Opfergaben gelegt werden, die zum großen Teil neben dem Reis den Lebensunterhalt der in Armut lebenden Priester und Mönche bilden. Diese Glaskästen verdanken ihren Ursprung der Bosheit der Affen, welche trotz Türen und Teppichen sich in die Höhlen schleichen und alles ausführen, was zu vertilgen ist. Wie der Blitz dringen die drolligen, kleinen Kerle in den Tempel, um ebenso rasch wieder mit der Beute im Schatten des Mangobaumes zu sitzen.

Die hohe Türe der zweiten, größten Höhle, Maha Vihâra, öffnet sich knarrend vor uns. Dieser Tempel ist ca. fünfzig Meter lang und fünfzehn Meter breit und ebenfalls an Wänden und Decke bemalt. Wir sehen das überlebensgroße Bild des königlichen Stifters Walagambahu vor uns, zahllose Schlachtenbilder, auf welchen Elefanten auf Menschenleibern herumtrampeln. Trotz aller naiven Auffassung ist es erstaunlich, wie gut die menschlichen Figuren gezeichnet und wie natürlich die Verkürzungen geraten sind. Männer- und Frauenfiguren unterscheiden sich deutlich, was hier gar nicht so ganz unbedingt selbstverständlich ist, da die bartlosen Männer die Haare im Genick geknotet haben und mit Schmuck überladen sind. In lebensgroßen Figuren ist an einer Wand der Zweikampf zwischen dem Tamilenprinzen Elara und dem singhalesischen König Dutthagamini dargestellt.

Im Jahre 161 vor Christus wurde der König es endlich müde, von seinem Feinde beständig in Schrecken gehalten zu sein; Dutthagamini ließ bekanntgeben, daß er gesonnen sei, in einem Zweikampf mit Prinz Elara über das Los seines Landes zu entscheiden. Der König sitzt auf seinem reichgeschmückten Lieblingselefanten Kandula und reizt denselben, den feindlichen Elefanten samt dem daraufsitzenden Gegner mit den wuchtigen Zähnen zu durchbohren. Der Ausfall gelingt, und Prinz Elara stürzt leblos zu Boden. Es wird in der Ceylonchronik »Mahawamsa« stark betont, daß der edle Dutthagamini den Leib seines Feindes verbrennen und ihm ein schönes Denkmal errichten ließ, dem zu allen Zeiten gleiche Ehre wie jedem anderen Grabmal erwiesen werden sollte. Man erzählt uns, daß dies in Anuradhapura bis zu Anfang des letzten Jahrhunderts getreulich befolgt worden sei. Ganz köstlich ist auch die Landung des indischen Prinzen Wiyayo auf Ceylon wiedergegeben. Nachdem Prinz Wiyayo (Sohn einer Mutter, welche sechzehn Zwillingen das Leben gab) seinem Vater Ärger genug bereitet und das Volk seine Bestrafung verlangte, wurde er samt seinem Gefolge aus dem Lande gewiesen. In drei Schiffen werden je Männer, Frauen und Kinder, alle kahl geschoren, getrennt aufs Meer gesetzt. Die Fresken zeigen nun, wie Wiyayo mit seinen Männern 543 vor Christus vor Ceylon das Schiff verließ. Um Wiyayos Schiff erheben sich zahllose Fischköpfe; die Fische scheinen, in erregtem Zorne über die Störung, sich an dem Schiffe rächen zu wollen.

Im Tempel Maha-Vihâra hängt vor dem Hauptaltar ein grob gewobener, mit farbigen Bildern bedruckter Vorhang, hinter welchem sich rechts und links vom Altar zwei große ca. zwei Meter hohe Messingstandlampen befinden. Über dem flachen Tellerfuß erhebt sich die gewundene Säule mit dem offenen, sternförmigen, sechsfach geschnauzten Ölbehälter. Obenauf sitzt ein großer Hahn mit durchbrochenen Flügel- und Schwanzfedern. Die beiden Lampen machen einen imposanten Eindruck und bilden eine schöne Zier des Alabasteraltars.

Unterdessen ist die Luft so drückend heiß und dumpf geworden, daß es eine gewisse Kraftanstrengung braucht, um dem Priester mit seinem schwelenden Lichtlein in jede Ecke zu folgen. Wir hören jedoch ein schwaches Wasserrauschen und folgen unserem Führer zu einer mit einer kleinen Schutzmauer umgebenen Bodenvertiefung, in welcher eine hohe antike Urne steht. Der Singhalesenführer erzählt uns, daß seit zweitausend Jahren ununterbrochen aus einer Felsenspalte klares Quellwasser herniedertropft; auch dann, wenn es in der Umgegend jahrelang nicht regnet. Dieses heilige Wasser darf nur zum Begießen der Tempelbäume benutzt werden. Sieht man dem stillen, mitten im Urwald lebenden Priester ins ruhige, leidenschaftslose Auge, so muß man ihm aufs Wort glauben.

Zwischen diesen vielen Buddhas mit starrem, blödem Gesichtsausdruck sitzen andere, welche beinahe ergreifend wirken, namentlich durch die Haltung der Hände, der sprechenden Hände, möchte man sagen. Es liegt in diesen übereinandergelegten, die innere Handfläche nach oben gerichteten Händen ein solch überzeugendes Bild namenloser Ergebenheit, so deutlich ausgesprochener, stiller, wunschloser Ruhe, daß man schon dadurch überzeugt wird, daß dieser Buddha in innerer Erleuchtung die Nichtigkeit der Dinge dieser Welt erkannt und ins Nirwana eingegangen ist.

In den anderen, kleineren Höhlen ist wenig Interessantes zu sehen; wir haben auch genug und sehnen uns nach frischer Luft, wie der Mönch nach einem klingenden Beitrag in seine mit einem seidenen Tuche bedeckten schöne Opferschale. Wir gönnen uns noch einen letzten Blick über die schöne Felsenterrasse, über die Höhleneingänge, an welchen originelle Blumenampeln aus zusammengebundenen Rundziegeln hängen. Die Abendsonne vergoldet die jungen Blätter des Mangobaumes, die entsetzt fliehenden Affen flüchten sich auf die Kokospalmen, hinter welchen der Fels senkrecht abfällt. Um ein umfassendes Erinnerungsbild mit heimzutragen, stellen wir uns auf eine, allerdings mit einem runden, großen Loch versehene Steinplatte; mit allen Zeichen des Entsetzens will uns der Priester daran hindern. Ob nun ein profaner Fuß diese Steinplatte nicht betreten durfte oder ob sich vielleicht darunter eine sogenannte Pandu orua befand, eine jener Zisternen, in welchen die priesterlichen Überwürfe in Pflanzenfarbe gelb gefärbt werden, konnten wir nicht feststellen. Da wir jedoch später bei anderen Tempeln ähnliche Zisternen trafen, ist letzteres ziemlich wahrscheinlich. Wir nehmen stummen Abschied von den Mönchen; wie gerne möchten wir ihnen ein freundliches Wort sagen, wenn auch nur – ein ziemlich unwahrscheinliches – »Auf Wiedersehen«.

In herrlichster Abendbeleuchtung genießen wir beim Abstieg einen wunderbaren Blick über braun gefärbte Reisfelder, hinter welchen sich der Urwald wie eine endlose Heide bis zum Horizont hindehnte. Die von der Sonne vergoldeten Bäume mit ihren jungen gelben, zartgrünen und rötlichen Blättern, die blütenschweren, in allen Farben spielenden Zweige, das dunkelgrüne Blätterdach und die warmroten Stämme, dies alles zusammen wirkt wie ein herrlicher, herbstlich gefärbter Wald der europäischen Heimat, und es fällt schwer, sich unter diesen braungoldenen Wipfeln wilde Elefanten, Leoparden, Bären und Elche zu denken. In duftiger Ferne zeigen sich die schön geformten Berge von Matale und Opalgalla. Am Himmel vermählen sich blaugrüne Wolken mit purpurgoldenen, gelbe und blaue Streifen umrahmen den Horizont. In einsamer Größe ragt der Sigiriya-Felsen mitten aus dem Urwald hervor, die Felsenfestung des flüchtigen königlichen Vatermörders Kásyapa, deren Besichtigung wir für den nächsten Tag in Aussicht genommen haben.

Johannes Sievers
Aus Ceylon

Vierzehn Tage braucht das Schiff von Neapel bis Colombo, vierzehn Tage ruhigen Behagens, bis sich aus dem Meere ein feiner, grüner Streifen erhebt, ganz anders, als in nördlichen Breiten ferne Küsten dem Auge erscheinen. Immer weicher formt sich der Umriß, endlich lösen sich die buschigen Kronen der Palmen heraus, die sich im Winde neigen und wiegen. Häuser und Hütten blinken durch die Stämme, greller Sonnenschein, ungewohnte Glut liegt über dem glatten Wasser des Hafens, in den das Schiff langsam einfährt. Boote mit braunen Menschen umschwärmen den Dampfer, zerbrechliche Einbäume, die nur der mächtige Ausleger im Gleichgewicht zu halten vermag, und schmale Jollen, befrachtet mit tausenderlei nützlichem und unnützem Kram, mit dem findige Händler auf die Kauflust der Reisenden spekulieren. Flache kohlenbeladene Prähme schieben sich an des Dampfers Seiten, schlanke Gestalten, nackt bis auf den Schurz, pechschwarz vom Kohlenstaub, stehen und sitzen unbeweglich auf der Last, bis ihre Arbeit beginnt.

Die Landung und mit ihr tausend neue Eindrücke. Magere Kulis, die den Passagier in der Rikscha mit beängstigender Schnelligkeit dahinziehen, behäbige Diener der Gasthöfe, über der weißen Jacke das breite, bunte Bandelier, spitzbübische Geldwechsler und Verkäufer aller Art, die dem Fremden, der vor kaum fünf Minuten den Boden Ceylons betreten, ihre Dienste als Schneider und Wäscher aufdringen und, wenn ihr Bemühen vergebens geblieben, mit geheimnisvollen Mienen echte und unechte Edelsteine, Elfenbeinschnitzwerk und Metallarbeiten von gleicher Wertlosigkeit an den Mann zu bringen versuchen. Nirgends kann man ihnen entgehen, auf den Straßen nicht und nicht in den schattigen Vorhallen der Hotels, in denen die Gäste, müde und angegriffen von der Hitze, untätig in tiefen Stühlen liegen, dankbar für die Unterhaltung, die ihnen selbst das Feilschen mit dem Händler bietet.

Überwältigend ist der erste Anblick der Tropenwelt für den, der mit eindrucksfrischen Augen von Europa kommt. Während Hafenstädte sonst fast ausnahmslos das Land, das man besucht, von der schlechtesten Seite zeigen, trifft das auf Colombo nicht zu. Hübsche Barockbauten aus den Jahren der holländischen und portugiesischen Herrschaft, manches architektonisch vornehm zurückhaltende Haus neuerer Zeit, in schönen Gärten gelegene Villen stören auch da das Bild nicht, wo das eigentlich Heimische zurückgedrängt ist. Die kleinen Häuser der Eingeborenen, oft tief im Palmenwald verborgen, verschwinden fast unter Kletterpflanzen und blühendem Gerank. Der Reichtum der Vegetation ergibt allein schon wahrhaft unerschöpfliche Varianten von Grün, vom hellsten, lichtesten bis zum tiefsten, sattesten in tausenderlei Abstufungen und verbindet sich mit dem kräftigen Rostbraun des Bodens zu leuchtender Harmonie. Undurchdringlicher Palmenwald säumt, tief überhängend, die Ufer des Kelanyaflusses, in dessen flachem Wasser sich die Schar der Arbeitselefanten um die Abendstunde durch ein Bad erfrischt. Palmen stehen am Meeresstrand mit wirren, sturmzerzausten Kronen in phantastischer, beinahe schmerzlicher Biegung ihrer Stämme. Gigantische Brotfruchtbäume mit mächtigen Ästen senden Dutzende von Luftwurzeln in die Erde hinab und spenden unter ihrer Wölbung wie Riesenzelte Schatten und Kühlung.

Die Singhalesen, die den Hauptbestandteil der Bewohner bilden, sind schöne, stille Menschen von weiblichem Ausdruck. In den zu einem Knoten verschlungenen Haaren steckt wie ein verkehrtes Diadem ein halbrunder Kamm, der sonderbar genug aussieht. Am meisten bei den flinken Dienern in den Gasthöfen, die zu diesem Kopfputz einen tadellosen Frack nebst Kragen und Oberhemd tragen, aber um ihren nackten Unterkörper nur den Sarong, ein loses weißes Tuch, schlingen.

Die mit allen Schätzen der Natur überschüttete Insel ist stets das Ziel fremder Einwanderer und Eroberer gewesen, das erklärt die Vielfältigkeit der Rassen und Stämme, die das Bild der Bevölkerung so bunt gestalten. Vom indischen Festland drangen dravidische Scharen herüber, Araber und Mauren setzten sich hier fest, ja Malaien und Angehörige nördlicher Länder, selbst Leute aus Afghanistan siedelten sich auf Ceylon an.

Eingeborene Könige haben die Insel über zwei Jahrtausende beherrscht, bis vor einhundert Jahren die Engländer an ihre Stelle traten. Die alte Hauptstadt Anuradhapura lag im Innern des Landes nach Norden zu, von ihrer Größe und ihrem Glanze zu berichten, können die Chronisten sich nicht genug tun. Aber im Lauf der Zeiten nahm ihre Bedeutung mehr und mehr ab, bis ihre Paläste und Tempel verfielen und langsam der Urwald mit eisernen Armen Säulen und Mauern niederzwang und in seiner Umschlingung versinken ließ. Seit einer Reihe von Jahren erst ist man darangegangen, das undurchdringliche Dickicht zu lichten und die Spuren der Stadt wieder aufzudecken. Mächtige Backsteinbauten, Dagoben genannt, ungeheuren Helmen ähnlich, die Riesenreliquiare des Buddhismus, die einzig noch aus der Umklammerung des Dschungels hervorragten, wiesen den Weg. In mühevoller Arbeit fand man die Grundmauern weiter Königspaläste, und, fest im Boden wurzelnd, die Reihen der Pfeiler mit ihren schweren Kapitellen, die einst die Decken der Tempel- und Klosterhallen getragen. Vom Gestrüpp befreit, wachsen sie heute, eigentümlich anzusehen, aus grünem Wiesenplan heraus, von uralten, weithin schattenden Bäumen umgeben. Wasserbecken von riesigen Abmessungen entriß man dem Boden wieder und machte sie aufs neue nutzbar. Kleinere dienten als Bäder, darauf deuten die kühlen Hallen, die reich skulpierten Treppen, die sich dort fanden, aber die größten waren nur Stauwerke, um gesundes Trinkwasser zu schaffen und den Boden fruchtbar zu machen, die beste Wohltat, die ein Herrscher dieses Landes seinem Volke erweisen konnte. Technisch sind die vor weit über eintausend Jahren geschaffenen Werke noch heute mustergültig, man setzte sie wieder instand und konnte nun erst den allmählichen Untergang der ganzen Gegend aufhalten. Ein kleines Dorf hat sich neuerdings an Stelle der alten Hauptstadt angesiedelt – aber ganz unbewohnt ist diese Stätte durch die Jahrhunderte nicht geblieben. Denn ein Heiligtum liegt in seinen Mauern, das zu den verehrungswürdigsten gehört, die der Buddhismus kennt: das ist der heilige Feigenbaum, ein Sprößling jenes Baumes, unter dem Gautama in Buddhaghayâ am Ufer des Nirândscharaflusses Erleuchtung fand und zum »Buddha« wurde. König Ashoka, der mächtigste Förderer der neuen Lehre, sandte seinen eignen Sohn und seine Tochter in den Süden hinab nach Ceylon, um den Boden für den Buddhismus zu bereiten; sie brachten in die Hauptstadt den heiligen Sproß des Buddhabaumes und schufen in ihm den Kultmittelpunkt der neuen Glaubensprovinz. Schößlinge und Ableger sichern dem Tausendjährigen ewige Dauer, Pflege und Schutz, wird ihm von der Schar der Mönche zuteil, die, leuchtend gelbe Gewänder um die braunen Körper, das Heiligtum behüten.

Noch manche andere Stätte, in der meist schon im frühen Mittelalter unserer Zeitrechnung Leben und Bedeutung erlosch, liegt in den Dschungeln begraben, nur hier und da hat man einige der Ruinen freigelegt. Unberührt von der alles erstickenden Kraft der tropischen Vegetation blieben nur die Felsentempel und Burgen, denn die steilen Rücken, die unvermittelt aus dem Flachland emporsteigen, vermochte selbst der Urwald nicht zu bezwingen. Ein König, der seinen Vater ermordete, um sich des Thrones zu bemächtigen, legte auf fast unzugänglicher Höhe die Bergfeste Sigiriya an; in ihren Höhlengalerien fanden sich Fresken, die seltene und wertvolle Kenntnis von der malerischen Kunst des fünften nachchristlichen Jahrhunderts auf unsere Tage bringen. In unheimlicher Öde liegt der Burgfelsen im Herzen meilenweiter Dschungel, fieberatmender Sümpfe, von trügerischem Dickicht überwuchert. Totenstille, erbarmungslose Glut breitet der Tag über diese Stätte der Einsamkeit, aber wenn die Sonne sinkt und sich das unbewegliche, moderüberzogene Sumpfwasser glühend rot färbt, dann erwacht das Leben des Dschungels. Tausend Stimmen erheben sich, auf schmalem Wildpfade huschen die Tiere zur Tränke, trottet der Schakal, nach Beute lüstern. Mit hereinbrechender Nacht mehrt sich der Lärm; Schreien und Krächzen, Brüllen und Bellen, nie gehörte Laute dringen aus dem Urwald hervor und wilder Aufruhr, Kampf auf Leben und Tod schreckt seine Bewohner.

Der Europäer wird sich kaum länger, als es die Besichtigung der Ruinenstätten erfordert, in dieser Gegend der Insel aufhalten. Dem Reisenden, den das ungewohnte Klima angegriffen, winkt in den Bergen des Hochlandes Erquickung und genußreiche Rast. Aus der dumpfen Hitze der Küste führt ihn der Zug durch endlose Palmenwälder, über breite Flüsse hinweg, deren Wasser wie graues Blei dahingleitet, allmählich in frischere Regionen empor, kühler wird die Luft, aber sie bleibt warm genug, um hier oben einen wahrhaft unfaßbaren Reichtum der Vegetation zu erwecken. Alle Märchenpracht tropischen Wachstums, alle Ungeheuerlichkeit fabelhaften Pflanzenwuchses ist in dem riesigen botanischen Park beisammen, den die Regierung in Peradeniya angelegt hat. Bambusgebüsche von der Höhe vierstöckiger Häuser, gigantische Ficus- und Brotfruchtbäume, herrliche Palmenalleen, Teiche voller Wasserrosen und Lotosblüten, Orchideenkulturen mit unzähligen Varianten, Farnbäume und all die Schöpfungen der Natur, die nur der Botaniker zu benennen vermag, geben in Ceylon an dieser Stelle das grandioseste Bild von der verschwenderischen Fülle und der unbeschreiblichen Phantastik der Tropenflora.

In kaum geringerer Schönheit prangen die Ufer des Sees von Kandy; sein stilles, dunkelblaues Wasser liegt in sanft ansteigende Berge eingebettet, deren Abhänge mit dichtestem Urwald bedeckt sind. Ihrer Erscheinung fehlt das Gleichmäßige, Herbe des nordischen Bergwaldes, regellos sind in stetem Wechsel immer anders geformte Wipfel verschiedenster Färbung eingesprengt, weich und wollig fügen sich die Häupter der Palmen nicht dem Ganzen ein, sondern ragen hier und da, wie Blumen in einem schlechtgebundenen Strauß, auf schlanken, glänzenden Stämmen hervor. Die Nähe des Wassers hat den Baumriesen am Ufer eine unbezwingbare Kraft des Wachstums verliehen: in mächtiger Gebärde recken sie die Äste fast waagerecht weit über den Seespiegel und geben dem Bild in reicher Abwechslung den stolzesten Rahmen. Wie lodernde Fackeln leuchten aus dem Grün die Baumwollbäume, die in den Wintermonaten kein einziges Blatt, aber Tausende purpurroter Blüten tragen, Blüten von der Größe einer Männerfaust auf einem Baum, der einer stattlichen Buche an Höhe und Umfang gleicht. Behaglich zieht in unbeholfenem Zuge der Schwarm der Schildkröten durch das Wasser, kreischend tummeln sich bunte Vögel in den Uferbäumen, und aus dem nahen Tempel dringt das monotone Dröhnen der Trommeln, der Schrei der Flöten.

Halb Palast, halb Festung mit Graben und Zinnenmauern, über deren zackigem Kamm silberweiße Palmenstämme in schwanker Kurve sich neigen, liegt dieser Tempel am buschigen Fuß des Berges. Als höchsten Schatz bewahrt man in ihm einen Zahn Buddhas, zu dessen Schrein die Gläubigen wallfahren, trotzdem dies riesige Stück Elfenbein wohl niemals dem Munde eines menschlichen Wesens angehört hat. Den angeblich echten hat einst der christliche Bischof von Goa auf offenem Markt verbrennen lassen, aber seine Mühe war vergeblich. Denn Buddhas Priester erklärten den verbrannten für unecht und setzten den neuen an seine Stelle, dessen unwahrscheinliche Gestalt den Glauben an seine Wunderkraft nur verstärkte, statt ihn zu schmälern. Und sie verstehen es, seinem Wert ein wirkungsvolles Relief zu geben. Durch Vorhöfe und Gänge, gefüllt mit Betern und Bettlern, gelangt man zum Allerheiligsten, einem engen, fensterlosen Raum. Man winkt uns einzutreten, der Türvorhang schließt sich, eine metallbeschlagene Flügeltür wird geöffnet, und warmes Kerzenlicht strömt uns entgegen. Da glitzert hinter Glas und Gitter das mächtige, edelsteinbesetzte Reliquiar, das den heiligen Zahn umschließt – aber weder seine Kostbarkeit noch der Schatz, den es birgt, fesselt uns: das magisch schöne Bild dieses Sanctuariums ist es allein, das die Sinne gefangennimmt. Zur Rechten des Schreines steht in aufrechter Haltung der Hohepriester, ein flaches, goldgesticktes Barett auf dem Kopf, den roten Schurz um den nackten bronzefarbenen Leib, in seiner Rechten den silbernen Schlüssel des Heiligtums. Zur Linken, unbeweglich, einer Buddhastatue gleich, ein zweiter Priester, das faltige gelbe Gewand umrauscht die Gestalt, keine Linie regt sich in seinem tiefsinnenden Antlitz. Flackernder Kerzenschein gleißt über all das Gold und Edelgestein ringsum, das stumpfe Braun der Körper, das Gelb des Umwurfes, und fällt auf den Silberrand der flachen Schale voller stark duftender Blüten, in deren Elfenbeinweiß nur eine einzige, blaßrote Rose liegt.

Der Zahntempel bildet Kandys Mittelpunkt; von Sonnenaufgang bis in die Nacht hinein sammelt sich hier die Menge, spielen sich dort die wechselndsten Szenen buntesten Lebens ab. Bettler in Scharen, Blinde meist, heischen mit eintönigem Flehen die Gabe des Frommen, oft nur ein wenig Reis, den sie in hölzernem Napfe sammeln. Festliche Prozessionen nahen sich, wilde Musik ertönt, Fahnen und Embleme trägt man im Zuge schwerschreitenden Elefanten voraus, deren Köpfe und Rücken farbige Decken mit mächtigen Silberbuckeln umhüllen. Dazwischen flutet das Volk, schöne Frauen mit tiefen, schwermütigen Augen, ihr

Kind auf der Hüfte tragend, schlanke Männer mit edlen, leichten Bewegungen und weithin leuchtend die Priester in Gewändern, deren Gelb vom dünnsten, hellsten Chrom bis zum tiefsten, sattesten des Eidotters die ganze Farbenskala umfaßt. Der buddhistische Mönch und Priester mit dem ausdrucksvollen Kopf, auf dessen kahlgeschorenen Scheitel die Sonne ungehindert niederbrennt, ist in seiner gelben Toga Ceylons markanteste Erscheinung und für das Inselland unendlich charakteristisch. In Indien, dem Ursprungsland, wo der Buddhismus nur an wenigen Stellen noch ein kümmerliches Dasein fristet, begegnet man ihm nicht wieder.

In der Schönheit der Natur liegt Ceylons Zauber beschlossen. So wenig auch die Anforderungen europäischer Kultur zerstört haben, wird man doch versuchen, vom Wege abseits in das Innere zu dringen, in Gegenden, wohin der Weiße nur noch als Farmer verschlagen wird. Im Berglande von Matale kann man Land und Leute unvergleichlich gut kennenlernen, dort, wo die Quellen aller natürlichen Schätze liegen, die, wie Tee und Kaffee, Kakao und Zimt, Tabak und Kautschuk, den Reichtum der Insel bedingen.

In den Teeplantagen, deren wohlgepflegte Kulturen einem Ziergarten mit unzähligen, kugeligen Buchsbäumen gleichen, sind die Arbeiter bei der Ernte. Fast alles Frauen, Gestalten von prachtvollem Wuchs, verschieden an Hautfarbe, je nach der Rasse, der sie angehören. Ein buntes Tuch um den Kopf geschlungen, in einem Umwurf, der gerade den Leib, kaum die Brüste bedeckt, klirrenden Schmuck an Armen und Füßen, schreiten sie von Busch zu Busch und sammeln die grünen Blättchen in das Messinggefäß in ihrer Hand, das in der Sonne wie lauteres Gold glänzt. Sehnige Männer, die Hacke über der Schulter, kommen aus dem Tal, wo sie am Werke sind, tausendjähriges Dickicht des Urwaldes, das unentwirrbare Flechtwerk des Dschungels zu lichten und in Ackerland zu verwandeln.

Ein schmaler, ausgetretener Pfad führt in fast nächtliches Walddunkel. Bäume stürzten zu Boden und verflochten sich im Fallen ineinander, wucherndes Kletterwerk, Lianen, Baumwürger wanden sich, Millionen Schlangen gleich, um tote und lebende Stämme und senden aus der Höhe wahre Regen undurchdringlicher Wurzelnetze hernieder. Fauliges, grünüberzogenes Wasser steht bewegungslos im Grunde, halbvermoderte Äste ragen heraus, und wildes Unkraut schießt ringsum zu unheimlicher Mauer zusammen. Nur der Eingeweihte findet den Weg, der hindurchführt, niemand vermutet hier menschliche Wohnstätten: aber da lichtet sich der Wald, heller Sonnenschein dringt durch die Baumkronen, vielstimmiges Hundegebell tönt durch das Buschwerk, und nackte braune Kinder strömen neugierig zusammen, furchtsam den Fremden anstaunend. Freundliche Männer treten herzu und laden zum Eintritt in Hütten und Gärtchen, behende klettern nackte Burschen an den Stämmen der Palmen empor, sie halten das scharfe Sichelmesser mit den Zähnen. Bald sind sie oben, und klatschend stürzen die schweren Kokosnüsse zu Boden, die man, um ihrer kühlen Milch willen, dem Gast zum Geschenk darbringt. Das ganze Dorf ist in Aufruhr, von immer neuen Gaffern wird das Gärtchen umlagert, die Frauen bringen ihre Kleinen herbei, und jung und alt schaut über den Zaun herein, nach den fremden, weißen Menschen, betrachtet sie mit jener ernsten Aufmerksamkeit, die nicht daran denkt, Unbekanntes ins Lächerliche zu ziehen, mit jener eindringlichen, wundervollen Anteilnahme, die der Kulturmensch nicht kennt, weil sie ein Vorrecht der Wilden geblieben ist.

Oscar Bongard
Kandy

Kandy (Ceylon), 25. November 1910

Die Seereise liegt hinter uns, und bald wird in der Erinnerung nun noch alles das Schöne wieder an unserem Geiste vorüberziehen, was wir auf dieser Fahrt durch die Gunst des Wetters genossen haben. Verblassen wird der Klatsch, der sich, wie ich schon in meinem letzten Briefe voraussah, an die Schwächen der Mitmenschen anheftete, verblassen werden die Enttäuschungen, die so manche und so mancher erlitten und die im Grunde genommen so nichtig und lächerlich sind, daß nur die Länge der Seereise sie begreiflich und entschuldbar erscheinen läßt.

In Aden, dem Felsenneste, wo es mitunter jahrelang keinen Tropfen regnet, machte das Kronprinzenpaar, von dem Gouverneur geleitet, eine Fahrt nach den berühmten Zisternen, die oben über der Stadt in einer Schlucht der Berge liegen und die das spärlich fallende Regenwasser auffangen sollen. Bei der Fahrt durch die Felsentore kann man die mit Kanonen gespickten Befestigungen wahrnehmen, und der Blick von der Höhe zeigt, wie geschickt sich die Engländer auf dieser Halbinsel an der Südspitze Arabiens festgesetzt haben. Sie besitzen hier nicht nur einen nicht zu unterschätzenden, wichtigen Stützpunkt für den indisch-ostasiatischen Seeverkehr mit einer bedeutenden Ausfuhr an Kaffee, Aloe, Harz, Federn, Perlen, Häuten und Fellen, welche durch den Wert der Einfuhr noch übertroffen wird, sondern ihre stark befestigte Flottenstation kann von hier aus auch den Eingang zum Roten Meere blockieren.

Am 20. November lagen wir planmäßig vor Colombo. Es war der schönste Sonnenaufgang, den ich je in den Tropen erlebt. Die Berge erschienen wie mit einem breiten

Goldstreifen umsäumt, und aus dem violetten Chaos zu ihren Füßen tauchten allmählich die kleineren Hügel und die Wälder auf. Dann aber fielen die Sonnenstrahlen auf die Stadt vor uns; die blendend weißen Gebäude mit ihren roten Dächern blitzten unter Palmen heraus zu uns herüber, und das satte Grün der Gärten zeigt schon von weitem, welche üppige Vegetation hier herrscht. Schon vor sieben Uhr kam der deutsche Konsul Herr Freudenberg an Bord, und ihm folgte bald darauf der Besuch des Gouverneurs.

Da der Kronprinz durch ein drahtloses Telegramm von Bord aus gebeten hatte, von offiziellen Empfangsfeierlichkeiten abzusehen, beschränkte sich die Ehrung des hohen Besuchs bei der Landung auf die Eskortierung des kronprinzlichen Wagens durch einige Lanzenreiter auf der Fahrt nach dem Galle Face Hotel, wo Wohnung genommen wurde. Einen besseren Platz als die Insel Ceylon, um die Wunderwelt der Tropen zum ersten Male einwirken zu lassen, gibt es kaum wieder. Das Eiland besitzt die reichste Tropenflora, die man sich denken kann, die Tierwelt ist u. a. durch wilde Elefanten, Büffel, Panther, Lippenbären, Rotwild, Affen, viele jagdbare Vögel mit prachtvollem Gefieder, durch Krokodile und bemerkenswerte Insektenarten vertreten. Naturfreunde und Jäger finden reiche Ausbeute. Die Bevölkerung setzt sich zusammen aus meist dem Buddhismus angehörenden Singhalesen, aus Tamulen (Shiva-Anbetern), Mohammedanern, Malayen, den Ureinwohnern, den Weddas, die in den Urwäldern als Jäger hausen, oft auf hohen Bäumen wohnen, sehr scheu und harmlos sind, und aus den christlichen Eurasiern, das ist die Mischlingsrasse, die in der Portugiesen- und später der Holländerzeit der Insel aus der Vermengung dieser Europäer mit den Eingeborenen entstanden ist.

In Colombo bilden diese Bevölkerungselemente in ihrer verschiedenartigen malerischen Tracht ein buntes Gewimmel von eigenartigem Reiz, im Innern der Insel aber und in den anderen Städten herrschen einzelne Bevölkerungsarten so vor, daß die anderen sich ihnen vollständig anpassen.

In Ceylon kann man überall sehen, welchen Vorteil der Europäer aus einer tropischen Kolonie zu ziehen vermag. Schon bei Colombo beginnen die Kokosnußplantagen, Zimtbäume, deren Heimat Ceylon ist, werden dort gepflanzt, dann sind große Strecken mit Kakaobäumen bedeckt, ihnen folgen Gummiplantagen und Teekulturen. Der Thronfolger des Deutschen Reiches wird hier nicht nur aus eigenem Augenschein die Überzeugung von der Wichtigkeit von Pflanzungskolonien überhaupt erlangen können, sondern er lernt gleich schon hier am Beginn seiner Studienreise kennen, welchen Anteil wir Deutschen an der wirtschaftlichen Ausnutzung überseeischer Länder haben. Wir kommen hierauf im nächsten Kapitel zurück.

Zu Ehren des hohen Besuchs gab der Gouverneur am Tage nach der Ankunft, am 21. November, ein großes Gartenfest, zu dem mehrere hundert Personen aus Ceylon geladen waren. Schon die Auffahrt der Gäste bot einen prächtigen Anblick. Die Automobile, die Zwei- und Einspänner und die von Eingeborenen gezogenen zweirädrigen leichten Wägelchen (Rikschas) stauten sich bald zu Hunderten vor dem stattlichen Gouverneurs-Palast und gaben Gelegenheit, die eleganten Toiletten der Damen, die Uniformen der Offiziere und die goldstrotzenden Trachten der eingeborenen Würdenträger zu bewundern. Schier endlos war der Zug der Geladenen, die auf breitem Wege dem Mittelpunkt des Gartens zuströmten, wo der Gouverneur, neben den Hoheiten stehend, die Gäste empfing. Jeder gab seine Einladungskarte einem der singhalesischen Diener ab, der reichte sie dem militärischen Adjutanten weiter, und dieser las mit lauter Stimme den Namen des Gastes vor. Ein kurzer Händedruck des Gouverneurs, dann zwei Schritte weiter, eine Verbeugung vor der Kronprinzessin und dem Kronprinzen, dann ging es weiter in den Garten hinein, wo die Menge sich abermals staute, um von einer Terrasse der Begrüßung der Nachfolgenden zuzusehen.

Von den englischen Damen und Herren hörte man immer wieder den bewundernden Ausruf: »Welch ein schönes, königliches Paar!« Und in der Tat gaben die beiden hohen schlanken Gestalten, der Kronprinz in grauem Gehrockanzug, die Prinzessin in eleganter weißer Toilette mit kostbaren Spitzen, auf einem orientalischen Teppich inmitten des grünen Rasens stehend, umringt von Palmen, flankiert von zwei indischen Lanzenreitern und davor der Zug der sich verneigenden Damen, Herren und eingeborenen Würdenträger, ein wunderhübsches Bild ab, das sich dem Gedächtnis unvergeßlich einprägt. Die Kronprinzessin tat mir aufrichtig leid, denn es war fünf Uhr nachmittag, und die Tropensonne brannte unbarmherzig hernieder, und da war es keine Kleinigkeit, mehrere hundertmal mit freundlichem Lächeln jeden Gruß zu erwidern.

Hinter dem Gouverneurshaus war ein Prunkzelt errichtet, dorthin begaben sich die Herrschaften, und es wurden ihnen eine Reihe bedeutender Persönlichkeiten, darunter mehrere eingeborene Häuptlinge, Abkömmlinge der alten Königsgeschlechter, vorgestellt. Eine politische Rolle spielen auch die gebildeten Singhalesen und Burghers, die zum Teil in Europa studiert haben und in der Verwaltung mitwirken. Ceylon ist Kronkolonie, steht unter eigenem Gouverneur und hat mit der Verwaltung von Indien nichts zu tun. In den gesetzgebenden Rat werden von den siebzehn Mitgliedern auch ernannt als Vertreter 1) der Singhalesen in der Niederung, 2) der Singhalesen des Distrikts Kandy, 3) der Tamulen, 4) der Mohammedaner, 5) der Burghers, 6) der Gesamtheit der Europäer, 7) der europäischen Pflanzer und 8) der europäischen Kaufleute.

Als den Damen der Tee serviert wurde und das starke Geschlecht an den aufgestellten Büfetts den Durst mit Whisky-Soda und Sekt zu löschen begann, umzog sich der Himmel mit drohenden Gewitterwolken, und hierdurch wurde dem Fest ein rasches Ende gesetzt.

Schon am nächsten Morgen wurde Colombo, das nicht

weniger als einhundertsiebzigtausend Einwohner zählt, verlassen, um Kandy aufzusuchen, das sich durch seine hohe Lage (fünfhundertzwölf Meter) und die hiermit verbundene Kühle zur Akklimatisierung eignet. Die einhunderteinundzwanzig Kilometer lange Eisenbahnfahrt wurde in drei Stunden und fünfundvierzig Minuten zurückgelegt. Sie offenbarte die ganze Pracht und Üppigkeit des Pflanzenwuchses des Eilandes, der ihr den Namen Smaragdinsel eingetragen hat und wohl von keiner anderen Gegend der Erde übertroffen wird. Bald geht es durch herrliche Tropenlandschaften mit vielen Palmenarten und Riesenblumen, dann wechseln Gummi-, Kakao- und Teepflanzungen mit dichten Dschungeln ab, die in ungesundem Sumpfland bis an die Bahn heranreichen und immer mehr von ausgedehnten Reisfeldern mit ausgezeichnet durchgeführten Bewässerungs-, d. h. Stauanlagen verdrängt werden. Wasserbüffel weiden bis zum Bauch im Schlamm stehend oder gehen vor dem Pflug der Eingeborenen, die je nach der Lage in gleicher Gegend Hackbau oder Pflugbau treiben. Vögel mit herrlich schillerndem Gefieder wetteifern in ihrer Farbenpracht mit großen Schmetterlingen und anderen Insekten. An jähen Abgründen entlangfahrend, schaut man hinab in wirre Wildnis, zerklüftete Täler oder wohlangebaute Pflanzungen.

Nach ein Uhr nachmittags erfolgte die Ankunft in Kandy, das, von Bergen umschlossen, malerisch an einem See liegt, und noch am gleichen Tage wurden Kakao-, Gummi- und Teeplantagen in der Nähe besichtigt.

Kandy, die alte singhalesische Hauptstadt von Ceylon, beherbergt das wichtigste der buddhistischen Heiligtümer. Daher ist hier ein Mittelpunkt des Buddhismus, und von fernher strömen die Pilger zusammen, um im Tempel Dalada Maligawa einen hier aufbewahrten Zahn Buddhas zu verehren.

Nur bei ganz besonderen Anlässen wird von der Priesterschaft die Reliquie gezeigt. Ein solcher war natürlich der

Besuch des Kronprinzenpaares. Am 23. November morgens verkündeten Gongschläge und Klarinettenklang, daß der Kaisersohn sich mit seiner Gemahlin dem als Bauwerk nicht bemerkenswerten Tempel nahte. Einer der Häuptlinge der Kandy-Singhalesen, ein Abkomme aus einem der alten Königsgeschlechter, empfing in goldgesticktem Gewande und goldstrotzender, einer Krone gleichenden Kopfbedeckung die Besucher und geleitete sie in das Innere des Tempels, wo vor der Treppe, die zum Allerheiligsten hinaufführt, die Buddhapriester in ihrer gelben Toga in malerischer Gruppe Aufstellung genommen hatten.

Auf goldener Lotosblume ruhte die Reliquie in einem goldenen, mit Diamanten, anderen Edelsteinen und Perlen besetzten glockenförmigen Behälter, der auf einem silbernen Tische steht.

Der Hohepriester hatte den rotbraunen, etwa fingerlangen Zahn frei auf den Tisch gestellt, so daß das Kronprinzenpaar und auch wir ihn in Ruhe beschauen und zu dem Schlusse kommen konnten, daß das Stück brauner Knochen eher wie alles andere, nur nicht wie ein Menschenzahn aussah. Und ein Mensch war doch Buddha, obgleich die vielen Tempel mit Buddhareliquien und Buddhastatuen, die vielen tausend Priester und die schönen Blumenopfer den Anschein erwecken, als handle es sich um eine Gottheit, die hier angebetet wird. Buddhismus aber ist in Wirklichkeit Atheismus, verbunden mit vorzüglichen Moralgesetzen, die sehr viel mit den christlichen Geboten gemein haben, und Buddha wurde ursprünglich nur als Reformator verehrt.

Aus den asketischen Mönchen, die nach der Lehre Buddhas gleich ihm leben sollen, um zum Nirwana zu gelangen, hat sich auf Ceylon eine Priesterschaft mit Buddhakultus entwickelt, die dem eigentlichen Wesen des Buddhismus zuwiderläuft. Deshalb sind auch hier ebenso wie in Siam und Birma, den anderen Hauptplätzen des Buddhismus, Reformbestrebungen im Gange, um die

Lehre auf eine einheitliche, ihrer ursprünglichen Fassung näherkommende Form zurückzuführen.

Die Priester des Zahntempels brachten ihre ganzen Schätze an goldenen und silbernen Gefäßen, die mit auf der Insel gefundenen und geschliffenen großen Edelsteinen geschmückt waren, zur Besichtigung heran. Es fanden sich Stücke darunter, deren Ziselierung einen hohen künstlerischen Wert aufwies. Dann ging es aus dem Allerheiligsten hinaus, hinauf nach der Bibliothek, die in einem besonderen, die anderen Tempelbauten überragenden Pavillon untergebracht ist. Kostbar in Gold gebundene heilige Schriften in Pali, der heiligen Schrift der buddhistischen Priester, auf präparierten Blättern der Talipotpalme geschrieben, bilden den wertvollsten Bestandteil. Das Ganze machte ebenso wie die Priester selbst einen durchaus würdigen Eindruck, und der Besuch dauerte über eine Stunde, da der Kronprinz und seine Gemahlin viele Fragen über buddhistische Religion und Gebräuche an den Hohepriester stellten.

Der Glanzpunkt der Veranstaltungen auf Ceylon bleibt der feierliche Elefantenumzug der Eingeborenen, der am Abend des gleichen Tages abgehalten wurde. Am Nachmittag war der Regen in Strömen niedergegangen, so daß das Fest im wahrsten Sinne des Wortes zu Wasser zu werden drohte. Als aber um neun Uhr vom Tempel ein Kanonenschuß fiel, schlossen sich wie auf Kommando die Schleusen des Himmels, und der gewaltige phantastische Zug setzte sich unter dumpfem Paukenschlag, dem Quietschen der Klarinetten, den schrillen Tönen der Pfeifen und dem feierlichen Geläute der Glocken, welche die Elefanten trugen, in Bewegung. Die von Dunuwille, einem der reichsten Kandyhäuptlinge, eigens zu den alljährlich einmal im August wiederkehrenden buddhistischen Elefantenumzügen unterhaltenen und abgerichteten Dickhäuter waren mit vergoldetem Geschirr, bunten Decken und bronzenen Glocken bunt ausgeputzt und trugen entweder mehrere Reiter oder kleine tempelartige Pavillons auf ihrem Rükken. Zwischen den dreißig Elefanten schritten Musikanten, Tänzerinnen und Tänzer, geleitet von Fackelträgern. Das Kronprinzenpaar hat im Pavillon der Sommerresidenz des Gouverneurs, die inmitten eines großen Parks liegt, Wohnung genommen. Dorthin bewegte sich mit dröhnendem Lärm im flackernden Schein der Fackeln der Zug.

Ich habe so manche Veranstaltung in fernen Ländern gesehen, aber was waren die wilden Tänze der afrikanischen Neger im tiefsten Innern, was waren die Festzüge der Ägypter, Araber und all der anderen gegen das Bild, das sich entrollte, als die Elefanten auf dem grünen Rasenplatz gegenüber vom Pavillon Aufstellung nahmen und der lange Zug sich in einzelne Gruppen von Tänzerinnen und Tänzern auflöste, deren im grellen Fackelschein leuchtende braune Leiber je nach dem Takt der Musik sich sanft wiegten oder leidenschaftlich hin und her warfen. Wie gewaltige Felsblöcke ragten die Elefanten aus der Masse hervor, und wie Posaunenstöße tönte ihr Gebrüll zwischen der Musik, die mitunter zu ohrenbetäubendem Lärm anwuchs. Der größte der Dickhäuter trug auf seinem Rücken eine Art vergoldeten Tempel. Sein Inneres zeigt eine getreue Nachbildung des Behälters, in dem der heilige Buddhazahn aufbewahrt wird. Dieser Elefant war mit besonders kostbarem Schmuck behangen, während bei den anderen die oft taubeneigroßen, auf Ceylon gefundenen Rubinen, Saphire, Katzenaugen und anderen Edelsteine, mit denen früher die Decken geziert waren, durch bunte, glitzernde Metallplatten ersetzt sind.

Von der Freitreppe des Pavillons aus, umgeben von den Häuptlingen in ihrer alten kostbaren Tracht, beschauten die hohen Herrschaften die einzigartigen Szenen, die sich in tiefer Nacht, erleuchtet durch die lodernden Flammen der Ölfackeln, zu ihren Ehren abspielten.

Häuptling Dunuwille ließ dann seinen besten Reitelefanten heranbringen, der gleichsam huldigend vor dem Fürstenpaar seinen Riesenkörper niederlegte. Auf Dunuwilles

Einladung bestieg der Kronprinz den Giganten und machte unter dem lauten Jubel der eingeborenen Inselbewohner einen Umritt, der wieder vor der Kronprinzessin endete.

Durch die Gruppen der Tänzer schritt unermüdlich auf hohen Stelzen ein Mann mit langem falschen, wallenden Bart, der in das Ganze gar nicht hineinzupassen schien. Auch der Umstand, daß die »Perahera«, wie dieser Elefantenumzug genannt wird, alljährlich als religiöses Tempel- und Volksfest gefeiert wird, schien sich nach meiner Ansicht mit dem Wesen des Buddhismus nicht zu vertragen. Frau Musäus-Highins, eine bekannte Theologin und Enkelin unsers Märchendichters Musäus, die in Colombo eine buddhistische Mädchenschule unterhält, erzählte mir, als ich meine Bedenken äußerte, sie habe aus den alten Schriften in der Palisprache entziffert, daß die Perahera ursprünglich ein Siegesfest nach einer gewonnenen Schlacht war. Der Überlieferung nach hat den Ausschlag bei dem Kampf ein Riese gegeben, und deshalb befindet sich noch heute der Stelzenmann im Zuge. Später wurde mit diesem Siegesfeste die Erinnerung an die Überführung des heiligen Zahns nach Kandy verbunden, und so geriet allmählich die Entstehung in Vergessenheit, und es wurde aus der Perahera in erster Linie ein religiöses Fest mit den bisher unverstandenen Anklängen an ein geschichtliches Ereignis.

Die Geschichte Ceylons ist reich an Wechselfällen, und bedauernd muß man die Feder zurückhalten, um von dem vielen Interessanten nur das Nötigste zu berichten. Schon den Griechen und Römern war das an Edelsteinen und Gewürzen reiche, paradiesische Eiland bekannt. Um das Jahr 543 vor Christi Geburt fand eine Einwanderung aus Nordindien statt, und aus der Vermischung der Arier mit den eingeborenen Weddas gingen die Singhalesen hervor. Gegen Mitte des 3. Jahrhunderts vor Christus wurde der Buddhismus eingeführt. Später war eine Reihe von Kämpfen mit den von Südindien eindringenden drawidischen Tamulen, und im 8. Jahrhundert ließen sich mohammedanische Araber auf Ceylon nieder. Seit 1505 suchten sich die Portugiesen festzusetzen, bis die Könige die Holländer zu Hilfe riefen. Diese mußten später den Engländern weichen, die 1815 nach Beseitigung der einheimischen Fürsten die Insel ganz in Besitz nahmen. Die Singhalesen sind schön gebaute braune Menschen mit feinen Gesichtszügen, dunklen Augen und feinem, seidenglänzendem Haar. Den Männern gibt die schlanke Gestalt und der Kamm, den sie in dem aufgeknoteten Haar tragen, ein weibisches Aussehen. Die Frauen sind in der Jugend bildschön, verblühen aber rasch.

Die vielen Ruinen von künstlerischem Wert, über die wir noch bei der Beschreibung der Ruinenstadt Anuradhapura sprechen werden, die die Kronprinzessin noch besuchen wird, und die Mahawanza, ein historisches, in der heiligen Palisprache geschriebenes episches Gedicht, zeigen deutlich, auf welcher hohen Kulturstufe die Singhalesen schon im Altertum standen.

Es ist also kein Wunder, daß die Gebildeten unter ihnen zur Teilnahme an der Verwaltung zugelassen und von jetzt an sogar gewählt werden.

Da die Regenzeit in diesem Jahr sehr spät ist, litt der Aufenthalt in Kandy hierunter, und es wird davon abgesehen, hier gewissermaßen das Hauptquartier zu errichten, von dem aus Streif- und Jagdzüge nach den andern Teilen der Insel gemacht werden. Nuwara Eliya, in eintausendachthundertdreiundneunzig Meter Höhe gelegen, mit vorzüglich erfrischendem Klima, heißen Tagen und kalten Nächten, wo man abends vor dem flackernden Kaminfeuer sitzen muß, wo man den Samumhirsch mit der Meute jagen und Golf spielen kann, wird deshalb für die nächste Woche den Aufenthaltsort des Kronprinzenpaares bilden. Wenn das geplante Inkognito auch nicht aufrechterhalten worden ist, so betrachten sich die Herrschaften doch auf Ceylon als Privatleute, und dazu ist Nuwara Eliya der geeignete Platz.

Konrad Guenther
Ceylons Schmetterlinge

Zu dem Wunderbarsten und Herrlichsten, was Ceylon dem Naturfreund bietet, gehört unzweifelhaft die Insektenwelt. Man muß sich nun nicht vorstellen, daß es auf dieser Insel an den Büschen und Blumen von farbenprächtigen Schmetterlingen wimmelte, einige Ausnahmen, von denen noch die Rede sein wird, abgerechnet, offenbart sich dem Reisenden die Insektenwelt in Ceylon nicht reicher als an günstigen Stellen bei uns, und es bedarf hier wie dort des Vertiefens, liebevollen Beobachtens und auch einiger Kenntnis, um das Schöne und Interessante zu finden. Aber es gibt doch manche auffallende Gestalten, wie wir sie ähnlich nicht haben und die man dort täglich zu Gesicht bekommt.

Zu diesen gehören zunächst zwei handgroße Schmetterlinge, die unsere größten weit hinter sich lassen. Der eine von ihnen heißt Ornithoptera darsius, seine langen Vorderflügel sind schwarz, die Adern weiß eingefaßt, die Hinterflügel haben auf leuchtend gelbem Grunde tiefschwarze große Flecken und Streifen. Wie Atlas glänzt das prachtvolle Tier in der Sonne, wenn es plötzlich zwischen den dunklen Bäumen hervorschwebt. Denn der Darsius flattert oder gaukelt nicht, er fliegt wie ein Vogel, wie das ja auch sein erster Name ausdrücken soll. Ich bin oft in Bewunderung seinem Fluge gefolgt, wenn er zwischen Stämmen und Lianen im Urwald von Kandy daherschwebte, bald im Schatten, bald von den durch das Laubdach durchfallenden Sonnenlichtern beleuchtet. Von bedeutender Höhe kam das große Tier heruntergeschwebt, ohne die Flügel zu bewegen, gleich einem Fallschirm oder einem kreisenden Adler.

Dem Darsius gibt an Größe nichts nach der zweite Prachtschmetterling Ceylons, Papilio parinda. Gleicht jener einer Waldelfe im Atlasgewand, so scheint das Kleid von diesem aus Spiegelsammet zu bestehen. Auch er hat ernste Farben; von tiefschwarzen Vorderflügeln heben sich lichtblaue, schwarzgefleckte Hinterflügel ab, deren Färbung ein wenig auch auf die Vorderflügel übergreift. Edler, einfacher und wirkungsvoller könnte kein menschlicher Künstler ein Kleid oder eine Decke färben. Und nun erst das fliegende Tier! Jedesmal schaute ich überrascht auf, wenn eine Parinda plötzlich an den Blüten des Hauptweges entlangflog, an dem ich saß, um Vögel zu beobachten. Wir sind aus Europa das Durch-die-Luft-Schweben von so großen und schöngefärbten Flächen, wie sie die Flügel dieser beiden Schmetterlinge vorstellen, nicht gewohnt und glauben zuerst gar nicht, ein Tier vor uns zu haben. Im Walde aber meinte ich oft, daß große Märchenaugen mich anschauten, wenn eine Parinda kam. Darsius und Parinda fliegen meistens hoch und schnell, sie sind daher schwer zu fangen; als ich die Tiere nach manchem, vielen Schweiß kostendem Mühen in meinem Netz hatte, wie staunte ich da wieder über die machtvollen Bewegungen der gewaltigen Flügel!

Parinda gehört zu den Papilios oder »Rittern«. Mit letzterem Namen wollten die Forscher ausdrücken, daß hier das Edelste der Schmetterlingsschar verkörpert sei. Auch wir haben zwei Ritter in Europa, den Segelfalter und Schwalbenschwanz. Dem ersteren sehr ähnlich ist Papilio nomius in Ceylon; braunschwarz mit grasgrünen Flecken ist Papilio agamemnon, tiefschwarz mit einem breiten grünen, blauschimmernden, seidenglänzenden Bande Papilio crino, sammetschwarz mit lichter eingerandeten Adern sind die Vorderflügel von Papilio aristolochiae, während die ebenfalls schwarzen Hinterflügel einen großen weißen Fleck und davor am Rande einen Halbkreis von roten Augen tragen. Bei Papilio hector sind die schwarzen Vorderflügel mit zwei weißen Querbändern versehen, während die schwarzen Hinterflügel zwei halbkreisförmige

Reihen tiefroter Augen tragen. Hector ist ein sehr charakteristischer und häufiger Schmetterling in Ceylon, im Fluge erinnert er an unseren Admiral, dessen Kleid ebenfalls aus Schwarz, Weiß, Rot besteht. Alle soeben genannten Schmetterlinge haben an den Hinterflügeln Schwänze.

Es sind wirkliche Ritter, edle Tiere, diese ceylonschen Papilios. Gerade die Vornehmheit, der Ernst der Farben fällt immer wieder auf. Es läßt sich dafür auch eine Erklärung finden. In hellen Lichtern glitzert die tropische Landschaft, und die ernsten Farben der Schmetterlinge heben sich daraus mehr hervor, als wenn sie in greller Buntheit prangten. Und hervorleuchten sollen die Farben der Schmetterlinge, sie sind »Arterkennungsmerkmale« und dienen dazu, das andere Geschlecht schon von weitem anzuziehen. Wenn der Schmetterling ruht, so schlägt er die Flügel zusammen, dann sind die schönen Farben verschwunden, und allein die unscheinbare Unterseite der Flügel ist sichtbar, die oft in so genauer Weise die Färbung der Rinde oder des Bodens nachahmt, auf der der ruhende Schmetterling sitzt, daß man ihn vollständig übersieht.

Andere Ritter sind Papilio iason, schwarz mit breitem blaugrünen Bande und ebensolchen Flecken, Papilio demolias, schwarz mit gelben Flecken und zwei blauen, rotumrandeten Augen, und Papilio polytes, schwarz mit weißen Flecken. Der letztere Schmetterling ist durch eine Eigentümlichkeit noch besonders interessant. Von den Weibchen gleicht nämlich nur ein Teil den Männchen, während ein anderer Papilio hector, ein dritter Papilio aristolochiae aufs täuschendste ähnlich sieht. Da die beiden letzteren Schmetterlinge als Raupe von Aristolochien, giftigen Pflanzen, leben und daher wohl auch als Schmetterlinge bitteres oder gar giftiges Fleisch haben, werden sie von den Vögeln wenig verfolgt. Und wir werden uns vorstellen können, daß auch jene beiden Weibchenformen von Papilio polytes, wenn sie das Aussehen der widrigen Schmetterlinge zur Schau tragen, von den Feinden der Schmetterlinge gemieden werden.

Es macht einen überraschenden Eindruck, aus denselben Puppen ganz verschieden aussehende Schmetterlinge ausschlüpfen zu sehen. Ich hatte dazu Gelegenheit, da in Peradeniya Professor Fryer aus England darüber Untersuchungen anstellte. Wie dieser Gelehrte mir mitteilte, sind die beiden fremdfarbigen Weibchen viel seltener als die, welche die Farbe des Männchens zeigen. Wir werden vielleicht daraus schließen müssen, daß die Verfolger der Schmetterlinge, die hauptsächlich unter den Vögeln zu suchen sind, in Peradeniya – wohl wegen der fortschreitenden Kultur – seltener geworden sind. Für die Weibchen von Papilio polytes ist also der Schutz durch Nachahmung widriger Schmetterlinge nicht mehr so wichtig, andererseits aber werden die Weibchen mit der Polytesfarbe bessere Aussicht haben, vom Männchen erkannt zu werden, weil dieses sie außer durch den Geruch auch mit dem Auge auffinden kann. Sie werden sich also am ehesten und reichlichsten vermehren, während die anderen beiden Weibchenarten weniger leicht Gatten finden und daher immer seltener werden müssen.

Es gibt nun noch zwei große Artenkreise von Schmetterlingen, von denen die Forscher meinen, daß sie einen bitteren und widerlichen Geschmack haben und daher von den Vögeln, Eidechsen und anderen Schmetterlingsfeinden nicht gefressen werden: die Danaiden und Euploeen. Die Danaiden sind zum Teil braungelb, schwarz eingekantet, und haben an der ebenfalls schwarzen Spitze der Vorderflügel eine große weiße Fleckenreihe, so Danais chrysippus und Danais plexippus (letztere ist kräftiger in der Farbe, und durch ihr Gelb ziehen dicke schwarze Adern); ich fing beide Arten in Hambantota, doch waren sie auch in der Gegend von Matale häufig. Andere Danaiden sind schwarz mit weißen Flecken und Streifen, die vom Mittelkörper ausstrahlen. In Sigiriya, aber auch anderwärts, fand ich die in dieser Weise gezeichnete Danais septentriones, auf dem Hochland bei Hakgalla die sehr große Danais taprobanus, bei der das Schwarz vorherrscht und das grünliche Weiß nur drei vom Mittelkörper ausstrahlende Bänder sowie einige Flecken auf dem Vorderflügel bildet. Auch dieser Falter bietet einen ernsten, schönen Anblick.

Samtschwarz sind die Euploeen, am Rande der Hinterflügel mit zwei Reihen von weißen Flecken geziert und im Fluge daher etwas an unseren Trauermantel erinnernd; die Hauptformen sind Euploea asela und montana, letztere größer als die erstere und dunkler im Schwarz. Die Euploeen sind wohl die häufigsten Schmetterlinge Ceylons, schon in Colombo sieht man sie an der Colpettystraße unausgesetzt entlangfliegen, und in Peradeniya waren sie an einem Teich immer zu finden.

Den großartigsten Anblick boten mir die Euploeen auf einer Fahrt von Kandy nach Anuradhapura. In der Mitte des Weges, bei Dambulla, war ich ausgestiegen, um einen Tempel zu besichtigen. In mittäglicher Sonnenhitze stieg ich schwarze, plattenartige Granitfelsen hinauf, die wie glühendes Eisen brannten. Oben öffnete sich eine Felsenschlucht, hier lag der Tempel, in den Felsen gehauen. Finster war es in ihm, und die Wand atmete die Glut eines Backofens aus. Ein riesiger Buddha lag ausgestreckt da, nur Teile seines Körpers beleuchtete das spärliche Licht, und die halbgeschlossenen Augen schienen in der ungewissen Beleuchtung sich langsam zu öffnen. Als ich wieder hinaustrat, atmete die Brust wie befreit auf, und mit Entzücken blickte das Auge von der steilen Höhe auf die unendliche, von Bergen begrenzte Ebene, in der nichts als ein Meer von grünem Dschungel wogte. Jetzt, als ich die schwarzen Felsplatten wieder herabschritt, wurde ich auf die Euploeen aufmerksam, auf die ich beim Hinaufgehen nicht geachtet hatte. Scharen und Scharen kamen dahergeflogen, von der Höhe des Berges zogen sie der Tiefe zu, ohne Unterlaß, ohne abzunehmen. Mit Staunen blickte ich auf diesen unermeßlichen Reichtum der Natur. Lautlos flogen die ernst gefärbten Schmetterlinge dahin, wie Trauerboten zogen sie vom Tempel herab, wie die Seelen längst verstorbener Menschen, die einst zum Tempel gewallfahrt waren, als das Reich der Singhalesen noch auf der Insel mächtig war.

Auch andernorts fiel mir des öfteren auf, daß Schmetterlinge, es waren außer den Euploeen auch Weißlinge, immer nur in einer Richtung flogen. War es eine Luftströmung, der sie folgten? Ich habe zu Hause niemals ähnliches gesehen.

Schon die überaus große Häufigkeit der Euploeen spricht dafür, daß sie geschützt sind und wenig Feinde haben. Vollständig ist der Schutz freilich nicht, wie nirgends in der Natur. Auf den Horton plains war der Boden einmal förmlich übersät mit Flügeln von Danaiden, hier mußten ganze Schwärme der Schmetterlinge unter den Bissen irgendwelcher Feinde vernichtet worden sein. Vielleicht waren es ziehende Vögel, Schwalben etwa oder auch Bienenfresser, denen die widrigen Schmetterlinge doch geschmeckt hatten.

Es gibt nun andere Schmetterlinge, die nicht widrig sind, aber im weiblichen Geschlecht die Färbung von Danaiden nachahmen. Von Hypolimnas misippus ist das Männchen sammetschwarz mit vier großen und zwei kleinen weißen Flecken, deren Umrandung herrlich violett schimmert, ähnlich wie bei unseren Schillerfaltern. Die Weibchen dieses Schmetterlings gleichen aber nicht den Männchen, sondern einer Danaide. Ähnlich verhält sich Elymnias fraterna. Das Männchen ist schwarz, mit braungelbem Saum an den Hinterflügeln, das Weibchen gelbbraun, mit schwarzem, weißgeflecktem Rande und großen weißen Flecken auf den schwarzen Spitzen der Vorderflügel. Es gleicht einer Danais, nur die Form der Vorderflügel ist spitzer und die Zeichnung etwas verwaschen. Aber wer es nicht weiß, würde niemals Männchen und Weibchen dieser Elymnias für zu derselben Art gehörig betrachten.

Man wird fragen, warum denn gerade den Weibchen und nicht auch den Männchen von der Natur ein solcher

Schutz verliehen wurde. Hierauf haben schon Darwin und Wallace die Antwort gefunden. Die Weibchen sind des Schutzes bedürftiger als die Männchen. Erstens fliegen die Weibchen wegen der Eier, die ihr Leib enthält, schwerfälliger und sind daher Angriffen leichter ausgesetzt. Sie müssen auch länger leben, als die Männchen, um die Eiablage bewerkstelligen zu können. Dann ist das Weibchen für die Erhaltung der Art wichtiger als das Männchen, damit seinem Tode zahlreiche Eier, die sonst neues Leben entfaltet hätten, zugrunde gehen. Und endlich werden viel mehr Männchen hervorgebracht als Weibchen. So sah ich zum Beispiel auf der Madawelapflanzung bei Matale von den oben genannten Hypolimnen sehr viele Männchen, an gewissen Stellen waren die prächtigen, violett schillernden und sehr auffallenden Tiere stets zu finden, ein Weibchen konnte ich aber nirgends entdecken.

Man nennt eine solche Nachahmung gewisser wegen irgend einer Eigenart geschützter lebender Vorbilder »Mimikry«. Die einleuchtendste Erklärung für das Zustandekommen der interessanten Erscheinung gibt Darwins Lehre von der Naturzüchtung ab. Man hat sich nach dieser vorzustellen, daß jene »mimetischen« Weibchen zuerst wie ihre Männchen aussahen. Es treten nun überall Verschiedenartigkeiten in der Organismenwelt auf, kein Exemplar einer Art gleicht genau dem anderen. So mögen auch einige Weibchen geboren worden sein, deren Färbung ein wenig sich der der Danaiden näherte, etwa zunächst etwas heller war. Diese wurden von den Vögeln weniger gefressen und konnten sich besser vermehren als die anderen, so daß ihre Eigenart in der nächsten Generation schon zahlreicher war. Und unter dieser Generation wurden wieder die Exemplare am meisten verschont, die noch etwas mehr den Danaiden glichen, so daß die folgende Generation diesen Schmetterlingen noch ähnlicher wurde. Im Laufe der Jahrtausende ging das immer weiter fort, und durch eine solche Auslese der den Danaiden ähnlichsten Weibchen zur

Nachzucht wurden allmählich die heutigen Weibchen herangezüchtet.

Es gibt übrigens auch unter anderen Tieren auf Ceylon Fälle von Mimikry. Am überraschendsten sind folgende. In ganz Ceylon häufig ist eine hellrotbraune Ameise, Oecophylla smaragdina. Überall läuft dieses flinke Tier herum; es ist ein gewaltiger Räuber, überfällt jedes andere Wesen, das es bewältigen kann, um es mit Hilfe der Genossen zu töten und dann seinem Bau zuzuschleppen. Dieser Bau befindet sich an Bäumen, das oft kopfgroße Nest wird aus Blättern zusammengewebt. Im Inneren sitzt die große grüne Königin, der die Vermehrung obliegt, während jene gelbbraunen »Arbeiterinnen« verkümmerte Fortpflanzungsorgane haben und für den Bau des Nestes, seine Instandhaltung und Verteidigung sowie für die Aufzucht der Jungen zu sorgen haben. Am Nest sind die Oecophyllen ganz besonders kampflustig. Man braucht nur mit dem Stock nahe zu kommen, um sofort Haufen von Ameisen erscheinen zu sehen, die mit erhobenem Oberkörper und geöffneten Zangen den Angreifer bedrohen. Bald fühlt man überall an sich empfindliche Bisse, da die mutigen Tiere sich von den Zweigen auf ihren Feind herabfallen lassen. Sehr interessant ist es, zu beobachten, wie die Oecophyllen ihr Nest flicken. Bringt man nämlich zwei der Blätter auseinander, so stellen sich die Tiere in einer Reihe, wie Soldaten, über den Spalt, worauf sie mit den Zangen das andere Blatt fassen und gleichzeitig ziehen, bis sich der Spalt geschlossen hat.

An den weißen Pfosten und Mauern der Rasthäuser und Bangalos sieht man fast immer Oecophyllen auf und ab laufen. Und unter ihnen bemerkt der Aufmerksame manchmal eine Ameise, die nicht sechs, sondern acht Beine hat. Insekten mit acht Beinen gibt es aber nicht, und in der Tat stellt sich bei näherem Zusehen heraus, daß die scheinbare Ameise eine Spinne ist, die sich sogar an einem Faden herablassen kann. Ihr Körper gleicht aber so genau der

Oecophylla, daß das Tier von diesen kaum zu unterscheiden ist, ja sogar das Auge der Ameise wird von der Spinne durch schwarze Flecke vorgetäuscht. In ebenso vortrefflicher Art wird eine schwarze Ameise von einer ebenfalls schwarzen Spinne, Salticus platalcoides, nachgeahmt, die auf den Mauern oft gefunden werden kann. Ich kann nur jedem Reisenden raten, nach den interessanten Tieren zu suchen, jeder wird überrascht sein, wenn er sie findet. Die Spinnen haben natürlich durch diese Mimikry Schutz, da ihre Feinde sie für Ameisen halten, und das sind streitbare Wesen, mit denen nur wenige Tiere anzubinden wagen.

Doch nun zurück zu den Schmetterlingen. Einer der häufigsten Schmetterlinge von Ceylon ist Yphtima ceylanica, ein kleines Tierchen von Bläulingsgröße, die Vorderflügel braun mit blauschwarzem, gelb umrandetem Auge, die Hinterflügel zu dreiviertel weiß. Auf dem Rasen des botanischen Gartens wird man das Tierchen überall finden. Auf den Wegen (z. B. Lady Blakes drive zwischen Peradeniya und Kandy) ist ein anderer kleiner Schmetterling zu sehen, der auf der Unterseite sehr bunt, auf der Oberseite schwarz, mit großem orangefarbenem Fleck auf den Hinterflügeln verziert ist – Talicada nyseus. Auch eigentliche Bläulinge sind häufig, dann ein gelber, schwarzumrandeter Schmetterling (Therias libythea), ferner ein prachtvolles Tier, dessen Oberseite an unseren Baumweißling erinnert, dessen Unterseite aber auf dem Hinterflügel herrlich gelb ist, umrandet von großen roten Flecken (Delias eucharis). Neptis varnona heißt ein Schmetterling, der eigentümlich ruckweise fliegt und dessen Zeichnung ganz waagrecht in schwarzen und weißen Strichen verläuft. Auf den hohen Bergen bei Nuwara Eliya begegnete ich einem alten Bekannten, dem Distelfalter (Vanessa cardui); das Tier ist Weltbürger. Wundervoll sind die Nachtschmetterlinge, so die große Patula macrops, dunkel, mit zwei mächtigen Augenflecken, und dann verschiedene Seidenspinner, Riesen unter den Schmetterlingen, zwei Hände breit. An den schönen ceylonschen Ordensbändern (Ophideres materna und fullonia) fällt auf, daß das Rot der Hinterflügel orange ist. Diese Farbe finden wir überhaupt bei vielen Schmetterlingen, anderen Tieren und Pflanzen; es soll davon noch die Rede sein.

Leopold von Wiese
Briefe aus Asien

In der letzten Nacht kurz vor Ceylon hatten wir zum ersten Male Seegang und starken Regen. Das Schiff mußte mitten in der Nacht stoppen. Da meine Kabine dicht unter dem Schornstein lag, wurde ich fortwährend von den schrillen Pfiffen der Dampfpfeife geweckt. Bei schlechtem Wetter landeten wir in Colombo. Durch einen merkwürdigen und glücklichen Zufall stieg ich beim Ausbooten in den Kahn des Konsuls Fr. und war also gleich an die richtige Adresse gelangt. Er besorgte mir das Geschäftliche und das Hotelzimmer selbst.

Beim Lunch in dem riesigen Speisesaale bedienten Singhalesen; sie haben langes Haar, das hinten in einem Knoten zusammengebunden ist, und kronenartige Kämme in waagerechter Richtung auf dem Kopfe.

Nachmittags fuhr ich zum ersten Male mit einer Rikscha ans Meer hinaus, wo ich mich mit Ns. traf. In großen Umwegen ließen wir uns durch Colombo fahren – hier ist es vollständig unmöglich, auch nur einen Schritt zu Fuß zu gehen; es gilt als unerhört unanständig. Mit Wonne genossen wir den ersten Eindruck der Tropenlandschaft.

Am nächsten Morgen bummelte ich trotz aller entgegenstehender Sitte (allerdings ungeheuer belästigt von Rikschakulis) allein durch Colombo, bis es die Sonne in der Mittagsstunde unmöglich machte. Nachmittags machte ich einen Ausflug von überwältigender Schönheit. Ich fuhr mit der Bahn nach Mount Lavinia. Sie fährt direkt am klippenreichen Meer entlang; auf der anderen Seite liegen erst die anmutigen Bangalos der Europäer, dann Kokospalmenhaine mit den versteckten Hütten der Eingeborenen. Alles durchsonnt, leuchtend und eine natürliche Heiterkeit ausstrahlend, wie kein Bild es darstellen kann. Oben liegt das Hotel auf einem ins Meer ragenden Vorgebirge. Ich nahm den Tee über den Klippen, an denen die See schäumend brandete. Rechts und links reichten die Palmenwälder bis zu den Meeresbuchten. Ein Führer begleitete mich zu einer Fischauktion der Eingeborenen in einer Halle am Strande. Riesige Tiere wurden in den leichten, schmalen Booten, in denen die Singhalesen stehend rudern, hereingebracht, wo zahlreiche braune Kerle um den weißhaarigen Auktionator versammelt hockten. Sehr malerisch war auch eine Süßwasserbadeanstalt, in der sich junge, blühende Burschen erfrischten. Dann weiter in das ausgedehnte Dorf im weiten Palmenwalde. Ein Gefühl nie gekannter Freiheit strömte hier auf mich ein. Die Phantasie erfrischt sich in diesen geheimnisvollen Tiefen, ohne doch jemals erschreckt und verfinstert zu werden. Alles ist licht, leicht, selbstverständlich, weich, lieblich, gut und reich. Wie schön sind diese üppig wuchernden Hecken! Da kommen kleine Kinder und zeigen einem ein Meerschweinchen, eine Fledermaus oder einen Schmetterling. Eine rote Blüte pflückt man vom Baum. Bei einer Hütte wird haltgemacht, ein junger Mann klettert geschwind in der vielleicht fünfzehn Meter hohen Palme bis zur Krone hinauf und dreht eine Kokosnuß ab. Mit einem Messer wird der Deckel abgeschnitten, und man trinkt, von der Hitze durstig, die frische Kokosmilch. Dann wieder steht man mitten im blühenden Gebüsch; lachende und frische Knabenstimmen tönen herüber. Nach einer Weile stehen wir vor dem kleinen, ganz versteckten Buddhatempel. Mir sind diese stillen anmutigen Tempel viel lieber als die kalten grauen Moscheen in Kairo. Bis der Schlüssel gebracht wird, warte ich in einer Vorhalle. Am Boden flicht ein Tempeljunge aus Palmenblättern eine Matte. Er sieht aus wie ein junges sechzehnjähriges Mädchen (nur daß ich unhöflich gestehen muß, daß soviel Anmut bei unsern Backfischen doch immerhin selten ist). Manchmal sieht er mich scheu mit einem feinen Lächeln an; dann arbeiten seine zarten Hände weiter. Draußen ist es jetzt ganz still;

weiche Schatten liegen über dem Rasen; die blauen Tempelwände sind von Blumen umrankt. Drüben liegen die Asketenzellen der buddhistischen Mönche. Wir treten in den einfachen Raum, wo die Buddhastatue kniet. Jasminblüten und gelbe Tulpen liegen überall von den Betern ausgestreut. Immer nur ein Mensch darf hier beten. Wie schön, wie ergreifend das ist! Beim Weggehen gebe ich dem Boy die Hand und fünfundzwanzig Cents. Als er sich unbeobachtet glaubt, macht er über seinen Reichtum Freudensprünge. Wir suchen in den Eingeborenenhütten die Spitzenklöpplerinnen auf. An den Klöppelkissen hocken auf der Erde die jungen Mädchen bei der feinen, formenschönen Arbeit. Der herrliche braune Nacken leuchtet aus dem weißen Jäckchen, und das blauschwarze seidige Haar liegt straff an dem gutgeformten Kopfe. Jetzt muß ich handeln. In zwei Hütten mache ich Einkäufe für Weihnachten.

In einer ganz versteckten, von blühenden Sträuchern umgebenen Hütte wohnt das Freudenmädchen des Dorfes. Als wir vorbeikommen, tritt sie in die Tür und zeigt ihren silbernen Schmuck. Stundenlang geht es durch Dick und Dünn. Wir klettern über Hecken und über kleine aus Baumstümpfen bestehende Eingangsbrücken. Ich kann mir nicht vorstellen, daß man irgendwo glücklicher leben kann. Eine stille und schöne Mutter zeigt mir ihren einjährigen Sprößling: das braune Körperchen ist ganz nackt; um die Hüften trägt der Junge viele dünne Silberketten, an denen vorn ein silbernes Herz hängt, das hier die Stelle eines Feigenblattes vertritt. Auch um die Fußknöchel hat er silberne Ringe. Das Schönste sind die schwarzen Augen. Mir erscheint jetzt diese kupferbraune Hautfarbe als die natürlichste und schönste; unsere ausgebleichte Farbe ist mir fast unangenehm. Hier bei den Singhalesen habe ich ganz den Ekel verloren, den ich bisher mehr oder minder doch gegenüber allen Nichtweißen empfunden habe. Vielmehr fühle ich mich auch physisch zu ihnen hingezogen.

Gegen Abend saß ich wieder an den Klippen vor dem

Hotel. Wieder ging die Sonne glorreich unter. Durch einen langen Saal hindurch konnte ich sie sinken sehen. Drüben am anderen Ende saß eine junge Frau; nur ihre Silhouette war zu erkennen; aber der Kopf war von dem Leuchten des Abendrotes umstrahlt. Wer das malen könnte!

Ich war zu Fs. zum Nachtessen geladen. Ich kam etwas spät mit der Rikscha in ihrem Bangalo Siriniwesa an. Es ist eines der reichsten Häuser hier in Colombo; der Vater, ein hervorragender Kaufmann, ist vor einigen Jahren gestorben; drei junge Söhne führen unter der Leitung des ältesten das berühmte Unternehmen weiter. Es waren noch fünf Herren geladen; das Diner war lukullisch, der riesige Punkafächer über dem Tische gab Kühlung. Auf der Veranda hatten wir dann noch eine angeregte Unterhaltung bei einem Glase Münchener.

Am nächsten Morgen war ich wieder in meinem lieben Mount Lavinia, um die Stimmung der Tagesfrühe draußen zu genießen. Dienstag mußte ich schon um fünf Uhr aufstehen, weil ich einer Einladung eines deutsch-englischen Pflanzers auf seine Plantage (Gummi und Kokosnuß) folgen wollte. Wir fuhren ins Gebirge hinauf in der Richtung auf Kandy mit der Bahn nach Polgahawela (ist das nicht ein schöner Name?). Dort mußten wir im Ochsenkarren durch das ansteigende Gelände weiterreisen: erst durch Reisfelder, die jetzt unter Wasser stehen und in denen die Büffel vor den Pflügen stampfen, dann durch die Pflanzungen. Das letzte, steile Stück steigt man zu Fuß hinauf. Bisweilen mußte man über Baumstämme balancieren, die über reißende Bäche als Brücken gelegt waren. Dann ging es über Geröll in die Höhe. Plötzlich stand man mitten unter den Palmen vor dem Pflanzerhause. Es lag tief wie früher bei uns die Eiskeller; das Dach aus Palmenblättern reichte fast bis zur Erde, so daß man sich beim Eintritte bücken mußte. Im Inneren erinnerte es noch am ehesten an eine Alpenhütte. In der Mitte war eine Art Veranda geschaffen, zu der der Wind von allen Seiten Zutritt hatte.

Eine Stille, die höher war als alle Vernunft, umgab uns hier. Vor der Tür stand eine weithin schattende Palme. Von meinem Liegestuhl aus sah ich eine hohe, gelbe Lilie, die wie eine Kerze leuchtete. Wir besichtigten die Pflanzungen: Kautschuk und Kokosnuß, dazwischen Bananen. Interessant war die Faktorei, wo der Kautschuk die erste Verarbeitung erfährt. An die Pflanzungen reichte der Urwald mit seinem lockenden Dschungel. Herrlich war die Aussicht hinab auf die Reisfelder unten. Abends badeten wir, zogen nur die Pyjamas an und legten uns ins Freie. Beim Dunkelwerden setzten sich zahllose Glühwürmchen in die hohen Bäume; ein tolles Konzert der Grillen begann; bisweilen brachte der Wind Jasmin- und Heliotropduft herüber. Die schweigende Urwaldnacht brach an. Wir lagen noch stundenlang in unseren Stühlen. Leider war die Geliebte des Pflanzers noch bei ihren Eltern aus einer hohen Kaste; sie muß – ich weiß nicht, welches Wort ich gebrauchen soll: entzückend oder reizend passen nicht – sein. Voriges Jahr ist ihre Vorgängerin hier oben bei der Geburt eines Kindes gestorben. Ich lege das Bild der jetzigen bei; aber alle Singhalesinnenbilder geben den eigentlichen Zauber der Rasse, der im Lächeln, den weichen Bewegungen und der Sanftheit liegt, nicht ausreichend wieder. In der Nacht machten die Ratten einen tollen Spektakel. Immer wieder horchte ich in die Urwaldnacht hinaus, ob nicht etwas Seltsames geschähe.

Bald nach sechs brachte mich der Ochsenwagen, der von einem prächtigen braunen Bengel mit schwarzen Locken gefahren wurde, nach Polgahawela. Unterwegs machten wir bei einem früheren Prinzen der Tamilen Station; er ist jetzt so eine Art Ortsvorsteher. Hübsche alte Sachen zeigte er mir.

Die Bahn brachte mich jetzt nach Kandy hinauf. Das ist sicherlich eine der schönsten Bahnstrecken der Erde. Der Zug fährt direkt an steilen Abgründen hinan, die meist mit dichtem Gebüsch erfüllt sind, aus dem bisweilen farbige

Blumen locken. Unten im Flusse ritt ein Mann auf einem Elefanten; Büffel steckten im Sumpfwasser. Am Horizonte ragten steile Felsengipfel empor. Oben in Kandy stieg ich im Hotel Swiss ab, das ganz im Grünen am See liegt. Mit einer Rikscha ließ ich mich nach den Peradeniya-Gärten fahren, denen an Schönheit nur noch ein botanischer Garten auf Java gleichsteht; der von Algier bleibt beträchtlich hinter ihm zurück. Am schönsten fast erschienen mir hier (wie auch sonst) die ungeheuren Bambusgruppen an den Flußufern oder die Bäume, die von Schlinggewächsen so umwuchert sind, daß sie wie Riesenhecken aussehen; aus ihnen leuchten in Fülle blaue Orchideen. Eine pflückte ich ab; aber Hunderte von Ameisen krochen über meine Hand. Hinter einem hohen Baume hingen viele riesige Fledermäuse. Bisweilen flog ein Papagei in den Wipfeln. Auf dem Rückwege gab es ein majestätisches Gewitter mit strömendem Tropenregen. Ich trat auf Einladung bei einer wohlhabenden, englischsprechenden Eingeborenenfamilie unter, wo sechs Kinder von sechzehn bis zwei Jahren waren. »Geliebt« war das jüngste. Wie ein kleiner Hase lief es um mich herum. Wenn ich es auf den Arm nahm, sah es mich ganz still, aber sehr ängstlich an. Mir wurde Kaffee angeboten, und ich spielte mit den Kindern. Zum Abschied schenkte ich jedem zehn Cents. Wie gern wäre ich dort geblieben! Mittlerweile hatte der warme Regen nachgelassen, der Himmel war schwefelgelb, ein Gespensterlicht lag um die Palmen, und ein herrlicher, doppelter Regenbogen wölbte sich über mir, während es in der Ferne noch immer blitzte. Am nächsten Morgen besuchte ich zwei Tempel, darunter den berühmten, in dem man den »Zahn Buddhas« aufbewahrt. Wenn die Bettelei nicht so störend wäre, könnte man sich hier künstlerisch erquicken. Schon die Buddhapriester selbst sind malerisch; sie tragen lange gelbe Mäntel, haben meistens einen großen Fächer in der Hand und gehen völlig geschoren. Im Allerheiligsten sind reiche Kunstschätze, die vor zwei Jahren der Kronprinz vergeblich zu kaufen versucht hat. Dann stieg ich hinauf in die sogenannten Lady-Gardens, die schönsten Anhöhen über einem See, die ich je gesehen habe. Ich kam an einem ganz verschwiegenen, von Wasserrosen bedeckten See vorbei, an dem das Dschungelgerank wieder reiche Orchideenblüten trug. Als ich eine Weile träumte, kam ein – hier sagt man »boy«, besser wäre es zu sagen – Jüngling vom Bade den Berg herunter. Die blauschwarzen Haarwellen wiegte er leise hin und her, um sie zu trocknen; über der braunen Schulter lag das weiße Badetuch, und die schwarzen Augen glänzten. Wie wunderbar hier Landschaft und Menschen eines sind! Ich sah ihm nach. Er lächelte nach der weichen Singhalesenart und kam dann zurück zu mir. Seine Hand war verbunden. Ich fragte ihn, was er damit gemacht hätte. – »No English.« Aber er zeigte mir ein Werkzeug und den Inhalt eines Tuchs, das er in der Hand hielt. – Diese Begegnung ist an sich ganz belanglos und doch ein größeres Ereignis als viele äußeren Geschehnisse. Die Engländer, hier die Herren des Landes, sind als gute Kolonisatoren gerecht, aber sehr streng, vor allem völlig kalt. Auch hier folgen sie ihrem Grundsatze, daß es das wichtigste Erfordernis sei, »to control our emotions«. Selbst die vornehmsten Eingeborenen und ihre Damen ignorieren sie völlig; nie zeigen sie auch nur das leiseste menschliche Interesse an ihnen, alles ist in ihrem Verhalten rein rationell. Das ist sehr praktisch, klug, von der Erfahrung als richtig bestätigt, mir aber unheimlich und höchst verhaßt.

Nach Tisch fuhr meine Rikscha nach dem Badeplatze der Elefanten im Flusse. Leider kam diesmal nur ein fast hundertjähriger Elefant, der heilige vom Zahntempel. Der Wärter trieb ihn ins Wasser. Das Tier legte sich um und ließ sich vom Flusse umspülen, während oben auf ihm der Wächter seine Siesta hielt. Neben mir trieb ein achtjähriger Bengel seine Possen im Wasser, schoß Purzelbäume im Flusse und war das Bild eines freien Naturkindes. Die braune Haut leuchtete, und die Silberketten klirrten. Dann zeigte er seine weißen Zähne und jauchzte strahlend zu dem Elefanten hinüber. Wie glücklich wären diese Menschen, wenn sie nicht von den Europäern verdorben würden. Der Geldverkehr wirkt demoralisierend auf diese Völker; eine Habgier wird in ihnen geweckt, die grenzenlos ist. Nur Geld! Dieses fungible Gut scheint ihnen der Schlüssel zu unbegrenztem Glück. Das ist der Wurm, der diese schönen, guten Menschen vernichtet.

Nur zwei knappe Tage hatte ich für das liebliche Kandy. Am 25. mußte ich in aller Herrgottsfrühe wieder nach Colombo hinunterfahren. Ich folgte hier einer Einladung der Herren Fr., bei ihnen in ihrem herrlichen Bangalo zu wohnen. Am Nachmittag stand mir ein Ereignis bevor: Ich hatte von M. eine Empfehlung an einen Eingeborenen, Arunachalam, einen ausgezeichneten Juristen und höheren Beamten. Für Freitag nachmittag war ich zum Tee in sein Haus geladen. Ich kam etwas früh; der Sohn, der in Cambridge studiert hatte, empfing mich. Dann kam der Vater in großer Toilette mit einem weißen Turban auf dem Kopfe. Eine Weile später öffnete sich eine gitterartige, schön geschnitzte, nur bis zur halben Höhe reichende Tür, und die Mutter trat mit ihren beiden Töchtern ein. Alle drei hatten großen Staat angelegt, wundervolle hellblaue Seidengewänder und strahlenden Diamanten- und Perlenschmuck. Es wurden Tee und Biskuit gereicht. Die englische Unterhaltung vollzog sich etwas stockend. Mir aber war alles ziemlich gleichgültig bis auf die ältere, schöne Tochter, die einen unbeschreiblichen Reiz besaß. Nur ausnahmsweise werden die Töchter im Salon Europäern gezeigt. Sie dürfen eigentlich nicht sprechen und müssen sich ganz zurückhaltend benehmen. Von mir wurde auch erwartet, daß ich die Anwesenheit der girls ignorierte. Doch habe ich ausgiebig gegen die Landessitte gesündigt. Jede Gelegenheit benutzte ich, um das Wort an die junge Schöne zu richten, die, dazu erzogen, in einem solchen weißen Exoten eine Art höheres Wesen zu sehen, mit einer unvergleichlichen Schamhaftigkeit und in tadelloser Wohlerzogenheit antwortete. Ich sagte ihr, wie glücklich alle jungen Männer in Deutschland sein würden, sie dort einmal zu sehen, lud die ganze Familie nach D. ein, ließ mir ihren herrlichen Halsschmuck geben, um die Diamanten zu bewundern. Der Alte suchte mich abzulenken und zeigte mir eine allerdings prächtige Gitarre. Das gab mir wieder Gelegenheit, die Tochter zu fragen, ob sie uns etwas vorspielen wollte. Sie schien nicht abgeneigt; aber der infame Alte schlug einen Spaziergang durch den Garten vor. Ich sagte den Damen, es wäre ein unendliches Vergnügen für mich, wenn sie mitkämen; aber der Papa verwickelte mich in eine belehrende Unterhaltung über den Nutzen des Affenbrotbaumes. Während der Zeit hatten die Mädchen zu verschwinden.

Am Abend war ein neuer Gast im Fr.schen Hause, Graf L., unser neuer Generalkonsul in Kalkutta, ein unterrichteter und kluger Mann, der mit Geschmack und Geschick den Aristokratentypus vertritt. Die Unterhaltung an der ausgezeichneten Tafel mit den guten Weinen war fesselnd und ungewöhnlich.

Gestern morgen habe ich mit einigem Unbehagen den Reiseboy für Indien engagiert. Ich habe ihn genommen, weil er mit einem Reg.-Assessor v. G. gereist ist und von ihm geradezu enthusiastische Empfehlungen besitzt. Nachmittags gab es wieder etwas Besonderes. Es sind hier viele kleine Graphitgruben vorhanden, die von Eingeborenen betrieben werden. Ein Hauptabnehmer ist die Firma Fr. Gestern fuhr nun einer der Herren zur Besichtigung einer solchen Mine, und ich wurde mitgenommen. Es war eine herrliche Autotour in Gegenden hinein, wo die Fremden selten hinkommen und Autos große Sensationen bedeuten. Freilich war unser Chauffeur ein ziemlich wilder Geselle, der zwar im tollsten Tempo über jeden Steg sauste, aber seinen Wagen nicht beherrschte.

Wir haben dann auch nicht nur einen Hund, sondern auch eine Sau überfahren. An der schönen Grube, wo eine seltsame Mischung von Hand- und Maschinenbetrieb war, wurden wir von den Eingeborenen mit Kokosnußmilch bewirtet. Auf dem Rückwege kamen wir in den Abend hinein. In einem Dorfe ein Knall, Pneumatikreifen entzwei. Nun versammelte sich um uns Groß und Klein. Der Vollmond ging auf. Glühwürmchen schwirrten. In bestimmten, den Buddhisten heiligen Bäumen wurden Kerzen angezündet, die während des Vollmondes dort brennen müssen, wenn die Leute zum Gebete hinkommen. Ich träumte gerade in die Mondnacht hinein, als es einen beträchtlichen Stoß gab; auf einer schmalen Brücke waren wir mit einem Ochsenwagen zusammengestoßen. Die Sache hätte hier über dem reißenden Fluß gefährlich werden können, lief aber gut ab. Mein Begleiter wollte den Jungen, der den Ochsenwagen lenkte, mit seinem Stock verprügeln; da mir aber die Singhalesen »heilig« sind, schnitt mir das ins Herz. Der Junge konnte nichts dafür, und auf meine Bitte geschah ihm nichts. Von geheimnisvoller Schönheit war die überschwemmte Landschaft. In den Hütten der Eingeborenen brannten die Lichter. Und in meinem armen Dichterherzen stieg eine schmerzliche Stimmung auf, je mehr es Land und Leute hier liebevoll erfaßte. Mein Begleiter war derber; er suchte beständig nach Material für seine Stockhiebe. Während er berechnete, mit welchem Profit man die Eingeborenen auskaufen und enteignen könnte, fiel mir ein, wie recht doch die haben, die hier nach Ceylon das Paradies verlegt wissen wollen mit Adam und Eva.

Nach Tisch waren wir im deutschen Verein und unternahmen zunächst eine Autotour in Colombo bei Nacht; das Ergebnis war nicht überwältigend nach der europäischen Seite hin, dann aber kam nochmals Ungewöhnliches: Um Mitternacht wollten wir eigentlich zu Bett gehen; aber Reinh. F. griff meinen Vorschlag auf, uns in seinem Auto nach Mount Lavinia beim Mondschein hinaus zu fahren. Nur vier Herren machten mit. Wir sausten durch die

Palmenwälder bei den jetzt ganz stillen Hütten in den Fischerdörfern vorbei, hinaus nach den Klippen. Herrlich war die Brandung im Mondlicht. Eine englische Picknickparty saß noch draußen in der lauen Nacht. Wir ließen uns Badewäsche geben, zogen uns aus und badeten im Meer, während die lauwarmen Wellen uns hinauszuziehen suchten. Es war unbeschreiblich schön. R. F. wollte mir Djiu-Djitsu zeigen und warf mich mit Japanerkünsten in den nassen Meeressand. Dann wieder saßen wir auf den Klippen und ließen uns von den Wellen hinunterreißen. Der Mond sah zu und die stillen Palmen. Schließlich zogen wir doch wieder unsere Smokings an und fuhren im Eilzugstempo oder mehr als das nach Haus. Um zwei Uhr waren wir da. Ein Gewitterwind blies in das Moskitonetz meines Bettes, das mitten im Zimmer steht; eine Fledermaus schwirrte ängstlich vorüber. Und ich lag noch lange wach. Heute regnet es unaufhörlich.

John Hagenbeck
Abenteuer im Land der Weddas

Auf meinen zahlreichen Reisen durch die weniger bekannten Teile Ceylons bin ich auch einige Male in Berührung mit dem merkwürdigen Völkchen der Weddas gekommen, dessen spärliche Reste im Osten der Insel, hauptsächlich in der Provinz Uwa, leben und, da sie in rapidem Aussterben begriffen sind, sehr bald als dahingeschwundene Urrasse der Vergangenheit angehören werden. Es schwebt ein tragisches Verhängnis über den Urvölkern der Erde. Von der Natur nur mit jenen Eigenschaften ausgestattet, die einst, vor dem Siegeszug der modernen Zivilisation, vollständig ausreichend waren zum Kampf ums Dasein, können sie sich unter den gänzlich veränderten Verhältnissen nicht mehr behaupten, zeigen sie sich als zu schwach und zu untüchtig, um den Wettbewerb mit den weit überlegenen Rassen, die sich inzwischen zu ihren Herren emporgeschwungen haben, aufzunehmen, erliegen sie auch Krankheiten aller Art und gehen so, die einen schneller, die anderen langsamer, zugrunde. Einige vermischen sich mit kräftigeren Rassen, so daß wenigstens Spuren von ihrem Blut und ihrer Eigenart noch ein paar Geschlechter hindurch nachweisbar bleiben, andere aber pflanzen sich nicht mehr fort und sterben ganz aus. So sind, um nur einige Beispiele aus neuerer Zeit zu nennen, die Tasmanier völlig dahingegangen, die Australier werden ihnen bald folgen, die schönen Kanaken der Hawaii-Inseln gehen durch Vermischung oder Aussterben zugrunde, die Minkopies der Andamanen und alle anderen Zwergvölker sind dem raschen Untergange geweiht. Es ist jammerschade, daß die Welt immer ärmer an den Vertretern jener Rassen wird, deren Ursprung bis zu den grauesten Zeiten der Menschengeschichte, soweit sie sich historisch verfolgen läßt, zurückreicht.

Auch die Weddas gehören zu den Urvölkern, denn sie sind die ältesten Bewohner Ceylons, sie waren schon auf der Insel, ehe das hellhäutige Volk der Singhalesen vom indischen Festland herüberkam, um sich alsbald zum Beherrscher Ceylons aufzuwerfen. Wann und wo die Weddas auf die Insel gekommen sind, wissen wir nicht, möglicherweise lebten sie schon hier, als Ceylon noch mit dem Festlande verbunden war. Auch ihre anthropologische Stellung ist umstritten, vermutlich sind sie als der älteste Stamm der drawidischen Rasse zu betrachten, die den Süden Indiens bewohnt und zu welcher als Hauptvolk die Tamulen gehören. Die Weddas sind klein von Wuchs, durchschnittlich nur einhundertfünfzig Zentimeter groß, mit welligem Haupthaar, beinahe bartlos und gehen dort, wo sie sich selbst überlassen sind, fast völlig nackt, nur mit einem ganz kleinen Hüftenschurz bekleidet. Man unterscheidet zwischen den »Dorfweddas«, das heißt den einigermaßen zivilisierten, seßhaft gewordenen Weddas, die sich auch mit Tamulen und Singhalesen vermischen, und den »Felsenweddas«, die als »Wilde« im Urwald und in Höhlen hausen, sehr scheu sind und sich auf ziemlich tiefer Kulturstufe befinden. Während die Weddas noch vor zweihundert Jahren auf der ganzen Insel in großen Mengen anzutreffen waren, sind sie heute, wie schon gesagt, auf einen kleinen Teil des Ostens beschränkt. Die Volkszählung von 1881 ergab zweitausendzweihundertachtundzwanzig, die von 1891 nur noch eintausendzweihundertneunundzwanzig Weddas, wobei allerdings zu beachten ist, daß in diesen Zahlen nur die reinblütigen Weddas inbegriffen sind und daß die in den Wäldern lebenden Felsenweddas überhaupt nur annähernd richtig geschätzt werden können. Jedenfalls dürfte es heute an reinblütigen Weddas kaum noch tausend geben. Das Aussterben des Urvolkes ist unaufhaltsam, obwohl die Regierung sich in anerkennenswerter Weise bemüht, die wenigen noch vorhandenen Weddas als ethnographische Kuriosität und Kostbarkeit nach Kräften zu hegen und zu pflegen. Nur sehr wenige europäische Forscher sind mit den in tiefster Verborgenheit lebenden, ungemein scheuen Felsenweddas in Berührung gekommen und haben sie zum Gegenstand eingehender Untersuchungen machen können. Der gewöhnliche Tourist bekommt diese Urmenschen überhaupt nicht zu Gesicht, denn was man ihm an manchen Orten vielleicht als Weddas bezeichnet, sind im günstigsten Fall Mischlinge ohne ausgeprägte Eigenart.

Ich habe meine erste Bekanntschaft mit echten Felsenweddas unter seltsamen Umständen gemacht, und zwar gelegentlich einer Jagdexpedition in ziemlich entlegenen Waldgebieten auf der Ostseite des Zentralgebirges. Ich befand mich damals in Begleitung zweier Freunde und meines Jägers, des bereits früher erwähnten Eurasiers Fernando, ferner hatten wir einige Eingeborene als Gepäckträger bei uns. Bei dieser Jagdpartie ereigneten sich allerlei abenteuerliche Zwischenfälle, von denen ich hier nur die wichtigsten mitteilen will.

Wir führten in unserem Gepäck auch ein transportables, zusammensetzbares Boot mit, um es zur Ausübung der Wasserjagd auf den Tanks (Teichen) und Flußläufen zu benutzen. Als wir nun einmal auf einem träge rinnenden kleinen Fluß langsam stromabwärts fuhren, tauchte plötzlich im Wasser unmittelbar neben dem Boot eine ungewöhnlich große Kobraschlange auf und reckte das Oberteil ihres Leibes mit zornig aufgeblähtem Halsschilde weit ins Boot mitten zwischen die rudernden Eingeborenen hinein. Die Schlangen gehen ja häufig ins Wasser, wahrscheinlich hatte unser Boot sie gestreift und dadurch in Wut versetzt. Es sah beinahe so aus, als ob die Kobra im nächsten Augenblick im Boot sein würde. Die Leute ließen in jähem Schreck die Ruder fallen und sprangen laut schreiend auf, so daß unser leichtes Fahrzeug in heftiges Schlingern geriet und umschlug. Ehe wir noch recht zum Bewußtsein der Situation gekommen waren, lagen wir schon samt dem ganzen Gepäck im Wasser. Zum Glück war der Fluß nicht tief, so daß uns das Wasser, als wir wieder auf die Beine zu stehen gekommen waren, nur bis zur Hüfte reichte.

Als wir uns nach dem unfreiwilligen Bade das Wasser aus den Augen wischten und das gekenterte Boot wieder aufrichten wollten, sahen wir zu unserer Überraschung, daß die Urheberin des Unfalles, die Brillenschlange, durch den Tumult keineswegs vertrieben worden war, sondern, an das kieloben treibende Boot gelehnt, mit dem hin und her wiegenden Kopf nach einem Opfer zu zielen schien. Ich packte rasch ein neben mir im Wasser liegendes Ruder, schwang es hoch in der Luft und ließ es mit Wucht auf die Schlange niedersausen. Der Hieb saß gut, denn er traf genau den Hals und schlug diesen auf das gekenterte Boot hinab, ein zweiter Schlag zerschmetterte dann der Kobra den Kopf. Als wir sie aus dem Wasser herauszogen, ergab es sich, daß sie die stattliche Länge von fast zwei Meter hatte, also ein sehr ansehnliches kräftiges Tier war. Wir waren bei dem unerwarteten Zwischenfall ja noch glimpflich weggekommen, aber ein reines Vergnügen bereitete es uns gerade nicht, daß wir das ganze Gepäck aus dem Wasser herausfischen und am Lande samt unseren Kleidern zum Trocknen ausbreiten mußten.

Bald darauf schlugen wir unser Kamp inmitten einer wundervollen Landschaft am Ufer eines größeren Sees auf. Dort gab es wieder Enten und Dschungelhühner in Menge, und bei Anbruch der Dämmerung kamen auch Krokodile hervor. Eines der Reptile hatte kürzlich einen tränkenden Büffel eines Eingeborenen bös am Maule zerfleischt, und der Eigentümer bat mich, dem dreisten Raubgesindel eins auf die Hornhaut zu brennen. Ich legte mich deshalb im Schutz der heranbrechenden Dunkelheit auf die Lauer, nahm eines der zum Ufer hinauftreibenden Krokodile aufs Korn und traf es in die Schulter. Es kehrte wieder ins Wasser zurück, aber die blutrote Spur, die an der Oberfläche des Tanks erschien, verriet, daß mein Schuß gesessen haben mußte. Bald darauf konnten die Leute auch das verendete Tier aus dem seichten Wasser ans Ufer ziehen. Die Eingeborenen halten an dem Aberglauben fest, daß man, um ein Krokodil zu töten, die Spitze der Kugel mit Kreide bestreichen müßte, deshalb wollten auch unsere Leute es sich nicht ausreden lassen, daß ich dieses »Zaubermittel« angewandt hätte.

Der nächste Tag bescherte uns eine Büffeljagd, die mit überraschenden Folgen verknüpft war. Wie wir von dem am See ansässigen Eingeborenen hörten, sollte es in der Umgegend, dem Gebirge zu, eine Herde von etwa dreißig wilden Büffeln geben. Die wilden ceylonesischen Büffel sind größer und stärker als ihre zahmen Artgenossen und weit gefährlicher als wilde Elefanten. Schwerfälligen Körpers, mißtrauisch glotzend, dunkelgrau von Farbe, haben sie in der Jugend nur dünnen Haarwuchs, während im Alter ihre lederartige Haut ganz kahl ist. In ihrem mächtigen, schön gebogenen Gehörn, der massiven Stirn und dem muskulösen Nacken entwickeln sie eine enorme Kraft. Tagsüber halten sie sich am liebsten auf sumpfigen Flächen in der Nähe von Wasserbecken auf, bei großer Hitze, und wenn die Fliegen sie zu arg plagen, gehen sie in die Teiche hinein und verharren dort stundenlang, bis zum Halse im Wasser stehend, in stumpfsinniger Beschaulichkeit, bis der Hunger sie abends wieder ans Land treibt und sie dann auf der Suche nach Futter ziemlich weite Strecken durchschweifen. Wie ich schon sagte, sind die Büffel gefährlicher als wilde Elefanten. Besonders ein verwundeter Büffel ist ein nicht zu unterschätzender Gegner, und ebenso bösartig sind oft die Büffelkühe, wenn sie Junge haben. Bei dem ungewohnten Anblick eines Europäers pflegen die Büffel, die sich, wie alle großen Tiere, ihrer Stärke dem Menschen gegenüber gar nicht bewußt sind, mißtrauisch ins Wasser oder ins Dschungel zu entweichen; werden sie aber angegriffen und haben sie keine Gelegenheit zur Flucht, so setzen sie sich mit zäher Tatkraft zur Wehr.

Es dünkte uns sehr verlockend, nähere Bekanntschaft

mit der Büffelherde zu machen, von der uns die Eingeborenen erzählten und in der sich ein paar ganz außerordentlich starke Bullen mit mächtigen Hörnern befinden sollten. Mein Jäger Fernando, ein vorzüglicher Späher, machte sich sogleich auf, um das Nötige auszukundschaften, und er konnte uns schon nachmittags die Aufenthaltsorte der Herde und alles Nähere melden. Die Herde pflegte abends auf einer mit Bäumen und Sträuchern bestandenen Grasebene am Abhang des Gebirges in Nähe des Dschungels zu weiden. Wir mußten uns also in der Richtung gegen den Wind vorsichtig anschleichen, denn der Büffel hat eine sehr feine Witterung und ist sehr mißtrauisch. Überhaupt schätzt man ihn falsch ein, wenn man sein großes Phlegma für ein Zeichen von Dummheit hält. Alle erfahrenen Jäger stimmen darin überein, daß der Büffel außer Kraft, Wildheit und Zählebigkeit auch eine nicht unbeträchtliche Schlauheit besitzt.

Nach einstündiger Wanderung durch die parkähnliche Landschaft, die sich unmittelbar am Abhang des Waldgebirges dahinzog, bekamen wir die friedlich äsende Herde von annähernd dreißig Stück durch unsere Ferngläser klar zu Gesicht. Da die Windrichtung uns günstig war, gelang es uns, in dem hohen Grase behutsam von Busch zu Busch und Baum zu Baum schleichend, unbemerkt auf Schußweite an die Herde heranzukommen. Wir nahmen ein paar der stärksten Bullen aufs Korn – aber da machte uns ein ärgerliches Mißgeschick einen dicken Strich durch die Rechnung. Durch einen unaufgeklärten Zufall entlud sich nämlich vorzeitig Fernandos Gewehr. Der ins Leere krachende Schuß war von alarmierender Wirkung. Ohne sich auch nur eine Sekunde lang zu besinnen, und ehe wir ordentlich zielen und abdrücken konnten, machte die Büffelherde kehrt und sprengte unter Leitung des Führerbullen in wildem Galopp auf das nur ein paar hundert Meter entfernte Dschungel los, um bald darauf in dem schützenden Dickicht zu verschwinden.

Der Gesichtsausdruck, mit dem wir uns gegenseitig anstarrten, mag nicht besonders geistreich gewesen sein, und die Schmeichelworte, mit denen ich meinen unglückseligen Fernando belegte, wird man vergebens in einem Komplimentierbuch suchen. Aber an dem Geschehenen ließ sich nichts ändern, und es fragte sich jetzt nur, ob wir die Jagd abbrechen oder den Versuch machen sollten, die Büffel zu verfolgen und vielleicht im Dschungel zu stellen. Fernando, der seinen Lapsus durchaus wieder gutmachen wollte, riet zur Verfolgung, denn da die Büffel als Tiere der Ebene nur ungern in die Berge gehen, würden sie, so meinte er, nicht tief in den Wald eindringen, sondern sich nur am Rande des Dschungels verborgen halten. Trotz der schon sehr vorgerückten Zeit – die Sonne war nahe beim Untergehen – entschlossen wir uns also zur Verfolgung und pirschten uns, vom Buschwerk gedeckt, gegen das Dschungel an. Wir hatten den Wald noch nicht erreicht, als wir die Büffel in der Tat wieder zu Gesicht bekamen. Sie standen am Rand des Dickichts zwischen den Bäumen und witterten in die Ebene hinaus, in Erwartung des Augenblicks, wo die Luft wieder rein und die Gefahr beseitigt wäre.

Wir lagen in guter Deckung und verhielten uns mäuschenstill, die Gewehre im Anschlag. Fünf bis zehn Minuten verstrichen so, dann löste sich der aschgraue kräftige Körper des Leitbullen von der Dämmerung des Dickichts und wandte sich, noch vorsichtig und zögernd, wieder der Ebene zu. Ziemlich dicht zusammengedrängt, folgten die anderen Tiere. Bald hatten wir die ganze Herde, nur etwa hundert Meter entfernt, wie eine Schützenscheibe vor uns. Auf ein gegebenes Zeichen drückten wir vier, meine beiden Jagdfreunde, ich und Fernando, gleichzeitig ab. Die Herde stob in wilder Panik davon, wieder dem Dschungel zu, unter Zurücklassung eines Tieres, das tot oder schwer verwundet am Boden liegenblieb.

Wir verharrten noch eine Weile in unserer Stellung und

gingen dann auf den zur Strecke gebrachten Büffel los. Er hatte zwei Kugeln im Kopf und war tot. Eine starke Schweißspur verriet uns, daß mindestens noch einer von den geflüchteten Bullen schwer getroffen sein mußte. Fernando, der danach brannte, sein vorheriges Mißgeschick vergessen zu machen, wollte die Schweißspur durchaus verfolgen, denn seiner Meinung nach konnte sich ein so schwer verwundetes Tier nicht weit schleppen, wir würden es wohl im Dschungel verendet vorfinden. In Anbetracht des Umstandes, daß schon die Dämmerung ihre Schleier über das Land zu breiten begann, hatten meine Kameraden keine Lust, noch einmal vorzurücken. Ich entschloß mich deshalb, mit Fernando allein wenigstens bis zum Wald zu gehen, inzwischen wollten die anderen den Kopf des Büffels als Jagdtrophäe sowie einige der besten Fleischstücke zu unserer Abendmahlzeit vom Körper ablösen.

Den Spuren des Büffels folgend, wandte ich mich also mit Fernando dem nahen Walde zu. Wir bekamen jedoch die Büffel dort nicht mehr zu Gesicht, sie hatten sich diesmal anscheinend tiefer ins Innere des Dschungels zurückgezogen. Die Schweißspur führte uns in das mit Steingeröll bedeckte Bett eines ausgetrockneten kleinen Bergstromes und dann in dem Flußbett, das sich wie ein Hohlweg durch den Wald schlängelte, in mäßiger Steigung bergauf. Wir waren so, von Stein zu Stein springend, ein paar Minuten lang vorgedrungen, als wir bei einer neuen Biegung des Flußbettes unsere zweite Jagdbeute endlich vor uns hatten: dort lag auf den Steinen, alle viere von sich streckend, der angeschossene, jetzt anscheinend verendete Büffel. Von den anderen Tieren der Herde war nichts zu sehen. Da wir nicht genau wußten, ob der Büffel wirklich schon tot war, und da solches zählebige Großwild, selbst wenn es in den letzten Zügen liegt, oft noch zu höchst energischer Betätigung der erlöschenden Lebenskraft befähigt ist, näherten wir uns dem Körper unter Beobachtung aller Vorsicht mit dem Gewehr im Anschlag.

Aber der Büffel war wirklich tot, das Opfer eines Lungenschusses. Da es rasch finsterer wurde, beeilten wir uns, den Kopf mit dem Jagdmesser abzutrennen, denn wir wollten auf diese Trophäe doch nicht verzichten, und am nächsten Tage wäre wahrscheinlich nicht mehr allzuviel von dem Kadaver übriggeblieben, da hätten sich inzwischen schon allerlei vierbeinige und gefiederte Aasgourmands gütlich daran getan. In die blutige Arbeit vertieft, wurden wir plötzlich durch ein Geräusch gestört, und emporspringend sahen wir zu unserem nicht geringen Schreck mehrere Büffel hinter der nächsten Biegung des Flußbettes hervorkommen und mit unheilverkündendem Schnauben auf uns losgehen.

Wir griffen nach unseren Büchsen, rissen sie an die Wange und drückten blindlings ab. Aber diesmal ließen sich die Büffel durch den Knall der Schüsse nicht beirren, diesmal rissen sie nicht aus, stutzten nur einen Augenblick und stürmten von neuem auf uns los. Wir hatten keine Patronen mehr im Lauf, sie hätten uns auch nichts genützt. Es gab für uns nur eine Möglichkeit der Rettung, die Flucht. Glückte sie nicht, so waren wir in den nächsten Sekunden von den spitzen Hörnern der Büffel durchbohrt, von ihren Hufen zertrampelt. Instinktiv, ohne die geringste Überlegung, sprangen wir beide zum Steilrand des Flußbettes hinüber. Es war eine fast senkrechte, etwa drei Meter hohe, mit Kies und Steinen durchsetzte Lehmwand. Gelang es uns, sie rasch zu erklimmen, so waren wir vorläufig in Sicherheit, denn die schwerfälligen Büffel vermochten uns da nicht zu folgen. Zum Glück ragten aus der Lehmwand gerade dort, wo wir uns befanden, ein paar Wurzeln der oben auf dem Rande stehenden Bäume hervor, die den kletternden Füßen als Stütze dienen konnten. Fernando war mit seiner katzenartigen Behendigkeit wie der Blitz schon in halber Höhe der Wand, klammerte sich mit einer Hand und den Füßen an den Wurzelenden fest und leistete mir, der ich zwar auch ein leidlich guter Turner, aber doch nicht so flink wie mein Jäger war, durch Ziehen mit der anderen Hand beim Klettern Hilfe. Noch ein paar Griffe, und wir befanden uns so hoch, daß wir das oben am Rande wachsende Buschwerk packen und uns vollends hinaufschwingen konnten. Es war keinen Bruchteil einer Sekunde zu früh, denn in demselben Augenblick, als unsere Beine noch an der Lehmwand herabhingen, sprangen die Büffel – es schienen drei oder vier zu sein – gegen die Wand. Wir hörten den wütenden Anprall der mächtigen Schädel, das Herabrieseln des Kieses, standen nun aber auch schon oben auf unseren Beinen und liefen auf gut Glück weiter in den schon nachtdunklen Wald hinein, ohne der Dornen zu achten, die uns die Kleider zerfetzten, und der Beulen und Schrammen, die wir uns bei der Karambolage mit den dicht beieinander stehenden Bäumen holten. Unsere Gewehre hatten wir bei Antritt der Flucht in Stich lassen müssen, die waren unten liegengeblieben.

Nach ein paar Minuten machten wir keuchend halt. Es war hier im Walde bereits stockfinstere Nacht. Daß uns die Büffel auf irgendeinem für sie gangbaren Wege verfolgen würden, war nicht mehr zu befürchten. Aber wie sollten wir zu meinen Kameraden und zum Kamp zurückfinden? Wir hatten durch das Rennen im Zickzack vollständig die Richtung verloren, führten keinen Kompaß bei uns und konnten uns auch nach keinem Sternbilde orientieren, da der Himmel bewölkt war. Anfangs glaubte ich, mich auf Fernandos fein entwickelten Spürsinn verlassen zu können, aber nachdem wir uns eine Viertelstunde auf gut Glück zwischen den Bäumen über Stock und Stein herumgetastet hatten, ward mir doch klar, daß wir auf diese Weise nicht zum Ziel gelangen würden.

»Die Herren werden uns suchen gehen und Signalschüsse abgeben«, sagte Fernando. »Warten wir also solange.« Schlimmstenfalls mußten wir eben bis Tagesanbruch warten; das war wohl »ein Unglück, aber kein Malheur«. Beim Schein meiner elektrischen Taschenlampe machten wir ein als Notquartier geeignetes Plätzchen ausfindig. Es war eine Felswand mit überhängendem Gestein, eine geräumige Nische, in der eine Art von Felsenbank, mit Moos bewachsen, eine einigermaßen komfortable Ruhegelegenheit bot. Ich leuchtete noch die ganze Umgebung nach Schlangen und anderen Störenfrieden ab, aber es schien nichts dergleichen vorhanden zu sein. Zum Glück hatten wir unsere noch gut gefüllten Feldflaschen mit kaltem Tee bei uns, so daß wir wenigstens den Durst löschen konnten. Da wir von den Aufregungen der Jagd und der Flucht sehr ermüdet waren, hielten wir uns nicht lange wach, sondern versanken, auf der Felsenbank halb sitzend, halb liegend, bald in festen Schlaf.

Wir schliefen die ganze Nacht hindurch. Vielleicht hätten wir tief in den Morgen hinein geschlafen, wenn wir nicht beide zugleich durch ein Geräusch aufgeweckt worden wären. Wir fuhren empor, rieben uns die Augen und blickten umher. Durch die Baumkronen drang das fahle Dämmerlicht des erwachenden Tages. Schlaftrunken, wie ich war, wußte ich im ersten Augenblick nicht recht, wo ich mich befand und wie ich in diese fremdartige Umgebung gekommen war. Das dauerte aber nur ein paar Sekunden, dann standen die Ereignisse des vorherigen Abends in voller Klarheit vor meinen Augen.

Jetzt wiederholte sich das Geräusch, das uns aus dem Schlaf gerissen hatte: ein Klopfen und Hämmern, wie wenn Steine bearbeitet werden. Es mußten also Menschen in unserer Nähe sein. Wir machten uns ohne Säumen auf und gingen durch den Wald über Stock und Stein den Tönen nach, die immer stärker erklangen. Schließlich wurden sie so laut, daß wir uns in nächster Nähe des Urhebers des Geräusches befinden mußten – aber wir bekamen noch immer niemand zu Gesicht. Erst als wir durch dichtes Gebüsch bis zu einer zerklüfteten Felswand vorgedrungen waren, sahen wir dort einen fast gänzlich nackten, dunkelbraunen jungen Mann von untersetzter Gestalt mit lang und wirr herabhängendem Haar damit beschäftigt, einen Stein mit dem Schlegel zu behauen. Im selben Augenblick bemerkte der Mann uns, und ganz verwirrt durch die unerwartete Erscheinung, starrte er uns mit seinen halbtierischen Augen und weit aufgerissenem Mund wie ein paar vom Himmel gefallene Mondbewohner an.

Ich hatte schon davon gehört, daß in dieser Gegend einige Felsenweddas hausten; zweifellos hatten wir es also hier mit einem Vertreter des seltenen Urvölkchens zu tun. Da Fernando schon früher einmal mit Weddas in Berührung gekommen war und ein paar Worte ihrer Sprache kannte und da der vor uns stehende Wilde seinerseits wiederum, wie sich bald herausstellte, einige Brocken Singhalesisch verstand, so kam, nachdem er sich erst einigermaßen von seinem Schreck erholt hatte, mit Unterstützung durch die Gebärdensprache eine Unterhaltung zustande, allerdings von sehr einsilbiger Natur. Wir brachten aus dem Burschen soviel heraus, daß die anderen Mitglieder seiner Sippe sich in der Nähe befänden. Sein angestammtes Mißtrauen wurde durch etwas Pfeifentabak, den ich noch in der Tasche hatte und den er prompt in den Mund schob und als Priem benutzte, so weit zurückgedrängt, daß er sich erbot, uns zu seinen Leuten zu führen.

Es seien hier zunächst einige Bemerkungen allgemeiner Art über die ceylonesischen Urmenschen eingeschaltet.

Die Felsenweddas bilden keine größeren Gemeinden. Nur einzelne Familien, die den größten Teil des Jahres ganz isoliert bleiben, schließen sich zusammen. Jeder dieser Familien gehört ein besonderes Jagdgebiet, und sie halten streng darauf, daß ihr traditionelles Vorrecht auf diesen Besitz von den anderen respektiert wird. Hier jagen und fischen sie, hier stellen sie den Vögeln nach, hier graben sie nach eßbaren Wurzeln, hier suchen sie Honig und Bienenwachs, kurzum, von der Ausnutzung dieses Gebietes hängt ihre ganze Existenz ab. Nur zur Regenzeit suchen die einzelnen, sonst isoliert lebenden Familien etwas engere Annäherung, und dann erledigen die Familienverbände oder Waruges auch ihre allerdings sehr geringen gemeinsamen Interessen, wie z. B. den Abschluß von Heiraten und dergleichen.

Früher kannten die Felsenweddas keinerlei Kleidung, jetzt tragen sie um die Hüften ein Stück Tuch, das sie von den umwohnenden Tamulen oder Singhalesen im Wege des Tauschhandels erwerben. Auch in jeder anderen Hinsicht sind die Urbewohner Ceylons ungemein anspruchslos. Hausgerät fehlt so gut wie ganz, ebenso Koch- und Speisegeschirr. Von pflanzlichen Lebensmitteln nehmen sie nur verhältnismäßig wenig zu sich, und zwar in ungekochtem Zustand. Ihre Hauptnahrung ist Fleisch, das sie meistens am Feuer rösten. Wie die Buddhisten genießen sie kein Fleisch vom Rind und ebensowenig Fleisch vom Elefanten, Bären und Huhn. Doch essen sie das Fleisch aller anderen Vögel sowie vom Hirsch, vom Affen, vom Schwein und vom Leguan. Feuer erzeugen sie wie die meisten Naturvölker rasch und geschickt in der Weise, daß sie ein spitzes trockenes Hölzchen in die Aushöhlung eines anderen, mit den Füßen festgehaltenen Holzstückes setzen und mit größter Schnelligkeit darin wirbelnd umdrehen, bis das Holz heiß wird und ins Glimmen gerät. Mit den Zehen greifen sie fast ebenso gut wie mit den Fingern, und dieses affenartige Talent kommt ihnen beim Klettern und Bogenspannen sehr zugute.

Alle von den Weddas angefertigten Werkzeuge und Jagdgeräte bestanden früher nur aus Holz, vor allem ihr unentbehrlicher Begleiter, der etwa zwei Meter lange Bogen samt den mit Vogelfedern besetzten Pfeilen. In neuerer Zeit haben sie sich von den umwohnenden Tamulen und Singhalesen auf dem Tauschwege auch eisernes Werkzeug verschafft. Die Art und Weise, wie sie den Austausch zu bewirken pflegten, ist sehr bezeichnend für ihr scheues Wesen und ihre Furcht vor persönlicher Berührung mit den zivilisierten Nachbarn. Sie schlichen sich nämlich nachts zum nächsten Dorf, legten dort Fleisch, Honig und was sie sonst Gutes zu liefern hatten, nieder und zugleich mit diesen Tauschartikeln ein aus Ton roh angefertigtes Modell des gewünschten Eisengeräts, also vielleicht einer Axt, eines Hammers oder dergleichen. Nach einigen Tagen kamen sie dann wieder heimlich angeschlichen und holten die von den Dorfbewohnern inzwischen an derselben Stelle niedergelegten Tauschwaren. Es soll bei diesem seltsamen Handelsverkehr durchaus ehrlich zugehen. Wenn man das doch von allen Handelsgeschäften der Kulturmenschheit behaupten könnte! Die geistigen Fähigkeiten dieser primitiven Urmenschen sind sehr gering. Sie kennen weder Eigennamen zur Benennung einzelner Personen noch irgendwelche Zahlwörter. Sie haben auch keine Zeiteinteilung und können nicht sagen, wie alt sie sind. Ihre religiösen Bedürfnisse beschränken sich auf einen dumpfen Dämonendienst und einen gewissen Ahnenkult. Die Toten wurden früher einfach ins Dickicht geworfen, oder man ließ den Körper liegen, wo er gestorben war, und beschwerte ihn nur mit einem Stein, dann aber mied man aus Angst vor dem Geist des Gestorbenen den Ort für längere Zeit. Es gibt aber auch gute Geister, die dem Wedda dazu verhelfen, daß er auf der Jagd viel Fleisch erbeutet, ihnen zu Ehren werden Tänze nach einem bestimmten Zeremoniell aufgeführt. Übrigens wurde den Weddas nachgesagt, daß sie nicht lachen könnten. Das ist ein Irrtum, dadurch entstanden, daß die Urmenschen in Gegenwart von Europäern aus Befangenheit in einem gewissermaßen versteinerten Zustand verharren. Sich selbst überlassen, sind sie ein ganz munteres, bei geeignetem Anlaß auch gern lachendes Völkchen. Meine wiederholten Bemühungen, eine Weddafamilie für eine europäische Rundreise zu gewinnen, waren vollkommen ergebnislos. Es ist gar nicht möglich, den Leuten überhaupt klarzumachen, was unter »Reise« zu verstehen ist und daß es außerhalb ihres engen Heimatgebietes noch eine ziemlich große Welt gibt. Noch niemals hat man außerhalb Ceylons einen Felsenwedda zu sehen bekommen, und auch von den Bewohnern Ceylons können sich nur sehr wenige rühmen, einen dieser scheuen Wilden von Angesicht zu Angesicht gesehen zu haben.

Die halbzivilisierten Dorf- und Küstenweddas haben sich schon zu sehr den Sitten und Gebräuchen ihrer tamulischen und singhalesischen Nachbarn angepaßt, als daß man sie für ein ganz ursprüngliches Volk erklären könnte, viele von ihnen haben auch kein reines Weddablut mehr in den Adern, sondern sind Mischlinge.

Nach dieser Abschweifung kehre ich zu meinem persönlichen Erlebnis zurück. Der Wedda setzte sich also in Marsch und führte uns beide, mich und Fernando, förmlich wie eine Katze schleichend, auf einem kaum erkennbaren Pfade durch dichtes Gebüsch, immer an dem Felsenhang entlang, bis wir nach etwa fünf Minuten Stimmen vernahmen und bald darauf vor einer geräumigen Grotte mit weit überhängendem Felsendach standen. In der Grotte hockten, mit allerlei Hantierungen beschäftigt, vier Männer verschiedenen Alters, zwei Weiber und ein paar kleinere Kinder.

Als die Leute uns erblickten, fuhren sie jäh empor und starrten uns ebenso, wie vorhin unser Führer, mit weit aufgerissenen Augen und offenem Munde an, die kleinen Kinder aber verkrochen sich hinter Steinen. Wir gaben durch beruhigende Worte und Gebärden zu verstehen, daß wir in bester Absicht kämen, und der Rest meines Tabaks, den ich unter die Männer verteilte, trug dazu bei, daß die Wilden ihr Mißtrauen besiegten und allmählich ziemlich aufgeknöpft wurden. Wofern man den Ausdruck »aufgeknöpft« auf Menschen anwenden darf, bei denen es in Wirklichkeit nichts aufzuknöpfen gab. Denn das Kostüm der Männer bestand aus einem eigentlich nur ganz leise angedeuteten Schurz, während die Weiber sich ein etwas größeres Stück Baumwollzeug, das in seinen besseren Tagen wohl einmal sauber gewesen war, um die Hüften geschlungen hatten.

Auf Schönheit konnten sie keinen Anspruch erheben, auch die Männer waren ziemlich kümmerliche Erscheinungen, höchstens daß bei allen die melancholisch blickenden Augen etwas Reizvolles hatten. Der Hausrat der Grottenbewohner war mehr als dürftig, denn er bestand nur aus ein paar alten, zerschlissenen Schlafdecken und einigen tönernen Krügen und Schüsseln. Das war alles. Die Bedürfnislosigkeit dieser Wilden hat kaum bei einem anderen Volk ihresgleichen.

Obwohl mich das alles aufs höchste interessierte, war es begreiflicherweise doch mein lebhafter Wunsch, nach diesem abenteuerlichen Zwischenfall so schnell wie möglich aus dem Walde heraus- und zum Kamp und zu meinen Jagdgefährten zurückzukommen, die sicherlich in schwerster Besorgnis um uns waren. Mir und Fernando knurrte der Magen vor Hunger. Zwar konnten uns die Weddas mit frischem Trinkwasser versehen, aber Fleisch in Gestalt irgendeines Stückes Wildbret hatten sie gerade nicht »auf Lager«, und eine Art Gebäck, das sie uns allenfalls hätten geben können, sah derartig unappetitlich aus, daß wir es vorzogen, auf den Genuß zu verzichten und unseren Rückmarsch lieber nüchtern anzutreten. Einer der Leute, derselbe Bursche, den wir zuerst getroffen hatten, war bei Vorzeigung einiger Geldmünzen gern bereit, uns durch die Wildnis zur Ebene zurückzuführen. Wir hatten etwa den halben Weg zurückgelegt, als Schüsse ertönten. Es waren, wie sich bald herausstellte, Signalschüsse meiner Jagdfreunde und ihrer eingeborenen Begleiter, die auf der Suche nach uns den Wald durchstreiften. Nach längerem Hinundherirren fanden wir uns schließlich, und die Freude über das glückliche Wiedersehen war, wie sich denken läßt, auf beiden Seiten nicht gering. Man hatte bereits die schlimmsten Vermutungen über mein und meines Jägers Schicksal gehegt.

Der Wedda empfing seinen wohlverdienten Lohn und zog sich schleunigst wieder in den Dschungel zurück. Im

Lager, wo wir uns vor allen Dingen ordentlich stärkten, erfuhr ich dann, daß meine Gefährten uns noch am vorherigen Abend, als wir nicht zurückkehrten, gesucht hatten, wegen der rasch heranbrechenden Dunkelheit aber ihre Nachforschungen bald einstellen mußten. Wir begaben uns dann später alle zusammen nach dem Schauplatz des Angriffs der Büffel auf mich und Fernando und holten unsere dort liegengebliebenen Gewehre. Die Büffelherde, durch die Nachstellungen vergrämt, war eine Meile weiter nach Norden gezogen, wie wir mit unseren Ferngläsern feststellen konnten. Wir hatten aber keine Zeit und auch keine Neigung mehr, die Verfolgung fortzusetzen, und brachen deshalb nach kurzer Rast unser Lager ab, um uns anderen Jagdrevieren zuzuwenden.

Erwin Drinneberg
Die Besteigung des Adam's Peak

Aus der dunsthaft blauen Kette des ceylonesischen Berglandes sieht man zwei mächtige Gipfel emporragen. Der höchste von ihnen ist der Pidurutalagala, während der südlicher gelegene, eigentümlich geformte Adam's Peak nur einige hundert Meter niedriger ist. Von einem sagenhaften Nimbus umgeben, reizt der Adam's Peak den Wanderer in den Bergen zu einer Besteigung. Wenngleich der Aufstieg auf den Pidurutalagala (zweitausendfünfhundertdreißig Meter), der vom Hochland aus besser erreichbar ist, unschwer müheloser unternommen werden kann. In dem religiösen Leben der Buddhisten, Hindus und Mohammedaner spielt der Adam's Peak eine bedeutende Rolle, denn auf seinem Gipfel finden wir die viel umstrittene und mit tiefer Inbrunst verehrte Fußspur Buddhas, welche auch jene Shivas oder Mohammeds sein soll. Dieses Merkmal, welches dem in das Gestein vertieften Abdruck einer riesigen menschlichen Fußspur gleicht, befindet sich auf einem Gneisfelsen in der Nähe des Gipfels. Alle die Völker, die zu dem Berge pilgern, sind von dem Glauben an diese reliquienhafte Hinterlassenschaft ihres Idols so sehr durchdrungen, daß sie in friedlicher Gemeinschaft den Berg als heilig und verehrungswürdig bezeichnen. Große Pilgerscharen der verschiedensten Glaubensbekenntnisse, ja sogar Christen steigen zu seinem Gipfel empor, und während der Pidurutalagala in öder Verlassenheit liegt, besuchen jährlich Tausende von Gläubigen die Höhen des göttlichen Adam's Peak.

Von der Hochebene herabkommend, erreiche ich nach einer abwechslungsreichen Wagenfahrt durch die mit weiten Teepflanzungen bedeckten Berge und wildromantischen Täler einen kleinen Ort, welcher, inmitten blühender

Gärten und grüner Haine versteckt, am Fuße dieses gewaltigen Bergkegels liegt. Im Hause der Rast angekommen, traf ich drei Engländer, die, mit alpiner Ausrüstung versehen, am Nachmittag des nächsten Tages mit der Besteigung des Gipfels beginnen wollten. Um den Sonnenaufgang mitzuerleben, wollte ich den Aufstieg noch im Laufe desselben Abends beginnen. Jedoch das Glück schien mir nicht günstig zu sein, denn der Himmel war mit schweren Wolken bedeckt, so daß die Nacht in tiefe Finsternis und Regen gehüllt war. Wohl war die Zeit des Monsuns zu dieser Besteigung recht ungeeignet und galt infolge der schlechten Sicht im wahrsten Sinne des Wortes als ein aussichtsloses Unternehmen. Aber wie ist es mir möglich, jetzt, nachdem ich nun meinen Fuß auf die Erde des heiligen Berges gesetzt habe, dieses Ziel, das so dicht vor meinen Augen liegt, aufzugeben! Denn vielleicht nie würde ich später wieder die Möglichkeit sehen, diesen wundersamen Berg zu besteigen. So wollte ich den blauen Himmel, der mich seither auf meinen Fahrten begleitet hat, am nächsten Morgen erwarten, und in dieser Hoffnung verbringe ich die Nacht unter dem heimischen Dache des Hauses der Rast. Schwere Gewitter, die jenseits der Berge toben, erfüllen die unheimliche Finsternis der Nacht mit dem dröhnenden Rollen schwerer Donnerschläge, während wolkenbruchartige Regen an den Hängen der Berge niederrauschen.

Der frühe Tag erwacht in eintönigem Grau eines nebelhaften Regenschauers. Der Fuß des heiligen Berges war von ziehenden Wolkenfetzen umbrandet, und es war, als wollten die Götter den heiligen Ort mit undurchdringlichem Nebel schützen. Obwohl mein Führer, ein Hindu, wenig geneigt war, die Wanderung mit mir anzutreten, dränge ich doch zum Aufbruch, und von den Wünschen meiner englischen Gefährten begleitet, beginne ich, auf mein Glück vertrauend, den Aufstieg in den ersten Stunden des Vormittags. In Begleitung meines mißmutigen Führers ziehe ich durch ein graues Nebelmeer hinauf in die

Felsenwildnis. Ein schmaler Pfad führt zur Höhe empor. Unter mir gähnt ein Abgrund, dessen Tiefe mir durch die Schleier der darin auf und nieder wallenden Nebel verhüllt ist. Diese Welt, in die wir hinaufsteigen, und alles, was unter uns versinkt, ist von undurchsichtigem, feuchtem Dunst umgeben. Eine schwindelnde Leere, die von dieser gegenstandslosen Einöde ausgeht, weckt ein betäubendes Gefühl in mir. Mit dem Aufwand meiner letzten Willenskraft versuche ich, den Gedanken an die Rückkehr zum Rasthause niederzukämpfen. Die Temperatur sinkt beständig. Nässe und Feuchtigkeit dringen bis auf die Haut und lassen die Glieder erstarren. Mein halbnackter, in Lumpen eingehüllter Führer schlottert vor Kälte. Über der Monotonie des düsteren Tages liegt die Ruhe des Grabes. Nur tief unter uns, aus den unsichtbaren Schluchten, tönt das ferne Brausen von Gießbächen und stürzenden Kaskaden zu uns herauf.

Wir gelangen an eine zerfallene Hütte, in welcher frierende Eingeborene rasten. Eine Gruppe armseliger Hindus und Mohammedaner kauert, in nasse Gewänder gehüllt, um ein glimmendes Feuer. Es sind Wallfahrer, die vom Gipfel des Berges herabkommen, wo sie einen Tag und eine Nacht mit Beten und Opfern zugebracht haben. Sie berichten von einem furchtbaren Wetter, welches in der Nacht an der nordwestlichen Seite des Berges getobt hat. Doch über uns scheinen sich jetzt die Nebel zu lichten. Heller Schein dringt in das schwere Grau der Landschaft, und bald erkennt man die dunsthaften Umrisse der gegenüberliegenden Berge. Je höher wir auf dem engen, steinigen Pfad steigen, desto mehr lichten sich die Nebel, und bald haben wir den Dunstkreis der Wolken, die jetzt wie ein graues, wogendes Meer unter uns branden, durchbrochen. Der Himmel leuchtet in strahlender Helle. Zarte Wölkchen schweben unter dem herrlichen Blau des leuchtenden Firmaments. Diese Wandlung in der Natur hat sich mit solcher Plötzlichkeit vollzogen, daß ich mich in eine

Welt des Lichtes und der Freude versetzt fühle. Rasch belebt sich unsere Stimmung, die uns guten Mut zum Weiterwandern gibt. Immer mehr öffnet sich dem geblendeten Auge ein herrlicher Blick in die Ferne einer majestätischen und in dunsthaftes Blau gehüllten Bergwelt, die ringsumher wie ein Land der Wunder aus den grauen Wogen der Feuchtigkeit auftaucht. Vor uns erhebt sich ein mächtiger grauer Bergrücken, der mit dunkler Vegetation bedeckt ist, und wir durchqueren eine Wildnis von Felsen und niedrigem Gestrüpp, in der wir uns über das Wurzelwerk umgestürzter Baumstämme, das wie riesenhafte Medusenhäupter über die Erde emporragt, emporarbeiten. Die Sonne, die uns mit ihren milden Strahlen erwärmt, hat nun ihren höchsten Stand erreicht. Wir befinden uns in einer Höhe von etwa eintausendsechshundert Meter und werden bald den Gipfel erreicht haben. Der Pfad, der jährlich von Tausenden von Pilgern begangen ist, wird immer enger und führt in weiten Serpentinen und Zickzackwegen an steilen Hängen und schwindelnden Abgründen vorbei, so daß ich oft die Augen schließen muß, um das Gleichgewicht und die Sicherheit meines Körpers zu wahren.

Von überwältigender Gewalt ist die Einsamkeit dieser Berge, an deren Hängen wir uns wie Atome bewegen. Immer mehr verstehe ich das Begehren dieser Völker, welche die erhabene Welt der Berge zum Gegenstand ihrer göttlichen Verehrung gemacht haben. Diese wundersame Natur, die uns hier umgibt, ist voll gewaltiger Kraft. Ihre Schönheit und ergreifende Feierlichkeit ist das Sinnbild Gottes, dessen geheimnisvoller Geist die Menschen, die hier heraufpilgern, mit ehrfurchtsvoller Scheu erfüllt. Nie ist mir die Ewigkeit des Weltenraumes so sehr zum Bewußtsein gelangt wie auf der einsamen Wanderung in dieser göttlichen Welt der Berge, deren Kuppen und steile Gipfel aus dem lichten Blau des Himmels grüßen. Bald liegen auch die letzten Reste dieser schwermütig-dunklen Vegetation hinter uns, und mit dem Aufwand letzter Kraft erklimmen wir die steile Wand des kegelförmigen Gipfels, dessen zackige Umrisse sich in starken Konturen von der Helle des Himmels abzeichnen. Die von dem nächtlichen Gewitter gereinigte Atmosphäre umgibt uns mit leuchtender Klarheit, während uns die stechenden Strahlen der Sonne den Schweiß aus den Poren des Körpers treiben. In vollen Zügen genieße ich die herrliche Reinheit dieser Höhenluft. Noch ein letzter kraftvoller Ansturm über einen steilen Grat, und wir befinden uns vor einem primitiven Rasthäuschen, welches unmittelbar unterhalb des Gipfels liegt. Während mein geduldiger Führer in Gemeinschaft einiger Pilger in der Hütte einen warmen Imbiß bereitet, steige ich hinauf zu dem sagenhaften Gipfel und bewundere die Schönheit der tief unter mir versunkenen Welt.

Welch ein herrliches Bild von ergreifender Größe und Reinheit! Losgelöst von aller Erdenschwere, wie ein Land des Traumes, liegt die von einem dunsthaften Hauch verschleierte Welt des Gebirges unter dem überirdischen Glanz einer strahlenden Helle. Auch die Tiefen der Täler haben sich allmählich erhellt, und in mattem Grün leuchten die Wälder und Fluren, die wie Samt zwischen den Höhenzügen eingebettet liegen, zu mir herauf. Fern, wie ein schimmernder Spiegel, steigt hinter den dunsthaften Umrissen der Berge der Ozean empor, der das herrliche Panorama im Südwesten wie ein blaues Band umfaßt. Kein Laut, kein Hauch regt sich, und ein stiller göttlicher Friede liegt über dieser Erde. Wie gebannt von dem Zauber, der von dieser überirdischen Pracht ausgeht, stehe ich auf der Höhe dieses heiligen Berges und blicke hinab in die unendliche Weite einer herrlichen Natur, deren Anblick meine Seele tief bewegt. In der Nähe des Gipfels befindet sich ein flacher, verwitterter Gneisfels, dessen höchste Erhebung die reliefhafte Vertiefung einer riesigen Fußspur zeigt. Es ist das Mirakel dieses mysteriösen Berges, die sogenannte »Sripada«, die von den Buddhisten als ein Merkmal Buddhas verehrt wird. In frommer Duldsamkeit, ohne Vorurteile und Widersprüche, versammeln sich jährlich Tausende von Pilgern der verschiedensten Glaubensrichtungen auf dem Gipfel, um an dieser Stätte ihres Kultes in friedsamer Gläubigkeit einen unbestrittenen Anspruch auf dieses Wunder zu erheben. Nie entstanden unter diesen Menschen hier Zweifel und Streitigkeiten über die rechtmäßige Bedeutung oder den Ursprung dieses göttlichen Zeichens. Dunkel ist die Geschichte der Entstehung dieser Spur, in welcher sich schon in dem übernatürlichen Maß von etwa sechs Fuß Länge die Mystik des Überirdischen auszudrükken scheint. Zweifellos ist diese von Menschenhand hervorgebrachte Erscheinung von einem legendenhaften Ursprung und von dem Schleier dunklen, geheimnisvollen Geschehens umgeben. Wir hören von ihr schon in den ältesten buddhistischen Schriften Ceylons. Nach diesen Aufzeichnungen soll ein singhalesischer König, der zwei Jahrhunderte vor Christi von dem Geiste Gautamas erfüllt war, die heilige Fußstapfen entdeckt haben. Später finden wir sie in hinduistischen, arabischen und persischen Schriften erwähnt. Doch keiner dieser von tiefem religiösen Gefühle erfüllten Menschen kümmert sich weder um Geschichte noch Ursprung, denn bei ihnen ist es der Glaube, der selig macht und der die Nüchternheit gedanklicher Bedenken als eine geringfügige Nebensächlichkeit erscheinen läßt. Als ein äußeres Zeichen dieser Übereinstimmung gelten mir auch die Menschen, die ich in der Hütte auf dem Gipfel des Peak in friedlicher Gemeinschaft versammelt sehe. Unter ihnen erkenne ich einen Brahmanen und Anhänger Shivas, zwei Mohammedaner und zwei buddhistische Priester. Sie alle sind zum selben Ziele und in derselben Absicht heraufgewandert, um das körperhafte Symbol ihrer Idole zu verehren.

Bald saß ich gleich ihnen in ihrem Kreise, und ohne ihre Sprachen zu verstehen, las ich auf ihren ruhigen, feierlichen Gesichtern, daß sie von dem Ernst ihrer heiligen Aufgabe vollkommen überzeugt und durchdrungen waren. Inzwischen ist es Abend geworden. Im tiefblauen Raume der Unendlichkeit hat sich die Sonne als eine glutrote Kugel dem schimmernden Horizonte genähert, und langsam versinkt sie hinter den Bergen, die in einem Schleier violetter Dämmerung liegen. Die zarten Umrisse der Berge gleiten leise in die Schatten der Nacht, aus der das Flimmern des unendlichen Sternenmeeres herableuchtet. Die hereinbrechende Dunkelheit bringt stark zunehmenden Temperaturwechsel, und eine Brise vom Nordosten verwandelt die Kühle der Nacht in frostige Kälte. Ein glimmendes Feuerchen erleuchtet den kleinen Raum, in dem ich mich zwischen den Eingeborenen niedergelassen habe. Doch durch die Ritzen und Spalten der Hütte pfeift der kalte Wind, und ich kann mich während der Nacht gegen den Frost kaum schützen. In die mitgebrachten Decken gehüllt, suche ich eine leidliche Nacht zu verbringen, was mir jedoch bei der stets zunehmenden Kälte und meiner mangelhaften Ausrüstung zur Unmöglichkeit wird. Nun beginnt ein düsteres Kapitel dieser mit so vielen Hindernissen verbundenen Peakbesteigung, denn die eisige Nacht in zweitausenddreihundert Metern Höhe wurde zu einer Qual, deren Ende sich in eine abgrundlose Ewigkeit zu ziehen schien. Doch ich tröste mich mit meinen eingeborenen Leidensgenossen, die, nur mit dünnen Decken versehen, unter denselben Umständen dieses Schicksal in der öden eisigen Einsamkeit der Berge mit mir teilen. In frommer Duldsamkeit sitzen sie, in leichte Gewänder und Decken gehüllt, lautlos vor der glimmenden Asche des erloschenen Feuers. In ewigem unruhevollen Umherwandern in der nächtlichen Stille der Bergeinsamkeit verbringe ich die Stunden der Nacht, bis endlich das Licht der Dämmerung langsam über den Rand des östlichen Horizontes kriecht.

Doch für alle die Nöte der Nacht sollte ich durch das märchenhafte Ereignis des Sonnenaufgangs mit seinen merkwürdigen Wundern entschädigt werden. Noch war im Westen das glitzernde Firmament in ein tiefblaues Dunkel gehüllt, als plötzlich der Strahlenkranz des Frühlichtes sprühend über den Horizont emporflimmert und die Himmelswand im Osten in das brennende Rot der Sonnenglut taucht. Bald war es der Schimmer irisierenden Perlmutterglanzes, das Feuer leuchtender Smaragde und Rubine, in der das Spektrum des Sonnenlichtes ein blendendes Feuerwerk in den Weltenraum emporschickt. Wie der höchste Triumph dieser überwältigenden Naturerscheinung gleitet langsam in erhabener Ruhe die Glut der Sonnenscheibe über die dunkle Silhouette des Erdballs herauf. Nun beginnt das zweite Wunder, welches diese Welt des kreisenden Lichtes vollbringt. Es gleicht einem gespenstischen Schatten, einer überirdisch-spukhaften Erscheinung, die einen ungeheuren Eindruck im Wesen der Menschen und seiner Phantasie erweckt. Zur selben Zeit des Sonnendurchbruchs wende ich mich voll Erwartung gen Westen und erblicke nun jenes merkwürdige Schauspiel, welches der steile Gipfel mit seinem Schattenrisse auf der Wand des gegenüberliegenden Berges hervorzaubert. Langsam wie der gigantische Körper eines niedergekauerten Riesen erhebt sich der langgestreckte, spitze Schatten des Bergkegels über die dunsthafte Atmosphäre, die zwischen den Bergen schwebt. Dort gleitet die schwarze Masse des Schattens lautlos schleichend, sich stets vermindernd über die aufsteigenden Nebelwände der Täler, um sich allmählich auf der schweren, körperhaften Erde des im Westen liegenden Gebirgsmassivs niederzulassen. Voll Ergriffenheit blicke ich hinunter in die geheimnisvolle Tiefe des Abgrundes, in der diese Geburt des Lichtes langsam versinkt. Die immer höher steigende Sonne gießt ein warmes Licht über die unter uns liegende Natur, die in den zitternden Tönen des frühen indischen Morgens zu erwachen beginnt. Unmerklich weichen die nebelhaften Schatten der Dämmerung, und langsam beginnt das Leuchten des blendenden Tages über dem gewaltigen Land der ceylonesischen Berge. Noch ein letzter Blick hinüber zu dem glitzernden Spiegel des Ozeans, den ich morgen schon auf meiner Reise nach Indien hinüber überqueren werde. Und dann geht es durch die Klarheit eines frischen Morgens in raschem Abstieg hinunter an jenen steilen Felsenwänden entlang, über die ein Meer von Steinen und Wurzeln gebreitet liegt, durch dunkle Rhododendrenhaine und dichtes Unterholz, bis wir endlich wieder den Weg zu unserem Ausgangspunkt im Tale erreichen. Was uns gestern durch die Schleier der feuchten Nebel verhüllt war, grüßt uns jetzt im Lichte einer warmen, goldenen Sonne. Aus den dichten Urwäldern, welche die Talsohlen bedecken, tönt das vieltausendstimmige Leben einer exotischen Vogelwelt. Eine Gruppe buddhistischer Pilger, die zum Peak hinaufwandern, begegnet uns auf dem Pfade, der zur Höhe führt. Sie sind, wie jene anderen, die mit uns herabsteigen, ein Glied dieser langen Kette jahrtausendalter Gläubigkeit, die in unendlichem Rhythmus den Geist der Menschen mit jenen Sphären einer wundersamen Natur verbindet.

Richard Katz
Armer Millionär

Colombo (Ceylon), 13. April (Ostermontag) 1925

Ostersonntag war die »California« hier eingelaufen, ein Sechzehntausend-Tonnen-Dampfer der »Anchor Line«, mit vierhundertsechsundfünfzig amerikanischen Weltreisenden an Bord. Die Amerikaner lieben es, herdenweise zu reisen, sich von »Cook« oder der »American Express« zu Hunderten auf ein Schiff packen zu lassen und dann »Hurry up!« um die Welt zu segeln; in höchstens vier Monaten wollen sie alles gesehen haben, was der Globus smarten Verdienern zu zeigen hat. Mit mehreren hundert verwackelten Kodak-Bildern und einem ebenso verwackelten Kopfe kommen sie wieder nach Hause. Wenn sie wieder nach Hause kommen. Der Amerikaner reist erst vom fünfzigsten Lebensjahre an. Bis dahin rackert er sich mit Geldverdienen ab. Nachher aber, wenn er tüchtig gewesen war, seine Million beisammen, seine Söhne im Geschäft und seine Töchter verheiratet hat, pflegt ihm der Gedanke aufzusteigen, daß es außer dem Dollarsammeln noch andere Genüsse geben könnte. In dieser Stimmung läßt er sein Gehirn, das von Ziffern ausgehöhlt ist, seine Nerven, die vom »business« zittern, und seinen verbrauchten Körper um die Welt transportieren.

Die »California« war in dieser Saison das letzte amerikanische Reiseschiff gewesen. Sie ist am 19. Januar von New York gestartet und hat ihre Passagiere in drei Monaten durch Havanna, Colon, Balboa, San Pedro, Honolulu, Yokohama, Kobe, Shanghai, Hongkong, Manila, Batavia, Singapore, Rangoon und Kalkutta gehetzt – von Bord ins Auto, vom Auto in den Sonderzug, vom Sonderzug ins Auto, vom Auto an Bord. Heute will die »California« via Bombay wieder heim. Ein Bankier ist unter ihren Passagieren, ein kalifornischer Zeitungskönig, ein erfolgreicher Buchautor der U.S.A. und eine Reihe anderer guter Geschäftsleute.

In Shanghai starb ein Passagier an Lungenentzündung, hier in Colombo wurde ein siebzigjähriges Fräulein todkrank ans Land getragen und starb zwei Stunden später an Arteriosklerose, und hier in Colombo war es auch, daß der fünfundvierzigjährige Mr. David Lewis Smith Selbstmord beging, Mr. Smith, der Präsident der »Brookwell Title and Trust Company«, ein vielfacher Millionär.

Das geschah gestern, als die vierhundertsechsundfünfzig »Weltreisenden« in den Sonderzug nach Kandy verstaut wurden, nach der alten Singhalesenstadt im Gebirge, in deren phantastisch-prunkvollem Tempel ein Zahn Buddhas aufbewahrt wird. Dieser Zahn stand im Programm und ein Lunch in »Queens Hotel« desgleichen.

Der Millionär Smith war mit seiner Frau und seiner Nichte von Bord gegangen und im Auto bis zum Bahnhof gefahren. Hier aber meinte er, die Tour werde ihm wohl zu anstrengend werden, und kehrte nach dem Hafen zurück. Schon das war auffällig, da doch der Buddha-Zahn und das Lunch im Programm standen und auch amerikanische Millionäre (über die man sich oft falsche Vorstellungen macht) nicht ohne zwingende Gründe auf ein vorausbezahltes Lunch verzichten. Aus diesem selben Grunde aber ließ Mrs. Smith ihren Gatten allein umkehren, obschon sie – wie sich später herausstellte – seinen Zustand kannte.

Mr. Smith suchte seine Kabine auf der »California« auf und entließ den Steward mit den Worten: »Ich wünsche nicht geweckt zu werden.« Abends merkte der Steward, daß dies auch gar nicht möglich war, denn als er den Millionär zum Dinner rufen wollte, lag der starr und steif in seiner Koje, und ein süßlicher, schwerer Geruch verpestete die heiße Luft. Auf dem Tische aber lagen drei versiegelte Briefe. Der Steward brachte den Schiffsarzt herbei, und dieser, Mr. Patrik O'Brien, sagte eine Stunde später vor dem Coroner der Stadt Colombo aus: »Der verstorbene Mr. Smith hat mich häufig konsultiert. Er war ein schwerer Morphinist, der sich an dieses Gift infolge dauernder Überarbeitung gewöhnt hatte. Als ich in seine Kabine kam, lag er tot auf dem Bett, seine Reisemütze tief über den Kopf gezogen. Ich nahm sie ab und fand sie mit chloroformierter Watte gefüllt. Mr. Smith muß eine ganze Menge Chloroform, wohl einen Viertelliter, in die Watte gegossen haben. Meine Wiederbelebungsversuche blieben erfolglos, denn der Tod war schon mindestens zwei Stunden vorher eingetreten.«

Die Gattin des Millionärs, die inzwischen mit den anderen Touristen zurückgekommen war, nahm die böse Nachricht mit Fassung auf. Vor dem Coroner sagte sie aus: »Mein Mann war Morphinist. Die unablässige Erwerbsarbeit, die er auch dann noch fortsetzte, als er ein bedeutendes Vermögen erworben hatte, hatte seine Nerven so heruntergebracht, daß er nicht mehr ohne Morphium auskam. Die Weltreise haben wir auf den Rat unseres Hausarztes unternommen, der sich davon eine Morphium-Entwöhnung versprach. Leider konnte Mr. Smith diesen Kampf nicht mehr durchfechten; er war zu verbraucht dazu.«

Der Schiffskaplan – kein amerikanisches Touristenschiff fährt ohne einen solchen, und auch er steht im Programm der Reiseagentur – der Schiffskaplan also erklärte dem Coroner, daß Mr. Smith sich ihm anvertraut und religiösen Trost von ihm erhalten habe. Der Reverend schloß seine Aussage mit der Feststellung, daß Gottes Wege unerforschlich seien.

Keiner der Zeugen wußte, woher sich der Millionär das Chloroform verschafft hatte. Der Giftschrank der Schiffsapotheke war in Ordnung. So blieb nur die Erklärung, daß der arme Millionär seine Weltreise nicht nur in Begleitung seiner Frau und seiner jungen Nichte, sondern auch einer Viertelliterflasche Chloroform angetreten hatte, die er drei Monate lang durch die gesegnetesten Landschaften und durch die Meere der halben Welt mit sich in der Rocktasche trug. Er sah den Fuji und dachte an sein Chloroform, er ließ sich durch die Üppigkeit Havannas fahren und tastete nach der bewußten Rocktasche. Die Morphiumspritze hatte er zu Hause gelassen, aber so ganz sicher war er seiner nicht. Deshalb nahm er die Chloroformflasche mit. Als Rückversicherung sozusagen. Ein smarter Mann denkt an alles.

Hier in Ceylon, angesichts der Kokospalmen am Strande, angesichts des göttlichen Blickes vom Hafen übers grüne Meer weg und über die mächtigen Yackbäume der Parks bis weithin zum schöngeformten, blaugrauen Gebirge: hier erkannte Mr. Smith, daß er zu lange Geld verdient und zu spät zu einer Weltreise gestartet war. Denn er dürstete nicht mehr nach Sonne, Palmen und Abenteuern. Sondern er dürstete nach Morphium. Und da er keines bei sich hatte, zog er die Rückversicherung heran, die Chloroformflasche. Armer Millionär!

Bevor er sich jedoch die tödliche Reisemütze übers Gesicht zog, schrieb er drei Briefe.

Der erste enthielt sein Testament.

Der zweite war an seine Frau adressiert: »Du, meine immer geliebte Eleanor! Nerven & Co.« (wahrhaftiger Gott, so schrieb dieser smarte Mann eine Viertelstunde vor seinem Selbstmord!) »machen mir das Leben unerträglich. Ich fühle, daß ich die Verpflichtung habe, Euch von meiner Pein und meinen Schmerzen zu befreien. Ich gebe Euch die Freiheit wieder und bitte Euch um Verzeihung, so, wie ich hoffe, daß Gott mir verzeihen möge«!

Der dritte Brief enthielt ein paar ermahnende Zeilen an seinen erwachsenen Sohn, sich der Mutter und der Firma anzunehmen. Es spricht für Mr. Smith, daß er an dieser Stelle die Firma hinter die Mutter setzte.

Er schloß die Briefe und bezeichnete sie sorgfältig: »A«, »B« und »C«. Dann entkorkte er die Chloroformflasche …

Armer Millionär!

Irma Prinzessin Odescalchi
Mihintale

Nach längerer Autofahrt stehen wir am Abend desselben Tages auf dem Gipfel des Berges von Mihintale. Die Sonne geht flammendrot über dem Dschungel unter und beleuchtet zu unseren Füßen die Ruinen und riesigen Dagobas von Anuradhapura, der uralten Hauptstadt der Singhalesen. Ein junger, intelligenter singhalesischer Führer läßt in unserer Phantasie das Leben und Treiben, die ganze Pracht und Herrlichkeit des Anuradhapura von vor zweitausend Jahren erstehen, während wir das Sinken des roten Sonnenballs betrachten.

Damals war die Stadt so groß wie das heutige London, hatte sechseinhalb Millionen Einwohner. Sie war in ihrer ganzen immensen Ausdehnung von einer Mauer umschlossen; von Nord nach Süd, von Ost nach West durchquerten sie fünfundzwanzig Kilometer lange Straßen. In der »Mondstraße« allein standen eintausendeinhundert zweistöckige, reichornamentierte Häuser! Riesige Paläste und Tempel, von Gold und Edelsteinen strotzend, große freie Plätze mit wogender, bunter Menschenmenge, dazwischen Elefanten im reichen Schmuck ihrer goldenen Decken – dies alles schildert die Mahawansa in den glühendsten Farben.

Es war ein paradiesisches Zeitalter. Der kürzlich aus Indien eingeführte Buddhismus nahm die Gemüter ganz in Anspruch; alles Interesse konzentrierte sich auf religiöse Dinge. In dem sagenumwobenen, wunderbaren Priesterreich floß das ganze Jahr als ein einziger, herrlicher Festtag dahin. Die Könige suchten das Gute in ihren Untertanen zu bestärken; sie riefen Räuber und Diebe zu sich und beschenkten sie, damit sie ihr unrechtes Treiben unnötig fänden. Gerichtshöfe wurden überflüssig. Der Edelsteinhandel brachte Schiffe aus aller Welt nach Lanka; es wurden

Gesandtschaften mit Griechen und Römern gewechselt. Die ununterbrochene Dschungelfläche, die sich jetzt vor uns erstreckt, war damals wohlbestelltes Feld- und Gartenland; Blumen wurden besonders gepflegt, da Blumenopfer im Buddhismus stets eine große Rolle spielten. Das Handwerk war hauptsächlich für religiöse Zwecke beschäftigt; Tempel und Dagobas erstanden, in welche Reliquien in Goldbehältern von feinster Arbeit, mit Perlen und Edelsteinen verziert, eingemauert wurden. Prunkvolle religiöse Feste folgten aufeinander; eines im besonderen schildert uns der Führer aus der Mahawansa mit lebendigen Details. Die größte Dagoba, einhundertdreiundzwanzig Meter hoch, der Peterskuppel in Rom entsprechend, wurde ganz mit Erde belegt, die man mit Jasminblüten dicht besteckte. Berieselungsapparate wurden angebracht, so daß ein feiner Regen die Blumen drei Tage lang frisch erhielt – über sie waren riesige bewegliche Schirme gespannt, um sie vor den Strahlen der Sonne zu schützen. Triumphbögen, mit goldenen und silbernen Fahnen verziert, überwölbten die Straßen; zu beiden Seiten schlangen sich Girlanden von Mast zu Mast – in Nischen silberne Duftvasen und goldene Blumenbecken –, Weihrauchduft überall. Unter dem Brüllen der Elefanten, dem Wiehern und Stampfen der Pferde, dem Schlagen der Tamtams jauchzte die endlose Prozession vorbei. An der Spitze der König mit goldener Krone auf dem Haupt, auf ungeheurem, pomphaft aufgeschirrtem Elefanten thronend. Blumenstreuende Jungfrauen – dann die Leibwache des Königs und schimmernde Wagen, von weißen Zeltern gezogen, mit den Großen des Reichs. So zogen sie zur blumenübersäten Dagoba zum Neumondfest.

Ganz versunken in die phantastischen Bilder dieser längst vergangenen Herrlichkeit, bemerken wir erst jetzt, daß die Sonne untergegangen ist. Wir wenden nun unser Interesse dem Ort zu, auf dem wir stehen.

Der Felsen von Mihintale ist für den Buddhismus von allergrößter Bedeutung. Der Sage nach landete hier, durch die Luft auf übernatürliche Weise von Indien kommend, der erste buddhistische Missionar Mahinda, der Sohn des mächtigen Königs Asoka. Der König Devanampiya Tissa, der damals, im dritten Jahrhundert vor Christus, in Ceylon herrschte, war gerade zur Jagd auf dem Berge von Mihintale. So begegnete er als erster dem eben gelandeten Mahinda. Sofort eröffnete dieser ihm seine Mission und bekehrte ihn zum Buddhismus. Mihintale wurde für Mahinda zum Kloster ausgebaut, und dort verbrachte er den Rest seines Lebens. Über dem Felsen, auf dem er zuerst Fuß auf Ceylon setzte, steht die Dagoba, die seine sterblichen Überreste enthält, von den Priestern des Klosters gehütet, das noch heute diese alte Stätte weiht.

Wir suchen nun auf steilem Felsenpfade Mahindas »Ruhebett« auf, wo er sich täglich der Meditation hingab; eine Vertiefung im Felsen, über der sich ein natürliches Steindach wölbt, mit prachtvoller Aussicht in die Ebene. Hier lag er und strebte dem Nirwana zu, diesem Zustand der Wunschlosigkeit, der dem guten Buddhisten als das einzig Erstrebenswerte im Leben erscheinen soll.

Beim Abstieg unterhalte ich mich mit dem Führer über diese eigentümlich negative Religion, und wie schon so oft erfaßt mich von neuem Staunen, daß dieser Glaube ohne jede Hoffnung auf eine Seligkeit nach dem Tode imstande war, sich fast dreitausend Jahre bis in die Jetztzeit hinein zu erhalten. Der junge Singhalese ist trotz aller Fortschrittlichkeit ein strenger Buddhist – ihm erscheint es selbstverständlich, daß Wesen und Zweck der Religion das Abtöten aller irdischen Wünsche ist. Leben bedeutet unglücklich sein, der Wunsch nach dem Leben ist also der Kern alles Unglücks; solange er noch besteht, wandert die Seele nach dem Tode in einen andern Körper, und zwar tritt sie je nach Lebenswandel des Toten in einer höheren oder tieferen Inkarnation wieder auf. Die niedrigste ist die der Tiere, daher das Verbot Buddhas, Tiere zu töten, enthalten sie doch menschliche Seelen. Die höchste Tierinkarnation ist die des Elefanten; in dem Körper eines solchen zu sein, ist für die Seele fast so gut, wie eine menschliche Hülle zu tragen. Ein weißer Elefant jedoch gilt mehr als ein Mensch! Die Opfergaben der Buddhisten drücken alle Wünsche aus betreffs ihrer Seelenwanderung; Blumenopfer bedeuten die Bitte um Schönheit in der nächsten Inkarnation, Früchte sind der Ausdruck des Wunsches nach Reichtum, kleine Fahnen, wie man sie überall in der Nähe der Tempel auf Bäumen hängen sieht, stehen für Macht usw. Das Ziel eines guten Gläubigen ist es nun, durch Ausschaltung aller Wünsche nach der Fortsetzung eines irdischen Lebenswandels das Nirwana zu erreichen, d. h. die Auflösung, das Ende der Seele im All. Auf meine Frage gab mein singhalesischer Freund zu, daß nur die wenigsten aus dem Volk diese schwierige Philosophie überhaupt erfassen. Die Ungebildeten glauben, durch häufigen Tempelbesuch, Opfergaben und ein frommes Leben ihre Schuldigkeit getan zu haben. Die Priester werden zu den tiefen Gedanken ihrer Religion von früher Jugend an erzogen; doch stehen diejenigen der Gegenwart auf keinem hohen Niveau. An sich herrscht das Zölibat, doch dürfen sie auch die Priesterrobe ablegen und heiraten. Wollen sie dann wieder in das Mönchstum zurückkehren, so steht es ihnen frei, Frau und Kinder zu verlassen; doch muß es mit Zustimmung der Gattin geschehen, die dann auch Nonne werden muß.

Unter diesen Gesprächen nähern wir uns nun den alten Badetanks der Mönche, mächtigen, in den Stein gehauenen Reservoirs. Daneben stehen zwei große aufrechte Steine, in Pali dicht beschrieben. Sie sind die Gesetzestafeln Mahindas, die uns an diejenigen des Moses auf dem Berge Sinai erinnern. Noch heute ist die Schrift ohne Schwierigkeiten für jeden zu entziffern, der die altsinghalesische Sprache kennt. Der Inhalt führt uns zurück in jene selige Zeit vor zweitausend Jahren, »wo wir noch Kultur hatten«, wie der Führer sich ausdrückt!

Nun geht es die 1840 Stufen wieder hinunter in die

Ebene. Zum großen Teil ist die alte schöne Steintreppe noch einigermaßen erhalten und nicht einmal abgenutzt, da ja nur nackte Füße sie im Laufe der Jahrhunderte beschritten haben.

Im Auto sind wir in einer halben Stunde in Anuradhapura, dessen glanzvolle Vergangenheit wir im Geiste durchlebten. Von dichtem Dschungelgrün überwachsen, lag die vielsagende Trümmerstätte tausend Jahre lang in einsamer Verlassenheit. Erst vor hundert Jahren erwachte sie wieder aus ihrem Schlaf, als englische Archäologen auf die großartigen Ruinen aufmerksam wurden.

Annie Francé-Harrar
Die farbige Stadt

Aber da ist die farbige Stadt, das einstige uralte Colombo. Wenn die Europäer wirklich achttausend Menschen zusammen sind (und das ist nicht so ganz sicher, denn alle Angaben über weißen Zuwachs in den Tropen soll man mit einem Fragezeichen versehen), dann schnellt die Zahl der Bürger, die die schwarze Stadt bewohnen, viel höher hinauf. Zweieinhalb Hunderttausend kann man für gewiß annehmen, aber es gibt Angaben, die von rund dreimal hunderttausend sprechen. Ins Gigantische vergrößert ist zwischen Weiß und Braun also das Verhältnis, das im deutschen Mittelalter zwischen einem Fronvogt und seinen Leibeigenen bestand. Es ist ganz gut, sich das zu vergegenwärtigen, denn viele Dinge werden dadurch weit besser verständlich.

Der heute gebräuchliche Name für Colombo ist Pettah, und das heißt eigentlich nur Eingeborenenstadt. Die Pettah also ist durch den Kanal des Freshwaterlake von der weißen Stadt getrennt. Eine nicht gar große Brücke führt über ihn. Und sehr bald merkt man, daß man sich innerhalb einer anderen Zivilisation befindet.

Gärten beginnen. Die Ufer des Freshwaterlake sind nicht verbaut, oder sie scheinen wenigstens auf den ersten Blick so. Ein freundlicher blauer Seespiegel, wellenlos, denn eigentlich ist er ein Stück des etwas nördlicheren Kelani-Ganga-Deltas. Schmale Kanäle laufen jetzt noch hinüber, die ebenso süß sind wie der vielgegliederte Teich, in den sie einmünden. Ein halbinseliges Stadtviertel, das diesen Binnensee in zwei Arme spaltet, heißt Slave Island und wird durch die Küstenbahn über zwei Brücken mit Kolpetty verbunden.

Das Grün, das die Pettah einsäumt, setzt sich in der großen Main Street fort, durch die eine eilfertige Trambahn klingelt. Draußen sind es üppige Wiesen, Buschwerk, kleine Pflanzungen. Ganz unbeaufsichtigt oder höchstens in Gesellschaft von sanften Kindern, die niemals mit einer Peitsche herumfuchteln, grasen hier schwarze oder graue Zeburinder mit ihren Kälbern. Sie mißbrauchen ihre Freiheit nicht, und nie ist etwas davon bekannt geworden, daß sich ein böser Zebubulle auf einen Menschen gestürzt hätte. In den Gärten stehen da und dort winzige Häuschen, spielzeugschachtelartig ins Grüne gestellt. Ein Melonenbaum trägt gefleckte Schlangenkugeln, Mango oder Brotfrucht werfen schwere Schatten. Niemals fehlt der Pisang. Mit zierlichen Fiederkronen schaukeln sich ein paar Kokospalmen. Die Häuschen sind alle ebenerdig, mit spitzem First und palmstrohgedeckt. Sauber verputzt, rosa, hellblau oder weiß getüncht. Vor dem Eingang als Dachstütze und Schattenplatz stehen zumeist ein, zwei, drei Pfosten, eine Art natürlicher Arkade bildend. Der Eingang hat nur selten eine Tür, aber immer einen Windfächer, der als kunstvoll gewobene Matte lose pendelnd sowohl vor dem vorderen wie dem hinteren Torbogen, die einander gegenüberliegen, schaukelt. Das Innere, ein oder zwei Räume, halbdämmerig durch die abgeblendeten oder verhängten Fenster, ist einfach genug. Eigentlich stellt es ja nur einen Familienschlafplatz dar und einen Ort, zu dem man flüchtet, wenn man die Güsse der Regenzeit nicht mehr ertragen kann. Zumeist gibt es nur Matten und Dekken, eine oder ein paar Truhen auf gestampftem Boden, Körbe, Kalebassen, ein bißchen Geschirr. Der kleine schwarze Blechofen, auf dem man die Mahlzeit bereitet, steht draußen im Freien, und immer liegt der dreieckige, strohgeflochtene Fächer dabei, mit dem das Feuerchen angefacht wird. Werkzeuge gibt es, schwere Messer, um das weiche Kokosfleisch auszuschälen, Betelgerät, oft noch einen unendlich einfachen Webstuhl. Drinnen und draußen laufen Hühner umher, niemals ein Schwein. Aber in den quer durchschnittenen Stengelgliedern großer Bambushalme (die auch sonst zu tausenderlei Dingen, vor allem als Wasserbehälter oder Reisfaß verwendet werden) grünt zartes Farnwerk, ein paar bunte Lilien oder eine samtfarbene Begonie blühen unbegreiflich köstlich aus ein paar Händen voll kupferfarbener Erde. Ein zahmes Äffchen, mit einem langen Strick um den Leib daran, gemahnt, daß es sich zu den Hausgenossen zu rechnen habe, und der unermüdliche Spielfreund der Kinder, ein Papagei, nicht selten auch ein Mungo, teilen das Haus mit den Menschen. Auch ganz kleine glatthaarige, unglaublich rasselose Köter treiben sich umher, die von der indischen Tierfreundschaft mehr als reichlichen Gebrauch machen, und der schwarze ceylonische Rabe, ein Allesfresser und Jedermannbelästiger, frech wie ein struppiger Teufel und ewig spektakelnd wie ein Betrunkener, holt sich unbekümmert zwischen den Beinen von Mensch und Tier, was ihm gerade erlangenswert scheint, oder führt zornige Boxkämpfe mit seinesgleichen auf, bei denen die scharfen Schnäbel tüchtig hacken und die Federn rundum fliegen.

Und so reiht sich Häuschen an Häuschen. Je genauer man zusieht, um so mehr Wohnstätten entdeckt man in den Gärten, die zuerst wie undurchdringlich grüne Wildnis schienen, in Wahrheit aber seit Jahrhunderten bebauter und bestellter Boden sind. An den offenen Straßen, etwa der New Moor Street oder der endlos langen Maradana Road, fügen natürlich auch die Eingeborenen sich dem englischen Baugesetz. Eine breite Zeile bleibt frei, von mächtigen Bäumen eingefaßt, die wie große Blumensträuße nach der Regenzeit hellgelb und malvenrosa leuchten. Es ist der Pappelhibiskus, der von den Europäern in alle Tropen vertragen wurde, weil er so überaus schnell schattenspendend aufwächst. Auf dem Fußsteig sitzen braune Männer und halten mit ihresgleichen lange Gespräche, indem sie den Stoffetzen, der ihr Polster bildet, sorgfältig vor der überall durchdringenden Sonne wegziehen. Oder ein Alter schläft geruhsam, in seinen Mantel eingewickelt, in der sicheren Zuversicht, daß keiner der vorüberwandernden Füße ihn treten wird. Frauen kauern, haben ganz flache Körbe vor sich, in denen sich zweier-, dreierlei Körnerarten für die Küche befinden. Darunter sind immer lila Bohnen und gebrochener Mais. Es ist alles, was sie zum Verkauf anzubieten haben, und sie betreiben ihr Geschäft, das sich notgedrungen nur auf ihresgleichen beschränken kann, mit derselben lächelnd würdevollen Anmut, die auch der letzten Kaste eigen ist. Vor dem improvisierten Laden befindet sich fast stets ein sonderbares Drahtgestell, dessen Zweck europäische Augen nicht ohne weiteres zu erkennen vermögen. Es sieht ganz genau aus wie die herausgenommene Wand eines Vogelkäfigs, und zwischen die Stäbchen hat man grüne Blätter gefaltet. Das Beobachten erst lehrt die Verwendung, denn wenn um eine kleine Kupfermünze ein solches Blatt erstanden wurde, dann wird es mit einem lang gewohnten Griff fest zusammengedreht und in den Mund gesteckt. Nach dem ersten Kauen neigt der Betreffende den Kopf seitwärts und läßt einen Strom karminroten dünnen Speichels aus dem Mundwinkel auf die Erde fließen. Da dies allenthalben geschieht, so ist überall der Boden der Pettah mit einer sonderbaren weißlichen Kruste bedeckt, die aussieht wie eine sternförmig wuchernde Flechte. Nach der ersten Reaktion wird die Betelnuß gelassen weitergekaut, bis nur noch geringe Reste übrigbleiben. Dann holt man sich eine neue, die genauso wie die erste präpariert wird: das heißt, man steckt eine Nußfrucht der Arekapalme in ein grünes Pfefferblatt und vergißt nicht, sie vorher mit Kalk zu bestreuen, der so fein gemahlen ist, daß man ihn recht gut für gestoßenen Zucker halten könnte. Zu diesem Zweck führt man, so wie andere Völker stets eine Schnupftabakdose, eine zierlich zum Streuen eingerichtete Kalkdose bei sich. Diese Behälter samt Beutel gehören zu den hübschesten Dingen, die von der eingeborenen Werkkunst seit Jahrhunderten hergestellt werden, und es gibt unerhört kostbare aus bestem Material unter ihnen, ein sicheres Zeichen, welche Bedeutung dem Betelkauen von je zugemessen wurde. Wie in so vielen anderen Fällen kommen auch hier die europäischen Ärzte langsam darauf, daß die farbigen Völker ihre eigenen Lebensbedingungen doch schließlich am besten kennen. Der überaus scharfe, etwas harzige Geschmack der zubereiteten Nuß – »strong, very strong!« sagen die Inder dazu – ist ein wahrscheinlich ausgezeichnetes Desinfektionsmittel der Zähne und des Zahnfleisches, macht es also sämtlichen Fäulnisbakterien von vornherein unmöglich, sich dort festzusetzen und mit den Speisen in den Körper zu gelangen. Vermutlich nur auf diese Weise bewahren sich die Eingeborenen vor den fast ununterbrochenen Verdauungsstörungen, unter denen der Weiße dort zu leiden hat. Übrigens haben schon die Holländer das vor mehr als hundert Jahren eingesehen. Denn die damalige Garnison von Ceylon wurde durch Befehl des Gouverneurs dazu gezwungen, einige Jahre hindurch fleißig Betel zu kauen, um dadurch gesünder zu bleiben. Allerdings konnte diese Vorsichtsmaßregel weder gegen die sonstigen Ausschweifungen, die damals nun einmal zum Kolonialsoldaten unzertrennlich gehörten, nutzen, noch vor allem gegen das Fieber. So gab man es wieder auf.

Übrigens kauen unter den Eingeborenen auch heute längst nicht mehr alle. Vor allem die Tausende, die tagsüber in englischen Geschäften arbeiten, hat man dazu bekehrt, in dieser uralten Sitte eine schmutzige und verächtliche Gewohnheit zu sehen, die sie den Sklaven gleichmacht. Und an ihnen gibt es weder den glühend roten Mund, der so gut zu der braunen Haut steht (denn die Lippenfarbe indischer Rassen ist mit wenigen Ausnahmen bräunlich-dunkelviolett), noch die dunklen Zähne, die man aber freilich erst erwirbt, wenn man ein Lebensalter durch Freundschaft mit der Betelnuß hielt. Ob die Menschen indes dadurch gesünder geworden sind, ist eine andere Frage, die öffentlich bisher weder gestellt noch gelöst wurde.

Doch sonst wirken die Lebensverhältnisse früherer Generationen noch mit einer seltsamen Starrheit nach. Die Könige von Kandy, die im großen ganzen wohl mit zu den gewissenlosesten Bedrückern ihres eigenen Volkes gehörten, woran die Tatsache, daß sie sich häufig als willenlose Werkzeuge in den Händen der habsüchtigen Priesterschaft befanden, nichts ändert, hatten seit langem den Bürgern verboten, Fenster und feste Mauern zu gebrauchen. Also hauste die Bevölkerung in Lehmhütten, die natürlich regelmäßig in der Regenzeit zusammenfielen. Noch heute hat sich davon die Gewohnheit erhalten, mit gebrannten oder noch öfter ungebrannten Ziegeln zu bauen, wenigstens was die Stadt anlangt. Ein bißchen weiter draußen wohnt man auch jetzt noch zuweilen in Hütten, deren Wände aus geflochtenen Palmblättern hergestellt sind. Und angesichts des Klimas ist eine solche Behausung vielleicht stabiler als ein zerfließendes Lehmloch.

In der Pettah selber, die ein unregelmäßig ausgefranstes Viereck darstellt und von den Gaswerken begrenzt wird, drängt sich das ganze eingeborene Ceylon, oder mindestens sieht es so aus. Trotzdem man glauben möchte, die gesamte Welt habe sich plötzlich in einen Jahrmarkt verwandelt, gibt es doch ein eigenes eingeborenes Händlerviertel, winzige Häuschen und so enge Gassen, daß man kaum mit der Rikscha, geschweige denn mit einem Auto sich durchquetschen kann. Hier besteht das ganze Gebäude aus einem einzigen weitoffenen Verkaufsraum, in dem die Waren aufgestapelt sind oder erst hergestellt werden. Man hält dort tausenderlei Flechtarbeiten feil, Matten, von der feinsten, die weich und schmiegsam wie ein Baumwollstoff ist, bis zu ganz groben; einheimische Töpferwaren, noch in urzeitlichen Formen und wie diese aus rotem Ton und unglasiert. Schnitzereien gibt es, in kunstvollen Ornamenten eingekerbte Kokosnußschalen, zierliches Messing- und Kupferwerk. Neben Gewürzen kann der Kenner – aber nur er – auch Rohedelsteine kaufen, hellblaue Saphire mit feurigem Veilchenschimmer, tiefdunkle Amethyste, weiße Saphire, die die Farbe des Diamanten besitzen, blasse, milchig glänzende Mondsteine, geheimnisvolle Opale. Und Rubine (denn »Insel der Hyazinthe und Rubine« hieß Lankadiva bei den Griechen), die seit den letzten Jahrzehnten jetzt freilich mit Vorliebe durch synthetische verfälscht werden (deren großes Einfuhrland Ceylon ist), die meist noch viel schöner als die natürlich gewachsenen sind.

Was schon im nahen Orient, schon auf dem Balkan beginnt, das immerwährende »Zeithaben«, charakterisiert auch diesen Handel im kleinen und großen. Ja, man hat »Zeit« im Überfluß, nichts ist so billig, so nebensächlich, so ganz unbedeutend wie das Wort »Zeit«. Eile – das gibt es ganz und gar nicht. Das Klima erlaubt kein Sichabhetzen. Alle Dinge müssen langsam getan werden, oder sie werden überhaupt nicht getan. Die natürliche Umwelt verlangt Ruhe für den Körper, und daraus wurde auch eine als selbstverständlich angestrebte Ruhe des Gemütes. Oder, richtiger, die Dinge entwickelten sich so: Je vornehmer der Mann, desto weniger kam es ihm in den Sinn, irgendwelche Betriebsamkeit zu entfalten. Das Ideal war und blieb (und ist es notgedrungen heute immer noch) der Priester, der schweigend, der Außenwelt entrückt, stunden-, tage-, sein ganzes Dasein lang dasitzt wie sein eigener Buddha. So wächst eine Vorbedingung des Lebens als bestimmender Faktor in die Kultur und das religiöse Wesen des Volkes (oder eigentlich mehrerer in sich verschiedener Völker) hinein, sie auf eine unmißverständliche Art durchprägend.

Natürlich gibt es flinke Kulis vor der Rikscha, und auf den Reisfeldern oder in den Gärten schafft man unermüdlich. Der Ceylonese ist, die Afghanen ausgenommen, ein von Natur aus stillfleißiger Mensch, und das trifft besonders auf die arbeitenden Schichten zu. Die augenblickliche Teuerung – die Insel Lankadiva besaß im Jahre 1926 fünfeinhalb Millionen Rupien Schulden, was unerhört ist bei der außerordentlichen Fruchtbarkeit – trägt dazu bei, diese Eigenschaften stark zu entwickeln. Und so drängt auch jeden Morgen ein Menschenstrom wie ein Zug farbiger Arbeitsameisen in die weiße Stadt hinein, der abends wieder zurückflutet. Dort freilich wird er gezwungen, auf eine raschere Art seine Tätigkeiten zu vollziehen, und die zahllosen braunen Clerks unterscheiden sich in dieser Beziehung kaum von ihren weißen Kollegen. Aber in der Pettah gehen die Dinge noch ihren gewohnten alten Gang, ob man nun einheimische Erzeugnisse oder europäische Ramschware oder überhaupt nur die Abfälle eines Trödelmarktes verkauft.

Mit einer völlig unerschütterlichen Ruhe wird gehandelt. Man kauert sich zusammen, auf den Fersen hockend, betrachtet den Gegenstand, kaut, spuckt, beschreibt seine Vorzüge und wendet seine Nachteile ein, und bis der Verkauf abgeschlossen ist, kann leicht eine Stunde vergehen. Inzwischen wird eine kleine Mahlzeit nebenan gekocht, die Frau versieht ein wenig ihre Stickerei, oder sie wäscht ein paar Saris, wie die bunten Tücher, aus denen ihre Tracht zumeist besteht, heißen. Das Jüngste sitzt unsäglich artig, wo man es hingesetzt hat, und schaut aus lackschwarzen, runden Augen um sich. Man muß es sagen, daß indische Kinder zu den angenehmsten gehören, die es (chinesische ausgenommen) auf der Welt gibt. Und wenn es wahr ist, daß der Charakter einer Nation sich am untrüglichsten im Benehmen des noch unerzogenen Nachwuchses offenbart, so muß man die ceylonesischen Völker danach für einen Ausbund von Sanftmut, Friedfertigkeit und nachdenklicher Würde halten.

Dabei glaube man ja nicht, daß das Leben sich dort in trübsinniger Schwermut abspiele. An diesen kleinen Basaren (und ebenso in allen größeren Straßen) wandert es bis in die Nacht wie ein ununterbrochen lachender, plaudernder, emsiger und in sich zufriedener Zug vorbei. Da gibt es Radfahrer, die trotz des langen singhalesischen

Männerrockes mit größter Geschicklichkeit die wunderbarsten Lasten auf ihr Vehikel gepackt haben, als da sind: Bretter, Stangen, Gläser, lebende Topfpflanzen, Vogelkäfige, eingerahmte Bilder und ähnliches. In flachen Körben auf dem Kopf tragen Männer und Frauen Gemüse, Früchte, Stoffe, Hausgeräte. Wer es sich leisten kann, spannt einen schwarzen, baumwollenen Regenschirm gegen die glühende Sonne auf. Immer tun dies die Priester in ihren gelben Gewändern, denn ihr blendend glattrasierter Schädel bedarf eines besonderen Schutzes. Andere wickeln sich Zeugfetzen um den Kopf, die zuletzt aussehen wie ein unordentlich geschlungener Turban. Die Mehrzahl aber geht barhaupt, vor allem Frauen und Kinder, und ihr schwarzes, glänzend geöltes Haar ist bei beiden Geschlechtern (sofern es sich um Singhalesen handelt) in einem runden Knoten im Nacken aufgesteckt.

Mütter setzen ihre Kleinen wie einen Reiter auf die Hüfte und gehen so dahin. Junge Männer, Brüder, Verwandte oder gute Freunde, schlendern Hand in Hand. Frauen wandern geschwätzig in Gruppen, bunt wie ein ganzer Garten voll Tropenblumen. Gold- und Silberschmuck klingelt um sie, von den Zehen bis zu den Nasenflügeln. An den vielen öffentlichen Brunnen, die einen Strahl dünnen klaren Wassers aus einem metallenen Hydranten fließen lassen, drängt man sich unermüdlich. Spült den Mund, wäscht Gesicht, Hände und Füße. In der großen Markthalle, wo alle Früchte der Insel sich häufen und die außerdem noch von zahllosen, reichbesetzten Obst- und Gemüseständen umgeben ist, quetscht sich eine atemraubende Fülle von Menschen, Gerüchen, Farben und Dingen, unter denen nur das Fleisch in jeder Form fehlt. Über Kreuzungen klingelt die Trambahn mit ihren roten, stets überbesetzten Wagen. Autos bellen und grölen, grelle Flöten und das helle Wirbeln langer Trommeln, die einen Hochzeitszug oder ein Begräbnis begleiten, mischen sich an irgendeiner Straßenecke immer darein. Man ruft, Waren werden ausgesungen, die Radfahrer klingeln, denn sie fürchten, festgeklemmt zu werden in all dem Trubel und Durcheinander. Bunte Papierketten flattern im Winde, Fähnchen und schreiende Tücher. Miserables europäisches Kaffeegeschirr, im Vorstadtgeschmack schlecht vergoldet, steht zwischen den strengen, edlen Formen indischer Töpferei. Vulkanisieranstalten mit Dutzenden defekter Autoreifen entsenden ihre brandigen Gummigerüche, Zwiebeln, Lilien, Durian, Färberlaugen, kochendes Öl, Tempelblumen und Gewürze, Staub und Menschendunst – alles quirlt ineinander. Und alles zusammen heißt noch immer Colombo, wenn es auch verfälscht und durchsetzt von hundert neuen europäischen Dingen ist, die so wenig hierher gehören wie die Plakate, die englische Abendanzüge oder Schuhe einer Firma aus London empfehlen. Das Wirkliche – man empfindet es deutlich – ist Indien, das Andere, Aufgeklebte, das sich hier in stetem Widerspruch mit sich selber befindet, das ist die weiße Welt, die sich augenblicklich Herr von Lankadiva nennt.

Karl Paul
Von Elefanten und anderen Tieren

Der »Elefanten-Kraal« ist auf Ceylon ein gesellschaftliches Ereignis, zu dem viele Einladungen ergehen. Manchmal veranstaltet die Regierung den Kraal, manchmal einer der einheimischen Großgrundbesitzer. Im Jahre 1929 haben zwei Kraals stattgefunden; beim ersten wurden etwa dreißig, beim zweiten etwa zwanzig Elefanten eingefangen. Vor dreißig Jahren bestand die Beute gelegentlich aus fast hundert Tieren. Der Kraal ist oft beschrieben: von einer langen Kette von Eingeborenen werden die Elefantenherden auf drei Seiten umzingelt, aus den Dschungeln hinausgedrückt und schließlich in eine stark befestigte Umzäunung getrieben. Auf alten Stichen ist abgebildet, wie auf dem Pavillon am Rande der Stockade Herren in Zylinderhüten mit Damen in Reifröcken konversieren. Ein anschauliches Bild des Elefanten-Kraals gab der Film »Tschang«, der in Siam spielte; die Szenen, die die Wildheit und Wut der Elefanten zeigen sollten, waren allerdings so selten und so gebändigt, daß unwillkürlich der Verdacht sich regte, nicht eine wilde, sondern eine zahme Herde spiele uns etwas vor.

Der zweite Teil der Tragödie im Tierreich bringt einige üble Szenen; große, zahme Elefanten, meist solche mit Stoßzähnen, ihre mit scharfen Waffen bewehrten Führer, »Mahout« genannt, auf dem Nacken, stürzen sich zu vieren und fünfen auf den einzelnen der gefangenen Elefanten und drängen ihn von der Herde weg, auf Bäume oder tief ins Erdreich gerammte Pfähle zu, an die die Hinter- und Vorderbeine, kurz oberhalb der Füße, mit Ketten und Tauen gefesselt werden. Ist die Überwältigung des gefangenen Riesen gelungen, so kennt seine rasende Wut keine Grenzen mehr; er zieht und zerrt an den Fesseln, so daß diese tief ins Fleisch einschneiden und schon am zweiten

Tage riesige Wunden und Schwären bilden. In dieser Lage muß das gefesselte Tier so lange verharren, bis sich seine schlimmste Wut gelegt hat, die Fußfesseln abgenommen und durch andere, leichtere, die das Gehen gestatten, ersetzt werden können; von gezähmten Tieren eskortiert, werden die gefangenen abgeführt.

Den verzweifeltsten Kampf führen die weiblichen Tiere, wenn sie von den jungen, die sie bei sich haben, in dem Getümmel getrennt werden. Es ist fast, als fühlten sie, daß das Ende der Jungen bevorsteht; die auf dem letzten Kraal gefangenen waren nach wenigen Tagen allesamt tot. Zwei alte männliche Tiere wehrten sich mit solchem Ungestüm, daß man sie wieder laufenlassen mußte; ihre Abrichtung zu Arbeitstieren wäre wegen ihres Alters ohnehin unmöglich gewesen.

Auf dem letzten Kraal versuchte ein alter, würdiger Singhalese mit langem, weißem Barte, trotz wiederholter Warnung des Besitzers, einen alten, zahmen einäugigen Elefanten zu besteigen. Das Tier versetzte ihm schließlich mit dem Rüssel einen derartig heftigen Schlag, daß er meterweit durch die Luft geschleudert und bewußtlos vom Platz getragen wurde. Auf meine Frage, wie ein Tierkenner sich so unvernünftig benehmen könne, gerade bei einäugigen Tieren sei doch, wie jeder wisse, die allergrößte Vorsicht am Platze, antwortete mein liebenswürdiger Begleiter, selbst Besitzer von achtzig Elefanten, den Grund kenne man zwar nicht genau, er hieße aber wahrscheinlich entweder »Johnnie Walker« oder »White Horse«.

Auf einer Straße, die zu den Plantagen hinaufführt, finden wir einen großen Elefanten an der Arbeit. Behende entfernt er eine schwere eiserne Straßenwalze; er schiebt sich den Strick, an dem er die Walze ziehen muß, mit dem Rüssel ins Maul und räumt mit ein paar Schritten das Hindernis aus dem Wege. Sein Herr nennt ihn einen Feigling, weil er, zu einem Elefanten-Kraal geführt, einige Kilometer vor dem Kraal, als er die wilden Artgenossen witterte, wie angewurzelt stehenblieb und am ganzen Körper zu zittern begann, so daß man ihn der Sicherheit halber in Fesseln legen mußte.

Sehr verständig benahm er sich letzthin zu einem größeren Bengel, der ihn mit dem Leitstachel in die Seite gestochen hatte; als er ein zweites Mal zustach, wand ihm der Elefant mit dem Rüssel den Stachel aus den Händen und trollte langsam davon, den Stab im Maule.

Alle Elefanten, die auf Ceylon Arbeitsdienste verrichten, sind wild eingefangen. Eine Ausnahme bilden nur die Tiere, die von wild eingefangenen trächtigen Weibchen in der Gefangenschaft geboren werden. Der Elefant trägt etwa vierundzwanzig Monate. In der Gefangenschaft paaren sich die Elefanten nur ganz selten; sie sind sehr sensitiv, kein Laut darf hörbar, kein Mensch in der Nähe sein. Auf Ceylon sind nur zwei oder drei Fälle von Paarung in der Gefangenschaft bekanntgeworden.

Im Alter, nach dreißig- bis vierzigjähriger Arbeitsleistung, werden die Elefanten ganz ruhig und sterben eines natürlichen Todes. Ebensowenig wie in Afrika ist auf Ceylon jemals die Leiche eines aus natürlichen Ursachen verendeten Elefanten in der Wildnis gefunden worden. Die oft erörterte Frage, wo die Körper der toten Tiere, insbesondere die riesigen Knochengerüste, eigentlich bleiben, harrt noch der Lösung.

Der Vater des kleinen Siatu ist ein Säufer, der dem Safte der Kitulpalme, dem Toddy, allzu reichlich zuspricht. Eines Abends führt er den großen Elefanten, der seiner Pflege und Führung anvertraut ist, den weitaus größten auf der Pflanzung, in den Fluß zum Baden; seinen dreijährigen Sohn setzt er ans Ufer, geht dann zur Schänke jenseits des Flusses.

Die Sonne sinkt, es dunkelt, und Siatu beginnt sich zu ängstigen. Der Vater kehrt nicht zurück. Das Kind wimmert leise vor sich hin. Das hört der Elefant. Er steigt aus dem Wasser, betastet mit dem Rüssel den Kopf des Knaben, drängt ihn, schiebt ihn und führt ihn nach Hause. Er selbst wartet vor der Hütte auf die Rückkehr des torkelnden Mahout.

Von jenem Tage datiert die Freundschaft zwischen dem Knaben und dem großen Tiere. Siatu darf am Rüssel emporklettern und seinen Kopf in den Rachen des Elefanten legen. Er darf auf seinem Nacken reiten und die riesigen Ohren zupfen. Legt der Vater den Knaben quer in das Maul des Elefanten, so blinzelt das Tier mit seinen kleinen, klugen Augen zur Seite: mache ich meine Sache nicht gut?

Setzt Siatu sich nieder, so umkreist der Elefant seinen Kopf mit dem Rüssel, saugt den Geruch des Knaben ein und bläst ihn sich zu, dabei vor Freude leise fauchend. Das ist so seine Art zu küssen.

Läuft der Vater dem flüchtenden Knaben nach, so macht sich der Elefant hinterdrein, trompetet und schlägt mit den Ohren. Siatu ist für die Zukunft vor jedem Angriff seines Erzeugers geschützt. Die väterliche Gewalt ist dahin. Trinken ist ein schlimmes Laster.

»Vor etwa zwanzig Jahren« – so erzählt mir einer meiner Führer – »kamen die Großfürsten Alexander und Boris von Rußland nach Ceylon. Sie erhielten von der Regierung die Erlaubnis, die seit langen Jahren nicht gegeben war, einen Elefanten mit Stoßzähnen abzuschießen. Das Lager war in der Nähe eines Dschungeldorfes, wo der Sikkari, der uns begleiten sollte, ein Mohammedaner, wohnte; er hatte den Auftrag, sich um fünf Uhr morgens im Lager einzufinden. Es war schon Viertel sechs, aber der Führer war noch nicht zur Stelle. Plötzlich, gegen halb sechs, fielen dicht hintereinander zwei Schüsse, und bald darauf kam der Sikkari angestürzt. ›Allah, Allah, Allah ...‹, sonst konnte er nichts hervorbringen. Wir flößten ihm Tee und Kognak ein und hörten schließlich von ihm, daß er beim Weggehen vor seiner Hütte ein Wildschwein gesehen hatte, das in seinem Garten ein Beet süßer Kartoffeln umwühlte; er hatte seine Büchse geholt und geschossen. Fast in demselben

Augenblick wurde er von einem Leoparden angesprungen; er hatte noch einmal geschossen, wohin, wußte er nicht, einen heftigen Schlag verspürt, er war hingefallen, hatte sich überschlagen und war davongestürzt. Wir gingen zur Hütte des Sikkari und fanden, nicht weit vom Wildschwein, den Leoparden in seinem Blute: er war mit dem Rachen auf den Büchsenlauf gesprungen, den er sich in die Gurgel gestoßen hatte; der Schuß hatte Hals und Lunge zerfetzt. Das Tier knabberte noch am Lauf herum und war bald verendet. Die beiden Fürsten beruhigten und beglückwünschten den Sikkari; er wurde von jedem mit einem Sovereign beschenkt und mit seiner Jagdbeute photographiert; sein Bild mit einer Beschreibung seines Abenteuers ging an die Zeitungen in Colombo. Am andern Morgen hatte er sich soweit beruhigt, daß er uns führen konnte. Genau zu der Zeit und genau an der Stelle, die er angegeben hatte, trat ein großer Elefant mit mächtigen Stoßzähnen aus dem Dschungel. Er mußte einen kleinen Abhang hinunter und ging ganz langsam. So schnell und behende sich der Elefant auf ebenem Boden bewegt, auf abschüssigem Gelände ist er unbeholfen und vorsichtig, fast ängstlich. Dieser war keine Ausnahme und ein leichtes Ziel.«

Mein Führer fährt fort zu erzählen: »Ich war Sikkari, Jagdbegleiter und Büchsenspanner, bei einem Franzosen, Graf Montplaquet, der Büffel schießen wollte. Es hieß, er sei ein guter Jäger. In einer wildreichen Gegend hatte ich für den Grafen ein Dutzend Treiber angestellt, die sich eines Morgens an ihr Werk machten. Dem Grafen hatte ich den Rat gegeben, nicht von der Erde aus zu schießen, sondern von einer Kanzel herab. Er war einverstanden, und ich hatte im Gezweig eines großen Baumes einen bequemen Stand zurechtgemacht. Wir hatten nicht lange zu warten: vor den Treibern flüchtend, traten zehn große, starke Büffel aus dem Dschungel. Vier davon brachen nach rechts aus, die übrigen sechs kamen auf uns zu. Der Graf schoß zweimal; den einen traf er gut, der zweite war zwar nur verwundet, blieb aber liegen. Die vier letzten rührten sich kaum. Sie prüften den Wind und äugten umher. Bald hatten sie uns erspäht. Sie setzten sich in Trab und rannten mit den gewaltigen Schädeln gegen den Baum, auf dem wir saßen. Der Stamm war dick und von ganz festem, hartem Holz. Immer und immer wieder versuchten die gewaltigen schwarzen Tiere ihn umzurennen. Der Graf zitterte am ganzen Leibe und schoß blind darauf los, sehr oft vorbei. In der letzten der drei Patronentaschen lagen vielleicht noch zwanzig Kugeln, als der letzte Büffel tot zu Boden sank. Zweihundertachtzig Kugeln hatte der Graf verfeuert. Am nächsten Tage erkrankte er schwer, wie es hieß, an der Malaria. Ich selbst hatte eine Woche lang, Tag und Nacht, die wütendsten Kopfschmerzen. Nach einigen Wochen ließ mich der Graf nach Colombo kommen. Er lag in einem Krankenstuhle auf der Terrasse des Mount Lavinia Hotels, vor sich das Meer und die Palmenhaine. Er lächelte müde, als er mich sah, und fragte mit leiser Stimme: ›Wenn ich nun in Paris unser Abenteuer erzähle, meinen Sie nicht, daß man mir dann eine goldene Trophäe überreichen müßte?‹ Vor dem Kriege war auf Ceylon der berühmteste Elefantenjäger weit und breit ein ›Eurasier‹ des Namens Chase-Wiggin, halb Europäer, halb Asiat, der Vater Engländer, Pflanzer, die Mutter Tamilin. Er war beim Wegebau beschäftigt und brachte es in späteren Jahren zum ›Superintendent of Minor Roads‹. Einen ganz besonderen Ruf erwarb er sich als Jäger auf ›rogue‹. Elefanten, sogenannte ›Verbrecher‹, alte störrische Tiere, die sich von der Herde absondern, oder, wie auch behauptet wird, ihrer Ungeselligkeit wegen von der Herde ausgestoßen werden, die dann als Einzelgänger den Dschungel durchstreifen, Pflanzungen zertrampeln, Hütten umstoßen, gelegentlich auch Menschen, insbesondere Kinder, angreifen. Sobald das Auftreten eines ›rogue‹ gemeldet wird, erläßt die Regierung eine Bekanntmachung, und jeder kann auf den Verfemten schießen. Das Schußgeld für Elefanten beträgt sonst einhundertfünfzig Mark für die auf Ceylon ansässigen, vierhundertfünfzig Mark für fremde Sportsleute. Chase-Wiggin hatte bereits vierunddreißig Elefanten zur Strecke gebracht, als ihn, beim fünfunddreißigsten, sein Geschick ereilte. In der Nähe von Polonnaruwa war ein Knabe von einem ›rogue‹-Elefanten getötet worden, und nach zweimonatiger Suche hatte der Jäger das Tier gefunden. Eines Morgens trat es auf ihn zu. Einige Schritt hinter ihm stand der Sikkari mit der Reservebüchse. Chase-Wiggin schoß sechsmal, nach jedem Schuß immer einige Schritt zurückspringend. Jede Kugel traf, aber keine saß richtig. Nach dem sechsten Schuß drehte sich der Schütze um, die Hand nach der Reservebüchse ausgestreckt. Der Sikkari war verschwunden – Aus welchem Grunde der Büchsenspanner davongelaufen war, ist nie aus ihm herauszubringen gewesen. Vielleicht trieb ihn nichts als die Angst. Vielleicht spukten in seinem Kopfe Gedankengänge wie die: niemals hat der Jäger sechsmal zu schießen brauchen, und selten hat er gefehlt; haben die ersten sechs Kugeln nichts genützt, so werden auch sieben oder acht nichts nützen, seine Stunde ist gekommen. Auch religiöse Motive mögen am Werke gewesen sein: manche Buddhisten stecken tief im Banne der Vorstellungen aus der Götterwelt der Hindus; Shivas zweiter Sohn, Gamesch, hat den Kopf eines Elefanten, ein Gott ist unverwundbar, der Elefant ist ein heiliges Tier. Auch der Jäger hätte sich flüchten können, das Gelände war offen und ohne Hindernisse. Er tat es nicht; er sprang einige Schritt zur Seite und stellte sich hinter einen kleinen Baum. Warum er nicht davonlief, kann niemand sagen. Vielleicht glaubte er, der von sechs Kugeln getroffene Elefant müsse jeden Augenblick zusammenbrechen. Vielleicht machten sich auch bei ihm, dem Halbasiaten, Überlegungen geltend, ähnlich denen, die den Eingeborenen verwirrt hatten. Er mag an das Blutbad gedacht haben, das er im Laufe seines Lebens unter den königlichen Tieren angerichtet hatte, und ein tiefer Ekel vor sich selbst hat ihn vielleicht in seiner letzten Stunde durchdrungen.

Als die Bewohner des Dschungeldorfes, vom Sikkari gerufen, herbeieilten, war er am Verröcheln. Der Elefant hatte den Baum, hinter dem er gestanden hatte, entwurzelt und dem Jäger mit dem Wurzelballen den Schädel zertrümmert. Zwei Stunden später kam ein Arzt. Der Elefant hat sich nie wieder blicken lassen; wahrscheinlich ist er im Dschungel verendet.«

Heinz Randow
Mr. Silva und die Räuber

Die Bevölkerung Ceylons, besonders die an der Küste in der Nähe von Colombo, setzt sich aus einem Völkergemisch zusammen, das wohl auf der ganzen Welt einmalig ist. Von all den Menschen der verschiedenen Völkergruppen, mit denen ich hier in Berührung kam, fiel mir ein Inder auf, der von sich behauptete, ein reiner Singhalese zu sein. Er war ein hochbegabter Architekt, dem ich eine Reihe von Bauaufträgen anvertraute, die er auch zu meiner größten Zufriedenheit ausführte. Sein Äußeres sprach nicht sehr an, wirkte er doch in seiner kleinen Statur mit dem breiten häßlichen Gesicht malayischen Einschlags so, wie ich mir in meiner Jugend immer die Piraten des Chinesischen Meeres vorgestellt hatte. Aber er war ein gutmütiger Kerl trotz seines so wenig ansprechenden Äußeren. Zwei Eigenschaften gefielen mir allerdings weniger an ihm. Er neigte zu gelegentlichen Betrügereien und zu alkoholischen Exzessen. Wenn er gut verdient hatte – und er verdiente sehr gut –, dann stiftete er die Hälfte seines Gewinnes dem Buddhatempel, die andere Hälfte setzte er in Alkoholika um. Kein Wunder, daß er mit seiner Familie – er war mit einer auffallend schönen Frau verheiratet und hatte ein reizendes Töchterchen von drei Jahren – in einem primitiven Bungalow und in sehr ärmlichen Verhältnissen lebte! Durch unsere Zusammenarbeit waren wir zu einem gewissen freundschaftlichen Verhältnis miteinander gekommen. Er fühlte sich zu mir hingezogen, und auch ich suchte ihn häufig außerdienstlich auf. Er machte mich auch mit vielen Buddhistenpriestern bekannt, die mir über den Glauben und die religiösen Bräuche der Inder und ihre so sehr von der unsrigen abweichenden Einstellung zum Leben eine weit lebendigere Anschauung vermittelten, als sie mir Bücher hätten geben können. Dafür war ich in nicht geringem Maße meinem Mr. Silva zu Dank verpflichtet. Wenn er seinerseits diesen Vorteil wahrnahm und mich auszunutzen suchte, soweit es eben angängig war, sah er darin durchaus nichts Verwerfliches, wie er es auch ganz in der Ordnung fand, für seine zeitweiligen Betrügereien empfindliche Strafen auf sich zu nehmen, ohne mir dieserhalb etwas nachzutragen. Allerdings wäre es unangebracht und vielleicht sogar lebensgefährlich gewesen, wenn ich ihn ungerecht behandelt hätte oder seiner Ehre oder seinem Nationalgefühl zu nahe getreten wäre. Er war geradezu ein Schulbeispiel für die gewaltigen Unterschiede, die zwischen indischer und europäischer Denkungsart bestehen.

Eines Tages erschien Mr. Silva bei mir im Bungalow und bat mich um die leihweise Überlassung eines großen Fischnetzes. Es handelte sich um ein Netz, das ungefähr zehn Meter lang und zwei Meter breit war und dazu diente, die Fische in stille Buchten der Gewässer zu treiben, dort einzukesseln und dann in Massen zu fangen. Ich brauchte es fast ständig. Es besaß daher für mich einen sehr hohen Wert, stellte ich doch auf diese Weise fest, welche Fische in den hiesigen Gewässern vorkamen. Bei diesen Fängen sortierten wir nämlich vor allem die Kleinstfische, die sogenannten Zierfische, aus und prüften sie, ob sie wissenschaftlich unbekannte Arten darstellten. Lebend geborgen und in Bassins eingewöhnt, wurden sie nach Europa gesandt und der Wissenschaft oder den Zierfischliebhabern zur Verfügung gestellt. Dieses Netz, um das Mr. Silva bat, war also kein gewöhnliches Fischernetz und konnte im Falle eines Verlustes nur sehr schwer ersetzt werden. Daher zögerte ich, es ihm zu leihen. Da ich aber eine Schwäche für diesen Mann hatte, ließ ich mich durch den Wortschwall seiner Beteuerungen und Versprechungen umstimmen und händigte ihm das Netz aus. Sichtlich erfreut und große Dankeshymnen anstimmend, verließ er mich mit der Versicherung, mir das Netz in einer Woche persönlich zurückzubringen.

Einen Monat später hatte ich das Netz immer noch nicht zurück. Wenn ich mit dem »Piraten« zusammentraf, erfand er stets eine neue Ausrede und beteuerte mir, daß er es am folgenden Tag ganz bestimmt zurückbrächte. Ich lächelte und versicherte ihm ebenso höflich, daß ich seinen Worten zwar keinen Glauben mehr schenken könnte, aber doch wüßte, daß ich mein Netz so oder so gewiß zurückerhalte. Nach diesen beiderseitigen Versicherungen unserer gegenseitigen Hochachtung trennten wir uns dann in freundschaftlichem Geiste und blickten uns dabei vielsagend an.

Silva erschien nicht mehr. Nach weiteren acht Tagen meinte Harry, daß es nun an der Zeit sei, das Netz mit Gewalt holen zu lassen. Aber wie? Da erklärte er mir, er werde dem Anführer der »Räuber« Bescheid geben, über den Preis würden wir uns wohl schon einig werden.

Aber an was für »Räuber« mochte Harry nur denken?

Da hierzulande jeder Eingeborene und auch Europäer die Gerichte meidet und ihre Vermittlung nur in ganz seltenen Fällen in Anspruch nimmt, hat eine gewisse asoziale kleine Schicht mit verbrecherischem Einschlag sich zusammengeschlossen, um aus dieser Abneigung der Bevölkerung gegen die Gerichte Kapital zu schlagen, indem sie die Streitigkeiten zweier Parteien selbsttätig und unter Anwendung drastischer Mittel aus der Welt schafft. Sie stehlen, rauben, verprügeln und morden auf Bestellung. Die intelligenteren unter diesen »Räubern« machen sich die arbeitsscheuen Elemente, die es in jeder Großstadt gibt, dienstbar. Auf dieser zunächst harmlos erscheinenden Basis beruhen jene aus dem hiesigen Volksleben nicht wegzudenkenden Geheimbünde, die sich nicht selten zu richtigen Gangsterbanden mit oft sehr gefährlichem Charakter erweitern. In jedem Dorf, in jeder Siedlung stößt man auf Mitglieder dieser Banden, die zwar gefürchtet sind, aber unangefochten leben, weil man glaubt, ohne ihre Hilfe nicht auskommen zu können. Der in der Großstadt lebende Fremde erfährt darüber sehr wenig und wird in den meisten Fällen überhaupt nicht mit diesen Dingen in Berührung kommen.

Am nächsten Tage erschien also durch Harrys Vermittlung der mir schon bekannte »Räuberhauptmann« in einem schönen Longi, einem Rock mit weißem Hemd, über dem er ein weißes europäisches Jackett trug. Die Haare, tadellos gescheitelt, hatten europäischen Schnitt. An seinen Händen erblickte ich ein paar goldene Ringe mit wertvollen Steinen und um das rechte Handgelenk ein Armband aus dreifachem Elefantenhaar mit goldenem Verschluß. Sein Auftreten verriet bei aller Unterwürfigkeit verhaltenen Stolz. Ich hatte schon verschiedentlich die Hilfe dieses intelligenten Mannes in Anspruch nehmen müssen, um Schwierigkeiten aus dem Wege räumen zu lassen, die ich als Europäer nicht beseitigen konnte. Bei den ihm aufgetragenen Unternehmungen »arbeitete« dieser Mann selbst nicht mit. Dafür hatte er seine »Bande«. Er nahm den Auftrag oder die Befehle entgegen, arbeitete den Organisationsplan aus und kassierte die vereinbarte Summe ein, die er an seine Leute verteilte. Auch ohne selbst in Erscheinung zu treten, war er im ganzen Distrikt als der Bandenführer bekannt.

Die Verhandlung war kurz. Zuerst erkundigte sich der braune »Gentleman« nach meinem Befinden, fragte sodann, ob ich Ceylon schön fände, ob ich die Insel und ihre Bewohner liebe, wie lange ich mich noch im Lande aufzuhalten gedächte und ob ich nicht lieber ganz bei ihnen bleiben möchte. Er versicherte mir, ich sei sehr beliebt, er würde dafür Sorge tragen, daß mir nichts Böses geschehe. Er habe erfahren, daß ich mit einem gewissen Silva, der doch sonst mein Freund sei, Unstimmigkeiten wegen eines großen Fischnetzes habe, und er wäre bereit, mir dieses Netz durch seine Vermittlung wieder zu verschaffen. Er wolle nur wissen, wieviel ich dafür zu zahlen bereit sei, denn ohne Kampf würde es wohl dabei nicht abgehen, da das Netz sich im Schlafraum des Silva befände. Es müsse also ein Überfall und ein Raub inszeniert werden. Ich wüßte ja, daß das Gericht mir das Netz zusprechen würde und daß Mr. Silva dann eine Strafe erhielte, aber auf diese Weise wäre das Netz doch endgültig verschwunden. Mich hätte die Angelegenheit dann sehr viel Geld gekostet, und das Netz bekäme ich doch nicht. Das Schlimmste in diesem Falle wäre aber, daß es nach einem Prozeß mit der Freundschaft zwischen mir und Silva für immer vorbei sei.

So also verhielt sich das. Die Sache leuchtete mir ein, und die überzeugungsvoll vorgetragenen Ansichten schienen mir durchaus vernünftig. Befragt, welchen Preis ich ihm denn zahlen müsse, sagte er, es handle sich um zehn Rupien, wenn er Mr. Silva dabei zur warnenden Belehrung halb totprügeln lassen solle. Bei einer leichten »Abreibung« ermäßige sich der Preis auf acht Rupien. Das Netz erhalte ich dann unbeschädigt wieder. Interessehalber erkundigte ich mich, wie teuer es käme, wenn ich Silva totschlagen lassen wollte. Da wurde der Räuberhauptmann nachdenklich und meinte allen Ernstes, daß das Verbrechen Silvas nicht so groß wäre, daß eine solche Strafe angemessen sei, auch opfere er viel Geld für den Tempel. Doch wenn ich darauf bestünde, würde er Silva auch spurlos verschwinden lassen, dann würde aber ein Preis von fünfundzwanzig Rupien wohl nicht zu hoch veranschlagt sein. Da ich mir jedoch Silvas Freundschaft erhalten wollte, verzichtete ich auf das »Verschwindenlassen«. Wir einigten uns also auf eine »leichte Abreibung« für acht Rupien, bei einer Anzahlung von zwei Rupien. Daraufhin verließ mich der Bandenführer.

Zwei Tage hörten wir nichts. Am dritten Tage nach dieser interessanten Unterredung erschienen vier Männer, von denen zwei im Gesicht arge Kratzmerkmale hatten, und übergaben Anthony das lang vermißte Netz. Dieser brachte es mir herüber, breitete es vor mir aus und zeigte auf drei große Löcher im Gewebe. Er meinte, daß das nicht den Vereinbarungen entspräche, zumal ich soviel »Sally« für die Besorgung des Netzes gegeben habe; »wir« dürften uns das nicht gefallen lassen. Dabei schüttelte er unwillig sein schwarzes Haupt und murmelte etwas von Betrug.

In der Dunkelheit erschien mein Verhandlungspartner, um die restlichen sechs Rupien einzukassieren. Sofort waren auch Anthony und Harry zur Stelle und machten darauf aufmerksam, daß vereinbarungsgemäß das Netz habe unbeschädigt zurückgegeben werden müssen, was aber nicht der Fall sei, da es drei Löcher aufweise. Der braune Gentleman berichtete, daß Mr. Silva sich verzweiflungsvoll ans Netz geklammert habe, dabei wären wohl diese Risse entstanden. Weil Silva sich so sehr zur Wehr gesetzt habe, hätte man ihm auch eine gehörige Tracht Prügel verabreichen müssen – mindestens für zehn Rupien. Der schriftlichen Aufforderung, in den ersten zwei Tagen das Netz seinem Besitzer persönlich zurückzubringen, sei Mr. Silva auch nicht nachgekommen. Deshalb hätten seine Leute es als ihre »Ehrensache« angesehen, diese Aufforderung mit Gewalt durchzusetzen.

Nach dieser Aufklärung über den Tatbestand nahm der Mann das Netz wieder an sich und versprach, es in zwei Tagen in geflicktem Zustand wieder zurückzubringen, was auch prompt geschah. Daraufhin erhielt er seine restlichen Rupien, bedankte sich mit tiefem Salam und empfahl für ähnliche Anlässe seine Firma aufs wärmste.

Acht Tage später besuchte mich mein Freund und Pirat Silva höchstpersönlich. Den Kopf hatte er verbunden, die Augen waren blaugrün unterlaufen. Erfreut begrüßte er mich, als ob nichts geschehen wäre. Auf meine Frage, ob er verunglückt sei, meinte er verschmitzt lächelnd: »Sir, Sie wissen doch Bescheid. Ist jetzt wieder alles wie früher? Sie haben das Netz zurück und ich – wie die Vorsehung es wollte – meine Tracht Prügel! Ich möchte Sie gern einladen, mit mir in Colombo am Wessak, dem Weihnachtsfest der Hindus, teilzunehmen. Sie wissen, Sir, daß kein Europäer an den prachtvollen Tempelwagen herankommt und daß es sehr gefährlich ist, sich in der fanatischen Menge meiner Landsleute zu bewegen. Bei diesen Festlichkeiten flammt leicht der Fremdenhaß auf. Sie selbst würde man aber nicht für einen Europäer halten, da Sie so braun gebrannt sind und so einheimisch gearbeitete Anzüge tragen, daß Sie genau wie ein Eingeborener aussehen. Sicher werden Sie sich sehr dafür interessieren, zumal Sie schon so lange unter uns leben!«

Silva fand also die Prügelstrafe ganz in Ordnung und hatte sie offenbar schon fast vergessen. Nun wollte er mich sogar unter seine Fittiche nehmen und mich zu einem für Europäer äußerst gefährlichen Abenteuer führen. Das ließ ich mir nicht zweimal sagen und nahm an.

Oswald Malura

Fahrt in den Urwald

»Hast du Lust, mit mir in den Urwald zu fahren?« fragte Kunze eines Tages. Ich war sofort Feuer und Flamme. Fern aller Zivilisation, frei in der Wildnis herumzuvagabundieren – das hatte ich mir schon lange gewünscht!

Kunzes kleiner Wagen war zwar nicht das neueste Modell, aber immerhin ein Automobil. Die Motorhaube klapperte schon beträchtlich, und manche Teile im Inneren verband nur ein einfacher Draht, gleichwohl, wir fühlten uns sicher, sobald der Motor surrte und die Räder über die heiße Erde rollten.

»Bringt mir Schlangen mit!« sagte Hagenbeck, als wir uns verabschiedeten. »Kauft sie, oder besser noch: fangt sie euch selber!«

Wir versprachen, unser möglichstes zu tun.

Decken, Kissen und genügend Proviant waren bereits im Notsitz verstaut, auch ein Jagdgewehr, zehn Kokosnüsse, eine große, fruchtbeladene Bananenstaude, Filmmaterial und Zeichenpapier.

Da setzten überraschend Vergaserstörungen ein. Nur mit Mühe brachten wir das störrische Vehikel bis zur Freudenbergschen Garage.

Ein schöner Anfang! dachte ich.

Gemeinsam mit zwei braunen Mechanikern ölte und schmierte Kunze einige Stunden, sah selber wie ein Tamule aus, blieb jedoch optimistisch.

»Das gibt sich alles!«

Und tatsächlich fuhren wir noch am gleichen Tage los. Der Motor summte. Nach dem Verdruß war es ein herrliches Gefühl, so wohlausgerüstet, den Tropenhelm fest ums Kinn geschnallt, die asphaltierte Straße dahinzufegen. Hinaus aus der Stadt! Von den Hütten und auf der Straße winkten braune nackte Kinder; auch Frauen blieben stehen und schauten dem Wagen nach.

Unter schattigen Palmen glitten wir, ein Lied nach dem anderen trällernd, bis Weyangoda und Kurunegala, wo rasch noch ein sichelähnliches Hackmesser zum Aufschlagen der Kokosnüsse erstanden wurde. Dann ging es dem Urwald zu. Links und rechts dichter Dschungel. Wir begegneten kaum mehr Fahrzeugen, weder Autos noch Ochsenkarren. Nur ein großer Elefant kam daher, im Rüssel ein mächtiges Bündel frischen Laubgrüns. Um den Dickhäuter nicht zu erschrecken, hielten wir an und ließen ihn mit seinen Treibern vorbei. Neben dem grauen Ungetüm wirkte unser Wagen wie ein Spielzeug. Doch wider Erwarten lief er prächtig. Wir waren bereits fünf Stunden unterwegs.

Gespenstig zerteilten die Scheinwerfer das undurchdringliche Dunkel der Nacht. Große, dürre Äste reckten sich wie Fangarme gegen die Straße. Trockener Staub wirbelte auf.

»Was meinst du, wollen wir jetzt unser Nachtlager aufschlagen?« fragte Kunze.

Er hatte bereits einen Pfad erspäht. Über Löcher und Wurzeln holperte der Wagen ins Dickicht. Schließlich kamen wir auf eine kleine Lichtung, geradezu ideal für unsere Zwecke. Im spärlichen Licht der schmalen Mondsichel wurden die Decken ausgebreitet. Mehr als der Hunger plagte uns der Durst. Ein paar kräftige Hiebe mit dem Hackmesser – und schon war die Spitze einer goldgelben Königskokosnuß abgeschlagen! Der süß-säuerliche Saft, Korumba genannt, erfrischt ungemein und hält sich in der Schale selbst bei größter Hitze kühl. Das geladene Gewehr und eine elektrische Stablampe griffbereit zwischen uns, legten wir uns nieder. Ich schlief sofort ein.

Gegen Mitternacht wurde ich plötzlich geweckt. Wie ein Traumgespenst stand Kunze vor mir.

»Da ist was los!« sagte er.

Schlaftrunken sah ich ihn fortschleichen. Gleich darauf krachte ein Schuß. Es dröhnte schauerlich.

»Nun, was war eigentlich?« fragte ich, als er zurückkam.

»Ich sah zwei glühende Punkte im Busch. Wir werden abwechselnd Wache halten.«

Gegen zwei Uhr weckte er mich.

Das wenige Mondlicht war nun auch verschwunden. An den Wagen gelehnt, das mir unheimliche Gewehr über den Knien, die Lampe in der Faust, wartete ich. Endlos schlich die Zeit dahin. Aus der Dunkelheit wuchsen schwarze, bizarre Formen; Häupter und Stämme und Äste von Baumriesen. Seltsame Laute ertönten, ab und zu ein wilder Schrei.

Die Müdigkeit drohte mich zu überwältigen,

Gegen fünf Uhr drängte Kunze zum Aufbruch. Das Jagdfieber ließ ihm keine Ruhe mehr. Langsam fuhren wir zur Hauptstraße zurück; mußten in warme Jacken schlüpfen, da es empfindlich kühl geworden war. Kunze hielt das Gewehr schußbereit, während ich vom Nebensitz aus den Wagen steuerte. Eine ganze Zeit war nichts zu sehen. Doch als Kunze das Steuer wieder selbst übernommen hatte, sprang – wie verhext – ein Leopard über den Fahrdamm. Gebannt verharrte er eine Sekunde, reckte sich wie fasziniert dem Scheinwerfer entgegen. Seine Augen funkelten gefährlich. Rasch brachte Kunze das Gewehr in Anschlag. Zu spät! Mit einem langen, geschmeidigen Satz war das prachtvolle Tier im Dunkel verschwunden.

Der Himmel hellte sich auf. Nicht lange, so stieg die Sonne hinter den mächtigen Stämmen und Wipfeln der Urwaldbäume empor. Der Durchblick zu einem kleinen See lockte zu morgendlicher Rast. Bunte Vögel flatterten umher. Im luftigen Geäst tummelten sich Affen. Ihr Schelten bei der Balgerei klang sehr lustig.

Zwischen mannshohen Gräsern und üppigem Farn schlängelte sich ein schmaler Fußpfad bis ans Wasser und weiter am See entlang zu einigen versteckten Hütten. Bald hatten die Eingeborenen uns entdeckt und kamen neugierig herbei. Wie schön war der braune Ton ihrer Haut inmitten des starken Grüns!

Das Teewasser kochte, die Eier brutzelten, Bananen, Zwieback. Neu belebt durch ein Bad, genossen wir die ungewöhnlich reine Luft. Überhaupt war eine wunderbare Atmosphäre um diesen kleinen See!

»Hier in der Nähe muß es Krokodile geben«, sagte Kunze, »kommst du mit?«

»Ich möchte lieber etwas skizzieren.«

Danach schlich ich mit meiner Leica durch das hohe Schilf. Da! Auf einem Baumstumpf, einige Schritte im See, stand eine Frau, schöpfte Wasser und goß es einmal über sich, einmal über ihr Kind. Dunkel, wie eine Silhouette, hob sich der fast nackte Körper vom gleißenden Wasserspiegel ab. Phantastisch im Gegenlicht! Entzückt von der natürlichen Anmut und dem Charme, hielt ich – von meinem Versteck aus – jede Phase der Bewegung mit der Kamera fest.

Kunze brachte ein paar Dschungelhühner an. Nach zwei Stunden Rast rollte unser Wagen auf Mihintale zu, wo wir gegen Mittag eintrafen.

Dieser historisch bedeutungsvolle Ort verdankt seinen Namen dem Überbringer der Botschaft Buddhas, Mahinda, einem Sohn des großen indischen Herrschers Asoka. Im Jahre 250 vor Christus soll er, wie die Legende berichtet, mit seinen Gefährten durch die Luft von Nordindien nach Ceylon geflogen sein. Hier auf dem heiligen Berg, im Altertum Missaka benannt, begegnete Mahinda bei seiner Ankunft dem Singhalesenkönig Tissa, als dieser auf der Jagd der Fährte eines Hirsches folgte.

Der König vernahm als erster auf der Insel die Lehre Buddhas, und sie sagte ihm so zu, daß er Mahindas Mission mit allen Mitteln förderte.

In sengender Hitze stiegen wir die breiten Treppen des sagenumwobenen Berges hinauf. Links und rechts hohe Baumstämme, wildes Felsgeklüft, von Bäumen und Büschen überwachsen. Das spärliche Gras am Boden ist dürr und staubig. Von der ersten der vier Terrassen links abbiegend, kommt man zu einem ausgetrockneten Wasserbecken, an dessen Rand sich ein großer Steintrog befindet, der Mahindas Bad gewesen sein soll. Gegenüber verlassene Felshöhlen von Mönchen. Zur Erinnerung an die Begegnung Mahindas mit König Tissa erhebt sich auf der zweiten Terrasse eine schöne, blendendweiße Dagoba.

Eine Dagoba, Stupa oder Tope ist ein buddhistisches Bauwerk, dessen dreistufiger Unterbau eine meist halbkugelförmige Kuppel trägt, die durch einen kubischen Aufbau und einen Spitzkegel gekrönt wird. In einer kleinen Kammer unter dem Aufbau werden Reliquien aufbewahrt. Hervorgegangen ist diese Form wahrscheinlich aus dem Tumulus, dem Grabhügel.

Hoch oben ist Mahindas Bett in eine Felswand eingemeißelt. Es wird erzählt, daß der Mönch hier gern ruhte, was leicht zu verstehen ist, wenn man den Blick über die weite Ebene Nordceylons schweifen läßt.

Achtzehnhundert Stufen, mächtige Gneisplatten, führen empor. Die Spitze des Missakaberges krönt eine halbverfallene Dagoba, die »große Tope« genannt. Wie ein grüner Teppich breitet sich der Dschungel rundum aus. Zackige Felsen, in blauer Ferne bewaldete Kuppen, die hellen Dagobas von Anuradhapura, unserem nächsten Ziel …

Später ging ich einmal ganz allein, durchstreifte gegen Mitternacht das breite Stück Dschungel unterhalb des Berges, als plötzlich ein donnerndes Getöse die nächtliche Stille durchbrach. Kaum konnte ich mich an einen Baum drücken, da raste auch schon eine Herde wilder Elefanten an mir vorüber. Trotz des Schreckens im Dunkel stieg ich die Stufen hinan. Nun versilberte der Mond den Dschungel in der Tiefe. Selbst der aufglänzende Leib einer Schlange erregte mich nicht mehr.

Schnell hatten wir die fünfzehn Kilometer bis Anuradhapura hinter uns. Die versunkene Stadt, heute ein über fünf Kilometer ausgedehntes Ruinenfeld, war vom vierten Jahrhundert vor Christus bis zum neunten Jahrhundert unserer Zeitrechnung die Residenz der singhalesischen Könige und muß damals Bauwerke von unerhörter Pracht und Schönheit besessen haben. Durch die stete Bedrohung dravidischer Stämme aus Südindien wurde die Residenz zuerst nach Polonnaruwa verlegt, dann im dreizehnten Jahrhundert immer südlicher, bis die singhalesischen Könige endlich Kandy zu ihrem Sitz erwählten.

Gewaltige Ruinentrümmer zu beiden Seiten der alten Straße und Riesendagobas sprechen eindringlich von uralter Zeit, von einer Kulturblüte ohnegleichen, die sich mit dem Buddhismus auf Ceylon entfaltete. An den großen Wasserbecken waschen Frauen ihre Wäsche und legen sie über die Restmauern einstiger Paläste und Klöster zum Trocknen aus.

Hier ist auch das älteste und erste Kloster, das König Tissa für Mahinda errichten ließ. In seinem Hof befindet sich eines der größten Heiligtümer der Buddhisten, ein Bodhibaum, der ein Ableger jenes seitdem heiligen Feigenbaumes sein soll, unter dem einst Buddha amsbodhi, die höchste Erleuchtung, fand. Mahindas Schwester Sanghamitra hat diesen Zweig, wie in der Mahavamsa berichtet wird, aus Bogaya in Nordindien nach Ceylon gebracht, wo ihn König Tissa eigenhändig pflanzte. Danach hätte der Baum das unwahrscheinliche Alter von über zweitausend Jahren.

Auf dem Weg nach Polonnaruwa, kurz vor Habarana, kam uns eine Schlange unter die Räder.

»Du, das muß eine Tipolonga sein!« rief Kunze und hielt den Wagen an. »Ich muß nachschauen, ob sie sich nicht in einem Kotflügel verfangen hat. Oft sind nämlich solche Biester später in den Wagen gekrochen.«

Doch vergnügt, als ob gar nichts geschehen wäre, wand sich das Reptil am Straßenrand durch den Staub.

»Das ist ja toll! Wollen wir sie nicht für Hagenbeck fangen?« fragte ich.

»Bist du verrückt! Geh bloß nicht zu nahe ran! Ein Biß von der, und fünf Minuten später befindest du dich im Jenseits! Es ist wirklich eine Tipolonga!«

Mit leichtem Schaudern blickte ich der Schlange nach. Zwar nur etwas über einen Meter lang, gehört sie zu den giftigsten Arten Ceylons, und ihr Gift wirkt so schnell, daß kaum Hilfe möglich ist. Polonnaruwa, Hauptstadt vom neunten bis dreizehnten Jahrhundert, geriet bis zur Zeit, da Ceylon englische Kronkolonie wurde, vollkommen in Vergessenheit. Die Ruinen liegen noch tiefer in der Wildnis, die nur teilweise gelichtet wurde, sind größer und infolge des jüngeren Ursprungs besser erhalten als die in Anuradhapura.

Vom Rasthaus waren es nur wenige Minuten bis zur Zitadelle. Voll Ehrfurcht blickten wir auf die gewaltigen Backsteinmauern des Königspalastes von Parakramabahu dem Großen, der sieben Stockwerke hoch gewesen sein soll, und bewunderten die reichen Ornamente, den Schmuck an Treppen und Terrassen. Die milde Nachmittagssonne verlieh den Ruinen etwas überaus Festliches.

Am frühen Morgen wanderte ich allein durch das weite Gelände. Der süßliche Geschmack der Luft und ihr feuchtwarmes Zittern ließen meinen Blutdruck steigen. Doch diese malariaschwangere Atmosphäre beunruhigte mich nicht. Überall war pulsierendes Leben. Es wimmelte von Schildkröten, Eidechsen und Chamäleons. Manchmal glitt eine Schlange über den Weg. Hier eine Tempelanlage, da eine Säule, dort Grundmauern eines Klosters. Groß und mächtig ruhen die steinernen Quadern aufeinander, stellenweise von Schlingpflanzen überwuchert, von Baumwurzeln umschlungen.

An einem Rundbau, einem Tempel, der einst den Dalada bewahrte, stellte ich Staffelei und Malkasten beiseite und rastete ein wenig. In jeder der vier Öffnungen des Tempels, zu denen kunstvoll gemeißelte Treppen führen, sitzt ein Buddha in Meditationsstellung und blickt in eine der vier

Himmelsrichtungen. Die Treppenstufe ist wohltuend kühl. Zu meinen Füßen liegt ein halbrunder, flacher Stein, ungefähr zwei Meter im Durchmesser, mit wunderbaren Tierfiguren geschmückt, ein »Mondstein«.

Wie viele Füße mögen nicht schon über ihn getreten sein? Er hat etwas von einer alten, kostbaren Münze an sich. Um einen Lotoskelch herum bewegen sich in konzentrischen Halbkreisen Reihen von Pferden, Elefanten und Gänsen, jeweils durch ornamentgezierte Bänder getrennt.

Mit Wonne genoß ich die Bewegung der dargestellten Tiere, die sich nie wiederholt. Das scheint mir der tiefe Sinn der Kunst überhaupt: stets neu Gestalt zu geben und trotz der Überfülle der Gestalten nur einmal zu sein.

Ein Satz aus der Bhagavad Gita fiel mir ein: »Das, was bewegt und selbst unbeweglich bleibt, das Unveränderliche im Veränderlichen, es ist dasselbe und doch nicht dasselbe.«

Gedankenvoll ging ich weiter zwischen Ruinen und durch dichten Urwald. Das dürre Gras knisterte. In einer Lichtung mit nur einigen alten, schönen Bäumen hob plötzlich ein wildes Geschrei an. Eine ganze Horde großer, hellgrauer Vanduraaffen hatte mich erspäht.

»Seid friedlich, ihr Guten!« rief ich ihnen zu, »wer wird sich schon am frühen Morgen so aufregen?«

Mit langen Sätzen flüchteten die meisten auf die nahen Bäume und zeterten von da aus weiter, die Mütter mit ihren Jungen, die sich auf dem Rücken oder am Bauch festgekrallt hatten. Nur einige männliche, große Affen blieben – allerdings in gemessener Entfernung – am Stamm sitzen und beobachteten mich grimmig und scharf. Ich mußte laut lachen. Wie sie da kauerten mit ihren weißen Bärten im schwarzen Gesicht!

Nicht weit davon ist das Gal-vihara, ein Felsenkloster, das ebenfalls von König Parakkamabahu errichtet wurde. Etwa zehn Meter über dem Erdboden erhebt sich eine schwarze, langgestreckte Felsklippe; und aus ihr herausgemeißelt liegt die fünfzehn Meter lange Figur des sterbenden Buddha, an dessen Kopfende die sechs Meter hohe Figur seines Lieblingsjüngers Ananda steht. Anschließend eine Nische mit einem kleinen meditierenden Buddha, und links davon, als Pendant des Liegenden, eine auf dem Lotosthron sitzende Kolossalfigur Buddhas. Den liegenden Buddha will ich malen.

Ein Felsvorsprung gegenüber schützt mich vor der Sonnenglut. Ich stelle meine Staffelei auf und sichere sie durch Steine, damit der heiße Windhauch, der manchmal das Gestein umweht, sie nicht umstößt. Auf meiner Palette sind die Farben aufgesetzt. Doch ehe ich die ersten Striche auf die Leinwand bringe, ruht mein Blick eine Weile auf der Kolossalgestalt, und Andacht ergreift mich wie bei einem Gottesdienst. Ich vergesse Zeit und Ort. Der graue Felsenstein dort beginnt lebendig zu werden, und je mehr ich mich in das Antlitz des Erhabenen versenke, um so stärker fühle ich mich und zugleich geborgen. Mir ist, als gleite der Pinsel von selber über die Leinwand, graue, stumpfgrüne, rötliche, violette Töne, und ich bin erstaunt, als ich das zarte, grau in grau verschwimmende Bild betrachte: dieser heilige Schlaf, der leicht und heiter fast in das Nirwana führt, ist ein Sterben in vollkommener Ruhe und Wunschlosigkeit.

Ich wage kaum, mich zu bewegen.

Plötzlich – ich bin eben dabei, die verschiedenen Grüntöne im Hintergrund abzustufen – kreischen einige Affen, die mir neugierig zugeschaut haben, schrill auf und gebärden sich wie toll, als wollten sie mich erschrecken.

Lachend trete ich vom Felsvorsprung weg in die Sonne. Gleich aber zucke ich zusammen, denn langsam schlängelt sich ein mittelgroßer Python über den Felsen. Jetzt verstehe ich auch, warum die Affen in eine solche Aufregung geraten sind!

Eigentlich ist er schön, dieser Python! Er will mir nichts

antun, wie ich sehe, und ebenso lasse ich ihn seines Weges ziehen.

Das wunderbare, kaum beschädigte Bassin ganz in der Nähe ist sicher einmal ein Bad gewesen. Es ist in der Form eines Lotoskelches gebaut, und die Schönheit dieses architektonischen Gebildes veranlaßt mich, mit meiner Leica auf einen hohen Baum zu klettern. Seine Äste sind so dürr, daß sie jeden Augenblick brechen können. Aber unbekümmert sehe ich in Gedanken die schmalen, zarten Füße einstiger Königinnen über den Rand des Beckens steigen.

Am Nachmittag, bevor wir weiterfuhren, liefen wir an dem mächtigen Damm des Stausees entlang zu der aus dem Fels gehauenen Statue des Königs Parakramabahu. In dreifacher Lebensgröße hält er, ein Friedensfürst, ein Palmblattmanuskript in seinen Händen, wahrscheinlich das »Buch der Verdienste«, in dem die guten Werke der Herrscher aufgezeichnet sind.

Gewaltige uralte Bäume beschatten uns. Zwischen dem hellgrauen Filigran der weitausladenden Äste und vielen Zweigen blinkt blauer Himmel. Am Stamm eines der schönsten Bäume ist eine kleine hinduistische Kultstätte errichtet, aufeinandergeschichtete Steine und darauf Ganesha, der Elefantengott.

Dem zwölf Kilometer langen Stausee, in uralter Zeit mit primitiven Mitteln angelegt und einst blühende Felder bewässernd, können auch moderne Techniker ihre Bewunderung nicht versagen. Heute sind die riesigen Wasserflächen Brutstätten der Moskitos und damit malariaverseucht. In ihnen wimmelt es von Krokodilen. Die Ufer bevölkern silbergraue Reiher und prächtige Wasservögel.

Vom Damm aus blickt man, zwischen hellgrauen, gelblichen Stämmen hindurch, auf giftiggrüne, satte Reisfelder. In niedrigem Flug schwingen sich blaue Königsfischer darüber hin. Märchenhaft liegt die kleine Niederlassung inmitten des Urwaldes.

In flottem Tempo ging es weiter zum Minneriya-Tank,

ebenfalls einem großen Stausee, den wir gerade bei Sonnenuntergang erreichten. Rote Strahlen zucken wie Feuergarben über das Wasser, das selbst zu glühen beginnt, indes die Gipfel des fernen Gebirges sich blauviolett färben.

Eine alte, verfallene Lehmhütte, die Kunze von früher her kannte, bot uns Nachtquartier. Nicht besonders angenehm, denn die Luft war stickig, und Hunderte von Fliegen und Insekten schwirrten umher. Flitwolkendunst, bestialischer Gestank des Zitronellaöls, mit dem der ganze Körper eingerieben werden muß, aber wenigstens kein Wachehalten.

Schon gegen drei Uhr morgens trieb es uns fort. Richtige Nachtfahrt und dazu Reifenwechsel kurz vor Sigiriya. Gleich darauf wollte uns ein Riesenbulle angreifen. Kunze fuhr rückwärts in schneidigem Bogen um den Wütenden herum, an vielen anderen, frei herumlaufenden Kühen und Büffeln vorbei, bis in den Hof des Rasthauses.

Auf einem bewaldeten Hügel erhebt sich der Sigiriya-Felsen in imposanter Höhe von hundertzwanzig Metern. Es ist, als habe eine Dämonenhand diesen Riesenbrocken in die Dschungelebene geschleudert. Die Wände fallen steil ab. Da hinaufzugelangen scheint unmöglich. Und doch, Galerien sind in den Fels gehauen, teilweise nach außen gemauert und durch Strickleitern miteinander verbunden.

Wilde Bienenschwärme umsummten mich, als ich im Licht der aufgehenden Sonne bis aufs Plateau kletterte. So weit das Auge reichte, war dichter Urwald, eine stumpfgrüne Matte, nach dem Horizont zu in blaugrüne, violette Töne übergehend und dort im morgendlichen Dunst untertauchend, eine herrliche Aussicht.

Auf dem Rückweg verweilte ich lange bei den Fresken in einer der großen Felsnischen. Die Malereien sind noch gut erhalten und stellen ein Seitenstück zu den berühmten Höhlenfresken in Ajanta dar. Königliche Frauen tragen Lotosblumen in den Händen, jeder zur Seite eine blumenreichende Dienerin. Angeblich soll hier der König inmitten seiner Frauen geruht und sich vergnügt haben.

Sigiriya heißt »Löwenberg«. Es wird berichtet, daß König Kassapa, ein Vatermörder, den unzugänglichen Felsen in eine Burg umwandelte, um sich darin zu verteidigen. Ein stark künstlerischer Sinn muß aber außerdem mitgesprochen haben, als der König den Plan faßte, der ganzen Felsmasse die Gestalt eines Löwen zu geben. Am Fuße des Felsens ist an der Nordterrasse noch eine Pranke zu sehen, deren drei guterhaltene Klauen mindestens einen Meter hoch sind. Noch die Überreste sind ein gewaltiges Dokument menschlicher Phantasie und Tatkraft.

Wir blieben im Rasthaus. Mitten in der Nacht wurde ich wach. Durch das weitgeöffnete Fenster strahlte helles Mondlicht. Es lockte mich hinaus. Wie verzaubert ging ich über die flachen, unbebauten Reisfelder bis zum Rande des Waldhügels. Hier war es dunkel. Zwischen Bäumen, Büschen und Gestrüpp ragten Felsbrocken auf. Gerade wollte ich über einen hinwegsteigen, als er anfing, sich zu rühren. Hoppla! Ich sprang zurück aufs freie Feld. Und der Felsbrocken tappte hinter mir drein, entpuppte sich als ein Bär. Hochaufgerichtet blieb er in vier Meter Entfernung vor mir stehen und rieb sich mit der Tatze verdutzt die Augen. Sekundenlang standen wir uns reglos gegenüber. Dann machte Meister Petz plötzlich kehrt und trollte sich leise brummend zurück ins dunkle Gestrüpp. Meine Hand umklammerte noch das Messer, meine einzige Waffe, und der Schweiß tropfte mir von der Stirn.

Unser nächstes Ziel war Trincomalee an der Ostküste. Die Straße führte durch dichtesten Dschungel, doch sie war gut; hier haben die Engländer Großartiges geleistet.

Auf halbem Wege etwa kamen wir in ein überschwemmtes Gebiet und entdeckten auf einem angeschwollenen, trüben Flußarm ein totes Krokodil. Es schwamm mit dem hellen Bauch nach oben, hatte eine ziemlich frische Schußwunde. Der Jäger mochte es nicht aufgefunden haben.

»Schade um die Haut!« sagte Kunze.

Unser Versuch, den Kadaver mit einer langen Stange ans

Land zu ziehen, mißlang; ins Wasser steigen wollten wir nicht. Da kam ein Eingeborener daher. Mit viel Lärm watete er bis zur Hüfte in das undurchdringliche Gewässer, schlug mit einem Ast um sich, hatte bald das Krokodil am Schwanz erwischt und herausgezerrt. Für eine Rupie Trinkgeld erklärte er sich auch bereit, die Haut abzuziehen. Dabei brannte die Sonne unbarmherzig.

Nach ein paar Stunden lichteten sich die grünen Dschungelwände und gaben hier und dort weite Ausblicke frei, eine Erholung für das Auge. Auch die Vegetation änderte sich. Palmen tauchten auf. Eine andere Art als in Colombo. Wir näherten uns der Ostküste, der alten Hafenstadt Trincomalee.

Zwischen Palmyra- und Talipotpalmen schimmert die azurblaue Meeresbucht. Ein leuchtender Saphir, in saftig grüne Hügelketten gefaßt. Es ist einer der schönsten Naturhäfen der Welt, kein Knotenpunkt des Welthandels und darum besonders idyllisch.

Die frisch wehende Brise war Balsam nach der staubigen, heißen Fahrt durch den Urwald, die Abwechslung ungemein reizvoll. Wir schwelgten geradezu in der Schönheit dieser Meereslandschaft. Die Stadt gleicht einer großen Niederlassung.

Während wir tankten, sah ich eine größere Anzahl Eingeborener laut und erregt gestikulierend auf uns zukommen. In ihrer Mitte schritt ein graubärtiger Alter mit buntleuchtendem Turban und zog – welches Bild! – eine Riesenschlange hinter sich her. Überraschend gefügig gehorchte der sechs Meter lange, schön gezeichnete Python der Bastrute, die als kunstvolle Schlinge um seinen Kopf gelegt war.

Kunze strahlte übers ganze Gesicht.

»Kommt uns wie gerufen, was?«

»Gerade das richtige Exemplar für Hagenbeck!« sagte ich, nicht weniger vergnügt.

Im selben Augenblick bot uns der Alte den Python zum Kauf an. Sein Preis war hoch genug. Von den johlenden, schreienden Eingeborenen umringt, feilschte Kunze in einem mir unverständlichen Tamil-Kauderwelsch. Der pfiffige alte Schlangenfänger war ein hartnäckiger Partner. Doch endlich gab er sich zufrieden, legte den Python sorgfältig wie einen Gartenschlauch, Ring auf Ring zusammen und steckte ihn in einen großen Sack, die Bastschlinge griffbereit nach oben. Um acht Rupien ging das selten schöne Tier in unseren Besitz über.

Für den neuen Gast mußte Raum geschaffen werden. Wir packten um, der Notsitz reichte gerade dafür aus.

Nachdem die schon entsetzlich stinkende Krokodilshaut einem Gerber anvertraut worden war, verließen wir Trincomalee um eine Beute reicher.

»Und jetzt«, sagte Kunze, »fahren wir zu den heißen Quellen, ein kleiner Umweg zwar, doch er lohnt sich.«

Durch dichten Palmwald und ausgedehnte Maisfelder fahrend, nahm uns bald wieder ein saftig grüner Urwald auf. Mühsam holperte der Wagen über schmale Pfade, bis sich eine größere Lichtung zeigte.

»Da sind wir!« sagte Kunze frohgelaunt und lenkte den Wagen an einigen primitiven Hütten vorbei unter einen der riesigen Bäume.

Ungefähr hundert Schritt weiter, von mächtigen Baumkronen überschattet, steht eine alte, bemooste Mauer. Sie umschließt die heißen Quellen. In drei verschiedenen Hitzegraden sprudelt und dampft das Wasser aus der Erde, fast kochend heiß, mittel- und lauwarm. Es ist klar, wohlschmeckend und bekömmlich, eine Seltenheit in den Tropen.

Vereinsamt liegt heute diese alte hinduistische Kultstätte. Um den kleinen, halbverfallenen Hindutempel haben sich Baumwurzeln geschlungen. Die Steinplatten um die Quellen sind von einem dicken Moospolster überzogen, feines Moos bedeckt auch die Rinden der Bäume. Von ihren Ästen hängen giftiggrüne Lianen herab, blau leuchten deren Blüten. Eine so verträumte Abgeschiedenheit findet sich sonst nur im Märchen. In dem üppigen Durcheinander der Zweige, Luftwurzeln und Ranken wiegen sich, bunt und farbig schillernd, große Papageien, wetzen ihre Schnäbel und kreischen munter.

»Die sind ja wundervoll!« flüsterte mir Kunze zu, »verdammt, daß ich mein Gewehr nicht habe!«

Während er es holte, warf ich einen Stein hinauf, und als sie fortflatterten, freute ich mich diebisch, diese Papageienjagd vereitelt zu haben.

Goldwarm lag die Abendsonne auf dem grünumwucherten Geäst. Wir badeten, kochten, schauten nach dem Python, und alsdann näherte sich uns ein Hindu. Vom Hinterkopf seines kahlen Schädels hing ihm ein langer, dünner Schopf herab. Er war Tempeldiener und Wächter bei den heißen Quellen und lud uns ein, bei ihm zu übernachten.

Gern gingen wir mit ihm.

Die Hütte, eigentlich nur ein auf vier Pfosten ruhendes Satteldach aus Palmblättern und Maisstroh, hatte einen einzigen Raum. Scheu hielt sich die Familie unseres Gastgebers, seine Frau und eine Anzahl Kinder, zurück. Für sie war ein Europäer etwas Außergewöhnliches. Um so eifriger bemühte sich der Hindu, es uns recht bequem zu machen. Sogar eine geflochtene Bettliegestatt bot er uns an. Weil es die einzige war, sträubten wir uns lange. Allein der Hindu gab nicht nach.

»Sahib, wenn ich auch arm bin und nur eine einfache Hütte besitze, so sei unser Gast! Du würdest mich und meine Familie beleidigen, wolltest du auf dem Boden liegen!«

Die Liegestatt war groß genug für uns beide. Ich schlief fest und tief, merkte kaum, daß Kunze sich noch vor Tagesanbruch erhob und auf Jagd ging.

Bevor die erste Morgenhelle am offenen Hüttenrand sichtbar wird, kräht ein Hahn. Halbwach lausche ich all den Tönen, die jetzt an mein Ohr dringen.

Hühner fangen an zu gackern, Wildtauben gurren, der

Hahnenschrei wird lauter; dazwischen Papageiengekreisch und das vielstimmige Zwitschern und Trillern der Vögel. Immer mehr Töne klingen auf. Es ist wie ein großer Chor, der jubelnd im Urwald emporsteigt!

Ein Glücksgefühl durchströmt mich, wie ich es einmal als Kind empfand, als ich, in der Wiege liegend, nur Töne vernahm. Welch eine heitere, lebensfrohe Melodie! Mir ist, als wäre ich im Paradies. Seliges Erwachen!

Durch das poröse Palmblattdach fallen Lichtstrahlen. Der gelblichbraune Lehmboden leuchtet auf. Er ist glattgestampft und blitzsauber. Die Hindufamilie muß sich still entfernt haben. Ich liege allein in der Hütte. Nur ein Ferkel hat sich zu mir verirrt und grunzt.

Nach einer Weile trete ich hinaus. Die Blätter glänzen taufrisch. Ein zarter Dunst liegt über den heißen Quellen. Strahlend bricht die Sonne durch das saftige Grün des Urwaldes.

Bald erscheinen Kunze und der Hindu in der Lichtung. Als Jagdbeute schleppen sie ein junges Wildschwein herbei.

»Das gibt so 'n Frühstück!«

Auf offenem Feuer wurde eine Keule knusprig braun gebraten, dazu einige Bauchstücke, der Rest wurde den Göttern geopfert.

Anschließend ein Bad, dann Aufbruch, zurück nach Trincomalee. Von dort fuhren wir entlang der Ostküste in Richtung Batticaloa. Vor einer breiten Lagune endete die Straße. Mehrere andere Lagunen schlossen sich an. Die Landschaft war überaus reizvoll, von den verschiedensten Vogelarten belebt, so daß es uns nichts ausmachte, ein paar Stunden auf die Fähre zu warten. Eingeborene kennen keine Hast, sie nehmen sich Zeit.

Wir lagerten uns am Rand der Lagune unter ein Gebüsch, das wenigstens etwas Schatten spendete; tranken Korumba, lauschten dem Gesang der Vögel und kamen außerdem zu einer köstlichen Unterhaltung durch die

Bekanntschaft mit Fischen, die teils auf dem Land und teils im Wasser leben. Diese lustigen Tierchen haben vorn am Fischleib zwei kleine Füßchen, mit denen sie auf die Sandbank kriechen, wobei der Fischschwanz drollig nachschleift.

Immer wieder eine neue Fähre benutzend, brauchten wir nahezu den ganzen Tag, bis wir das Lagunengebiet hinter uns hatten. Und dann war der Weg verteufelt sandig. Die Räder bohrten sich tief ein, nur langsam kamen wir voran. Rechts dehnte sich dichter Urwald weit ins Land, links ein Streifen bis zum Meer. Hitze, Müdigkeit. Wo werden wir übernachten?

Da – ein Urwalddurchbruch, eine Holzhütte auf meterhohen Pfählen!

»Ist ja großartig!« rief Kunze.

»Grad als ob einer sie für uns hingestellt hätte!«

Rasch aus den staubigen Sachen! Wie junge Fohlen sprangen wir in die weißschäumenden Fluten.

Hinter dem Urwald versinkt der rotglühende Sonnenball. Das Wasser schillert tiefblau, violett. Seltsam, wie vertraut mir diese Gegend ist! Wie kommt das nur?

Am Abend, als ich allein am Strand entlangging, löste sich dies Rätsel. Wie ich so dastand und im Mondschein die flache, silbrig schimmernde Sandküste betrachtete, kam mir plötzlich das Bild meiner Vision in den Sinn. Dies und kein anderes mußte es gewesen sein, damals auf der Theresienstraße. Nun wurde mir alles klar. Genau so war es, derselbe Strand, dieselbe Stimmung, der Urwald, das fahle Licht – und sogar die kleinen Tierchen, flink über den Sand huschend, Krabben, die sich blitzschnell verkriechen, noch bevor man die Hand nach ihnen ausstreckt.

Sonderbares Geschehen! Jetzt wußte ich um Kräfte und Möglichkeiten einer Welt, die uns nicht erschlossen ist, die wir nur dunkel ahnen.

Zurück in die Hütte. Aus dem Urwald tönt mancherlei Geräusch, viele Stimmen, der Nachtgesang der Insekten,

Tierschreie, Schnarren, Bellen, Geheul der Schakale und wilden Hunde, das Krächzen eines Hähers, und mehr ...

Wir zogen die schmale, brüchige Leiter herauf und fühlten uns in vier Meter Höhe himmlisch geborgen, selbst vor den Panthern – todsicher!

Wundervoll der Blick am Morgen! Goldstrahlend taucht die Sonne aus dem Meer und steigt immer höher in das durchsichtige Blau des Äthers.

Unser Python war ein wenig apathisch. Wir hatten den armen Gefangenen im Sack herausgehoben und die Schlinge überprüft, was öfters getan werden mußte.

»Im Zoo von Colombo wirst du dich schon erholen!« tröstete ich, als er nun wieder in den Wagen gepackt wurde.

Wir schwammen noch einmal. Der Abschied von diesem herrlichen Flecken fiel uns schwer.

Mittagsrast an einem Brunnen in freier Landschaft. Ringsum die Reste alter Lagerfeuer, Asche, verkohlte Hölzer und Scherben von Tongefäßen. Nahebei eine hinduistische Opferstätte. Ein Stilleben für die Leinwand, dachte ich, mit der Asche unsere Töpfe blank putzend.

Von Batticaloa, einer kleinen, schön gelegenen Stadt aus, wandten wir uns landeinwärts in südwestlicher Richtung dem Wedda-country zu, wo die schon beinahe sagenhaften Ureinwohner Ceylons, die Weddas, zu Haus sein sollen.

Wir folgten zuerst der Hauptstraße Batticaloa-Bibile-Badulla, bogen aber bald ab und streiften, teils zu Fuß, teils mit dem Auto, kreuz und quer durch die Wildnis. Je tiefer wir eindrangen, um so trockener und heißer wurde es.

Der Urwald ist hier unglaublich dicht und verwuchert. Stellenweise ist das Grün verdorrt, sind Zweige und Äste dürr. Überall erheben sich Termitenhügel wie kleine Burgen, oft bis zu drei Meter hoch, ein beliebter Aufenthaltsort für die Kobra, die Brillenschlange. Dann wieder Sümpfe, Fiebermücken, geisterblasse Orchideen.

Einmal, in früher Morgenstunde, kam eine Bärenfamilie

auf uns zu. Die zwei Alten liefen ab und zu aufrecht, Arm in Arm, und die Kleinen trollten nach. Es sah aus, als kämen sie, noch trunken, von einem Fest zurück.

Die Eingeborenen, denen wir begegneten, waren mittelgroß und fast schwarzhäutig, manche von schönem, schlankem Wuchs. Ihr pechschwarzes, wuscheliges Haar glich einer ungekämmten Perücke. Bekleidet waren sie mit einem Leinwandfetzen, der an einer Lendenschnur hing und gerade die Schamteile bedeckte. Sie waren außerordentlich scheu. Unzweifelhaft Abkömmlinge der Weddas, die noch mit Pfeil und Bogen jagen. Sie treiben Tauschhandel mit den angrenzenden Dschungeldörfern.

Wieder auf der Straße nach Bibile, lief plötzlich eine Rieseneidechse vor uns vorbei. Wir hielten sofort und schlichen zu der Stelle hin, wo sie verschwunden war. Jedes Geräusch vermeidend, standen wir vor einem Haufen dürrer Äste. Nichts regte sich.

»Dort!« flüsterte Kunze, auf einen merkwürdig spitzen Ast hinweisend. Und – in Sekundenschnelle hatte er die Schwanzspitze gepackt, das anderthalb Meter lange Reptil aus dem Geäst gezerrt. Es sträubte sich aus Leibeskräften und versuchte, während Kunze es um sich herum schwang, immer wieder, ihn wie ein züngelnder Drache anzugreifen. Der Kampf war aufregend.

»Ein Waran, seltener Fang!« schrie Kunze. »Los, hol einen Sack aus dem Auto!«

Ich raste hin, indes drehten sich Kunze und der Waran wie ein Karussell.

Inzwischen hatte die Kraft des Tieres nachgelassen. Wie ein Lappen hing der mächtige Körper herunter, es züngelte müde und spreizte die Füße, rutschte dann aber gefügig in den Sack. »Das wäre geschafft! Der alte John wird sich freuen!«

Doch Kunze hatte zu früh triumphiert. Während wir den Sack oben fest zuschnürten, schoß der Waran unten wie ein Teufel heraus und entwischte derart geschwind, daß an ein Wiederfangen nicht zu denken war. Ein kleines Loch im Sack, von dem spitzen Maul weiter aufgerissen, gab ihm die Freiheit zurück.

Unsere Urwaldfahrt näherte sich dem Ende. Wir erreichten das Vorgebirge, tankten in Badulla, sicher zum letztenmal. Hier bat uns ein eingeborener Polizeipraktikant, ihn in Richtung Nuwara Eliya mitzunehmen. Dafür versprach er uns auf seiner Station eine Unterkunft.

Spät nachts trafen wir ein. Gleich umringten uns die braunen barfüßigen Polizisten. Sie interessierten sich für alles, was wir auspackten, besonders für das Gewehr und den Sack mit dem Python. Als wir den heraushoben, drängten sie sich noch näher heran, wollten unbedingt wissen, was darin sei. Wir sagten nichts, öffneten bloß – da wich alles entsetzt zurück, ein einziger, angstvoller Schrei, und die ganze Gesellschaft stob auseinander.

Zeitig am Morgen – es regte sich noch nicht viel auf der Polizeistation – verließen wir unsere Gastgeber still und leise. Die braunen Diener des Gesetzes schlummerten tief.

Nebelschleier in den Tälern, die Gipfel leicht gerötet, zartviolette Gebirgskonturen, ein gelbwarmer Himmel ...

Wir durchfuhren Teeplantagen, deren saubere Gepflegtheit uns jetzt besonders auffiel und erfreute, als wären wir unendlich lange fortgewesen. Welch würzige, kühle Luft! Hier in zweitausendfünfhundert Meter Höhe, in Nuwara Eliya, dem Davos Ceylons, pflegen sich reiche Singhalesen und Europäer von der tropischen Hitze zu erholen. Schöne, gepflegte Golfplätze, Erholungsheime, wunderbare Bungalows der Plantagenbesitzer, Gärten voll farbiger Blumen und Tennisplätze. Rasch glitten wir auf den guten Straßen in die Ebene hinab, über Kandy nach Colombo.

Mit struppigen Bärten, aber sonnenverbrannt und frisch trafen wir bei Hagenbeck ein, wo unser Python große Freude auslöste. Er fand ihn erstaunlich groß, prächtig gezeichnet und zahlte fünfundzwanzig Rupien. Der kleine Verdienst trug zur Deckung der Unkosten bei. Wenige

Tage später erschien in der »Times of Ceylon« ein Artikel über zwei Deutsche, die wohlbehalten aus dem Urwald zurückgekehrt wären und sogar eine Riesenschlange mitgebracht hätten, die jetzt im Zoo von Colombo zu sehen sei.

Paul Wirz
Ceylons Früchte. Ceylons Kokospalmen

Was für herrliche Früchte diese gesegnete Insel hervorbringt: Bananen, Ananas, Papaya, Mango, Mangustan, um nur die bekanntesten zu nennen. Herrlich ließe sich von diesen und den nicht minder zahlreichen Gemüsesorten, von denen viele ebenfalls roh genossen werden können, leben. Aber davon hat weder der Eingeborene noch der hier ansässige Europäer jemals gehört, und was sowohl die einen als auch die anderen aus diesen von der Natur dem Menschen in den Schoß gelegten Gaben herrichten, ist derart, daß einem die Haare zu Berge stehen. Mit dem scharfen spanischen Pfeffer, dem Chili, und anderen scharfen Kräutern und Wurzeln wird alles, ob Fisch oder Fleisch, Gemüse oder Kraut zusammengehackt und zusammengebraut zu den bekannten Currys, die nur die Zuspeise zu dem unentbehrlichen, in Wasser gekochten ungesalzenen Reis bilden. Früchte bilden hingegen, tout comme chez nous, immer nur den Nachtisch, und es gilt fast als unschicklich, wenn man mehr als zwei oder drei Bananen auf einmal verzehrt. Selbst diese Frucht, die doch allenthalben und das ganze Jahr hindurch gedeiht, wird von den Eingeborenen als ein Luxus angesehen, und nie wird es einem Eingeborenen einfallen, eine größere Menge dieser oder auch anderer Früchte zu kaufen. Doch kann man dies ebensogut von allen anderen Nahrungsmitteln, den Reis ausgenommen, sagen. Wenn der Dörfler Gemüse oder Früchte kauft, so handelt es sich immer nur um wenige Cent, die er dafür ausgibt. Denn alles ist nur Zuspeise zum Reis, oder sollte es jemals einem einfallen, eine größere Menge an Früchten zu kaufen, so geschieht es höchstens im Hinblick auf ein Festessen, damit man auch sieht, daß man es zu kaufen vermag, oder aber im Hinblick auf ein

Sangha-dane, d. h. um eine den Bhikshu eines Klosters gespendete Mahlzeit, um den Anschein zu wahren, daß man alles in Hülle und Fülle besitzt und nicht geizig ist. Aber eben darin zeigt sich der wahre Charakter dieser Menschen, indem sie weder sich selbst noch anderen etwas gönnen, und es ist schon eine Seltenheit, wenn man einmal ein Kind eine Banane essen sieht, die ihm als Leckerbissen zugesteckt wurde. Selbst in besser situierten Kreisen ist es in dieser Hinsicht nicht anders.

Eine eigentliche Unsitte besteht auch darin, daß man gewisse Früchte, wie Papaya und die Früchte des Brotfruchtbaumes, niemals ausreifen läßt, sie vielmehr in gänzlich unreifem Zustand als Curry zubereitet. Mit langen Stangen werden die Früchte, wenn noch vollkommen hart und unreif, vom Baume geholt, um hierauf mit verschiedenen Kräutern und Ingredienzien so lange geschmort zu werden, daß man überhaupt nicht mehr weiß, was es ist. Oftmals habe ich mich gefragt, was die Leute zu dieser eigenartigen Sitte, oder besser gesagt, Unsitte geführt haben mag. Von ihnen selbst wird man alles mögliche zur Antwort erhalten: daß die Früchte, wenn sie allzulange am Baume hängen, bloß den Neid der anderen erregen und gestohlen würden oder daß die Tiere sie anfressen, daß sie in geschmortem Zustand bekömmlicher seien, als wenn man sie roh ißt, daß sie eine Zuspeise zum Reis haben müßten, die nur in Form eines Curry möglich sei, und anderes mehr. Mir aber scheint, daß es hier wie in allen Dingen einzig die große Gleichgültigkeit des Eingeborenen ist, die es mit sich bringt, daß er die Früchte unreif vom Baume nimmt und nicht wartet, bis sie ausgereift sind. Denn was kümmert es ihn schließlich, ob seine Früchte reif sind oder nicht. Er macht es übrigens nicht bloß mit den als Curry zubereiteten Früchten so, sondern mit allem Genießbaren, das die Natur ihm liefert. Er ist in dieser Hinsicht nicht anders als die Kinder bei uns, die mit Vorliebe die unreifen Früchte von den Bäumen nehmen, um etwas zum Knabbern zu haben. Unbekümmert um den Geschmack, der bei diesen Menschen vielleicht noch zu unverdorben ist, steckt man auch jede Beere in den Mund, die zufällig an einem Strauch wächst und die wir geradeswegs als ungenießbar erklären würden. Man ißt auch jede Frucht, die nicht gerade schädlich ist, man kaut und ißt gerade das, was man zur Hand hat, denn wählerisch ist man wirklich nicht. Daß man hierbei auch zuletzt an seine Gesundheit denkt, ist ohne weiteres einleuchtend, und doch hegt man gerade in dieser Hinsicht die seltsamsten Auffassungen. Früchte, Gemüse, Wurzeln, überhaupt alles Genießbare, wird in zwei oder drei Kategorien eingeteilt. Zur einen gehört das, was erhitzend, zur anderen das, was kühlend wirkt. Beides ist für den Organismus schädlich, verursacht Störungen und gibt zu Krankheiten Veranlassung. Am zuträglichsten und bekömmlichsten sind daher nur diejenigen Früchte, Gemüse und Speisen, die weder erhitzend noch kühlend wirken, sondern ausgeglichen, neutral sind. Solche können auch in größeren Mengen ohne Schaden genossen werden. Ganz besonders gilt dies für die Früchte, von denen die meisten entweder zu kalt oder zu warm sind. Tatsächlich gibt es sehr wohlschmeckende Früchte, die in anderen Tropenländern geschätzt werden, wie z. B. den »Sauersack«, die aber von den Singhalesen überhaupt nicht beachtet werden und auch niemals auf einem Markt zu sehen sind. Nur um sie an den Europäer zu verkaufen – daß sie einem geschenkt werden, kommt auch etwa, doch selten vor –, ist sie gut genug. Kühlend wirken nach Ansicht der Singhalesen auch der Granatapfel, Melonen, Kürbisse und Gurken, Eierfrüchte, die Jackfrucht, die Advokatenbirne, die Weintrauben, auch gewisse Bananensorten, die aus diesem Grunde ebenfalls verschmäht werden, erhitzend aber die Mango, die Papaya, die Brotfrucht sowie unsere Äpfel und Pflaumen. Vor allem aber soll man, nachdem man gebadet hat, keine kühlenden Früchte oder Speisen zu sich nehmen, da damit dem Körper in zweifacher Hinsicht Wärme entzogen wird. Auch muß man vermeiden, daß Heißes und Kaltes zusammenkommen, da solches unbedingt schädigend auf den Organismus wirkt. Aus diesem Grunde auch wird es einem Eingeborenen niemals einfallen, während der heißen Zeit des Tages zu baden, d. h. sich mit Wasser zu übergießen, wie er es des Morgens und Abends zu tun pflegt. Viele Krankheiten werden auf Nichtbeachtung dieser Vorschriften zurückgeführt. Sie erscheinen uns vielfach lächerlich und übertrieben, werden aber von den Eingeborenen mit größter Selbstverständlichkeit eingehalten.

Über die Entstehung der Krankheiten und deren Bekämpfung oder Beseitigung habe ich andernorts ausführlich berichtet. Tatsächlich spielt die Heilkunde in ihren verschiedensten Formen und Auswüchsen, d. h. als medizinische Wissenschaft, als Beschwörung und Austreibung der Teufel und Dämonen, als Beschwörung der Planeten und Beseitigung der von ihnen ausgehenden schädigenden Kräfte, als Gebete und Opferriten für die Gottheiten und schließlich als der Glaube an die Wirksamkeit von Amuletten, Talismanen, Zauberformeln und Zauberdiagrammen bei diesen Eingeborenen eine ungeheure Rolle. Das ganze Leben von der Geburt bis zum Grabe, das ganze Denken und Trachten scheinen davon ausgefüllt zu sein, und ich wüßte kein zweites Volk der Erde, das sich soviel Sorge um sein körperliches Wohlsein und Ergehen macht wie die Singhalesen.

Unabsehbar zieht sich der dichte grüne Gürtel schlanker, schattenspendender Palmen dem Strande entlang. So weit das Auge blickt, Stamm an Stamm, kerzengerade gegen den Himmel strebende, geneigte, seltsam gekrümmte und auch solche, die nahezu oder ganz horizontal gerichtet sind und mit ihren mächtigen Blätterkronen des Gleichgewichtes beraubt, im leeren Raume zu schweben scheinen. Mehr als der weltberühmte Tee, der Zimt und die Perlen bilden die Kokospalmen und deren Früchte das A und das O dieser gesegneten Insel. Denn was hat der Eingeborene von jenen drei oder vier weltberühmten Produkten, von denen wohl Ceylons Reichtum, durch die Brille des Welthandels und der Kolonialpolitik betrachtet, abhängen mag, mit denen sich aber in Wirklichkeit gar nichts anfangen läßt. Die Kokospalmen hingegen bedeuten für ihn alles. Ich will hier nicht alle die Eigenschaften und Verwertungsmöglichkeiten der Kokospalme und deren Früchte oder alle die vielen Bestandteile der Pflanze und für was diese zu gebrauchen sind, aufzählen, noch will ich mit Zahlen aufwarten, die über den Export der Kopra berichten sollen. Alles das ist zur Genüge bekannt. Weniger bekannt aber dürfte sein, daß die Kokospalme in den Augen der Eingeborenen nicht ein gewöhnlicher Baum wie die anderen, sondern ein höheres Wesen göttlichen Ursprungs ist, dem infolgedessen Ehrerbietung gezollt werden muß. Auch sind die Kokosnüsse nicht leblose Objekte, denn auch sie enthalten göttliche Kräfte, infolgedessen auch sie, so wenigstens bei gewissen Anlässen, mit besonderer Ehrerbietung behandelt werden müssen. Dieser nützlichste und edelste aller Bäume entstand, wie eine alte indische Überlieferung berichtet, aus dem abgeschlagenen Haupt des Göttersohnes Shivas. In seinem Unmut und Leichtsinn hatte Shiva eigenhändig seinen Sohn enthauptet, dann aber dem enthaupteten Körper den Kopf eines Elefanten aufgesetzt, so daß er zum bekannten in Indien wie auch auf Ceylon verehrten Ganesha, dem Gana-deviyo der Singhalesen, wurde. Gana-deviyo, so nennen daher die Singhalesen auch heute noch die Kokospalme, wenigstens in ihren Versen und Formeln, die die Volkspriester und Medizinmänner bei den Zeremonien zu sprechen pflegen und sich dabei auf die alte Überlieferung berufen.

»Das Haupt des Gana-deviyo entzweischlagen«, hört man gelegentlich sagen, wenn man eine Kokosnuß entzweischlägt, und auch dies bezieht sich auf die alte göttliche Sage, die von der Entstehung der Kokosnuß berichtet. Wie ich schon sagte, muß die Kokosnuß bei gewissen Gelegenheiten mit Respekt behandelt werden. Dies gilt besonders auch von den beiden Schalenhälften einer entzweigeschlagenen, geschälten Nuß, die man als männliche und weibliche unterscheidet. Die mit dem Keimloch ist die weibliche, die weniger wertvolle, weniger ehrbare; die andere die männliche, die ihrer edleren Eigenschaften wegen mit einer gewissen Ehrerbietung behandelt werden muß. Aus diesem Grunde darf sie z. B. niemals als Hocker verwendet werden, dazu ist vielmehr die weibliche da. Da die männliche keine Durchbohrung besitzt, läßt sie sich zu allen möglichen Dingen verwenden und verarbeiten. Kleine Gefäße, Löffel und die verschiedensten Geräte werden aus ihr angefertigt. Zu all dem eignet sich die weibliche nicht. Einzig als Brennmaterial und als Hocker kann sie verwendet werden.

Das Entzweischlagen einer Kokosnuß ist bei gewissen Anlässen von großer Bedeutung, denn es kommt ihm die Rolle eines Vorzeichens zu. Je nachdem, wie die beiden Schalenhälften nach dem Entzweischlagen hinfallen, schließt man auf den Ausgang eines Ereignisses, eines Vorfalles usw. So verfährt man beispielsweise vor einer Eheschließung und auch bei gewissen Zeremonien, die die Befreiung einer einem Dämon zum Opfer gefallenen Person zum Gegenstand haben. Göttlichen Ursprungs ist auch ein uraltes Kampfspiel, bei dem sich zwei Parteien bilden, die einander Kokosnüsse zuwerfen. Während der eine wirft, hält der andere in einem Abstand von ungefähr fünfzehn Metern mit den beiden Händen eine Kokosnuß vor sich hin, um den Schlag aufzufangen. In den allermeisten Fällen geht dann eine der beiden Nüsse in Stücke. Das Spiel wird so lange fortgesetzt, bis nur noch zwei Nüsse übrig sind, die dann in feierlichem Aufzug nach dem nahen Tempelchen, dem Devalaya, gebracht werden, wo sie vom Priester in Empfang genommen und der Gottheit als Opfer dargebracht werden. Hierauf findet mit ihnen ein letztes Spiel vor dem Tempelchen statt, so daß eine einzige unzerbrochene Nuß übrigbleibt, die endgültig im Devalaya verwahrt wird. Aus den zerschlagenen Nüssen wird hingegen Öl bereitet, das teils an den nächtlichen Prozessionen für die Ölfackeln, teils zur Speisung der Öllämpchen des Devalaya verwendet wird.

Ich habe dieses Kampfspiel, wie man es im südlichen Teil von Ceylon namentlich zur Zeit von Epidemien, und zwar zu Ehren der Göttin Patini-devi abhält, ausführlich anderswo berichtet und unterlasse es daher, hier näher darauf einzugehen. Aber es gibt noch vieles über die Kokospalme zu berichten, die mit Fug und Recht als Ernährerin des singhalesischen Volkes, so wenigstens im Gebiet der südlichen und westlichen Küste, bezeichnet werden kann. Alles dreht sich hier um diese Palme und deren Früchte. Sie liefern ihm Bauholz, Brennmaterial, Material für Matten, Körbe, Taschen, Zäune, Material zum Bedecken der Dächer, Fasern zur Anfertigung von Stricken, Matten und Läufern, die man aus diesen verfertigt, sowie zum Füllen von Matratzen und Polstern.

Von den Früchten und der Kopra, die aus dem Fruchtfleisch gewonnen wird, will ich hier nicht weiter reden. Das alles ist zu gut bekannt und hundertmal beschrieben worden. Weniger bekannt dürfte aber sein, wie die äußere, faserige Schale der Nuß verarbeitet wird und daß das Material all der Kokosläufer und Matten, die wir in unseren Wohnungen gebrauchen, von der Süd- und Westküste Ceylons stammt. Nähert man sich einem Dorf, das an einer Lagune oder einem See gelegen ist, so vernimmt man von weitem schon ein gleichmäßiges Klopfen und Hämmern, dem der Unkundige nicht sogleich auf die Spur kommen wird. Erst beim Nähertreten wird er gewahr, daß es Mädchen und Frauen sind, die, am Ufer einer Lagune kauernd, mit schweren Holzstücken die im Wasser aufgeweichten Schalenstücke der Kokosnüsse bearbeiten. Neben ihnen liegen, an der Sonne zum Trocknen und Bleichen ausgebreitet, die seidenweichen Fasern, die aus diesen unansehnlichen und infolge des langen Liegens im schlammigen Wasser übelriechenden Schalen herausgearbeitet worden sind. Allenthalben gewahrt man auch am Ufer in den See hinausgebaute Zäune, welche viereckige Kästen von ein, zwei oder auch mehr Spannen im Geviert umfassen und zur Aufnahme der Schalenstücke dienen, die für drei bis vier Monate ins Wasser gelegt und so zum Mazerieren gebracht werden müssen. Nach diesem Prozeß lassen sich dann die Fasern unschwer herausarbeiten und erhalten ein glattes, seidenweiches Aussehen. Seit Jahrzehnten wird diese Arbeit hier verrichtet, und es ist daher kein Wunder, daß die Ufer der Lagunen überall verschlackt sind und sich in einen regelrechten übelriechenden Morast verwandelt haben, woran jedoch niemand Anstoß nimmt. Denn die Arbeit bringt Geld ein, und das ist die Hauptsache. Durch die in Gärung übergehenden Kokosschalen und den sich anhäufenden Unrat ist auch die Luft verpestet, und wo man geht und steht, nimmt man diesen säuerlichen unangenehmen Geruch wahr. Männer stehen bis zu den Hüften in dem schlammigen Wasser, nehmen die eingeweichten Schalen aus den Kästen und beschicken sie mit frischem Material. Das Bearbeiten derselben, das Ausklopfen der Fasern ist aber ausschließlich Sache der Frauen und Mädchen. Beginnend mit dem Abschälen der Nüsse bis zum Einlegen und Herausnehmen der Schalen ist hingegen alles Arbeit der Männer. Da sieht man, wie die äußeren Schalen der reifen Nüsse mit Hilfe eines in den Boden eingelassenen, zugeschärften Eisens entfernt werden, um auf Ochsenkarren nach der Arbeitsstätte an der Lagune gebracht zu werden. Für manche mag jedoch der Transport auf dem Wasserwege einfacher sein. Dies geschieht, indem die Schalen, in einem großen Netz verstaut, an einem langen Tau mit Hilfe eines Bootes nach der Arbeitsstätte geschleppt werden. Fünf Rupien zahlen die Leute, die die Schalen verarbeiten, für tausend Stück, von denen zwei oder drei auf eine Nuß gehen; ein ansehnlicher

Preis, wenn man bedenkt, daß sie ja sonst vollkommen wertlos sind und höchstens noch als Brennmaterial verwendet werden können. Nachdem sie aber drei bis vier Monate im Wasser gelegen haben, beträgt der Preis das Fünf- bis Zehnfache. Herzlich gering ist aber der Verdienst an der eigentlichen Verarbeitung der Schalen, der sich auf fünf oder sechs Cent pro hundert Schalenstücke beläuft. Dazu kommt noch, daß für die an den Lagunen gebauten Umzäunungen, in die die Kokosschalen eingelegt werden, eine kleine Abgabe an den Staat entrichtet werden muß. Das Ausklopfen der Fasern aus den Schalenstücken ist zwar keine schwierige, aber auf die Dauer doch ermüdende Arbeit, und gearbeitet wird von früh bis spät. Sobald die Sonne aufgegangen ist oder doch nur wenig später beginnt auch alsbald das emsige Klopfen, das erst mit Eintritt der Dämmerung wieder verstummt, und so Tag für Tag mit Ausnahme des Vollmond- und Neumondtages. Wohin man sich auch wendet, wo immer ein Tümpel, ein Teich oder eine Lagune mit süßem oder brackischem Wasser sich befindet, denn Seewasser eignet sich nicht zum Einlegen der Schalen, da ist auch die Arbeitsstätte der unermüdlich arbeitenden Frauen und Mädchen. Aber auch in ihren Hütten sind sie nicht minder fleißig. Da werden die weißen Fasern zu dünnen Schnüren gedreht, wozu sie sich keines anderen Hilfsmittels als ihrer Hände bedienen. Wie viele Meter eines solchen Strickes eine Frau pro Tag herzustellen vermag, weiß ich nicht zu sagen. Auf alle Fälle ist es ein ansehnliches Bündel, das Tag für Tag aus ihrer Hände Arbeit hervorgeht. Aber die Hauptsache daran verdient wiederum nicht die Frau, die die Arbeit geleistet hat, sondern der Händler, an den sie sie verkauft, und die Firma, die sich mit dem Export der Kokosfasern und Stricke befaßt.

Aber auch die Männer sind nicht unbeteiligt an der Verarbeitung der Fasern, fällt ihnen doch die Aufgabe zu, aus den von den Frauen verfertigten Stricken dickere Taue herzustellen, wie sie für das Takelwerk der Segelboote wie auch zum Einholen der großen langen Netze benötigt werden. Ein anderer Industriezweig betrifft das Flechten oder Weben von Matten und Läufern aus den von den Frauen verfertigten Stricken, ebenfalls Männerarbeit, die wie auch alles andere zu Hause verrichtet wird. Die Vorrichtung zum Weben ist im Prinzip dieselbe wie beim malayischen Webeapparat. Die lange Webebahn, wie sie zur Anfertigung von Läufern erforderlich ist, wird im Freien auf dem Boden aufgespannt und das Fach durch eingesteckte Trennstäbe gebildet.

Walter Mangelsdorf
Ins Innere Ceylons

Am Neujahrstag reisen wir von Colombo ab. Braune Leutchen warten im Feiertagsweiß auf sonnigem Bahnsteig. Zwei junge Frauen sind noch beim Einsteigen, als sich der Zug vorzeitig in Bewegung setzt; und nun zeigt sich wieder die sanfte Art von Buddhas Volk: Kein Schrei, nur ein leiser Ausruf der Menge – dann hält der Zug wieder.

Wir reisen in der ersten Klasse, der Wagen ist mit köstlichen Tropenhölzern getäfelt. Eine wohlhabende Singhalesenfamilie ist im Abteil. Zwei junge Frauen sitzen mir gegenüber, schön gescheitelt und frisch wie am sechsten Schöpfungstage. Wir können die Blicke nicht voneinander lassen, ich von Sympathie, sie von Neugierde bewegt. Ganz zarte Seidenschals, weiß, gelb und grün – das liegt auf der jungen dunklen Haut wie Blüten auf regenfrischer Gartenerde. Kurvenschön fließen Schultern und Arme herab, mit schwerem Silberschmuck sind die Gelenke bis über den Handrücken beladen. Die Nägel leuchten hennarot, und wenn sich die Hände öffnen, ist das Innere blaß, und die Linien stehen dunkel in der Palma.

Der Zug steigt. Teeplantagen, Reisfelder in grünen Stufen, trockene Gummiforsten. Es ist sehr heiß. Palmen, Palmen.

Ratnapura, die »Perlenstadt« – wer beschreibt die Lieblichkeit des tropischen Harz-Kurortes? Ringsum wiegen Palmenhügel ihre Kronen im Winde. Der Wald überzieht das Land wie ein moosiger Pelz. Auf der Höhe steht das Rasthaus mit dem Ausblick in Palmentäler, auf fernblaues Gebirge. Was gibt nur den südlichen Zonen diesen Paradieseszauber? Die kristallene Luft ist es, die Fülle des Lichts, die Lust an jedem Atemzug.

Höhenluft, monsundurchlüftete Bungalows, dazwischen

knallrote Wege, die vom Betel noch mehr gerötet sind. In der Straßenkreuzung steht ein beturbanter Polizist, tadellos uniformiert, nur daß er unter den Gamaschen barfuß ist.

In kleinen Buden schleifen sie Ceylons bunte Edelsteine, Saphir, Rubin, Chrysolith, Beryll und Mondstein, die der gelbe Schlamm des Urwaldflusses, schon rundgewaschen, mit sich führt. Ein Flitzbogen treibt noch heute wie in ältesten Zeiten den Schleifstein. Ich kaufe eine Handvoll der bunten Natursteine für eine halbe Rupie, und die Leute sehen erstaunt den Fremden an, der für Ungeschliffenes soviel Geld ausgibt.

Die blaßgrünen oder gelben Beryllsteine Ceylons waren schon im Altertum als optische Gläser geschätzt und von Kurzsichtigen gebraucht. Aus dem lateinischen berylli wurde dann unser deutsches Wort Brille.

Die Gefährtin bleibt plötzlich stehen und stößt mich an: »Eine Schlange«! Am Wegrand liegt sie im Gras, eine dicke dunkle Schlange. Jetzt springt sie auf, macht Männchen und zittert vor Angst. Es ist einer von den seltenen Fällen, daß wir Schlangen gesehen haben. Sie sind Nachttiere, und tagsüber schlafen sie für gewöhnlich in ihren Erdlöchern.

Dort ist der Urwaldfluß, die erbsgelbe Kalu-Ganga. Eine Fähre, ein Bhikkhu setzt über, ruhevoll in gelbem Gewande unter dem schwarzen Schirm. Ohne einen solchen Regenschirm (Modell 1900) wandert hier kaum ein Buddhamönch. Nur selten sieht man noch den riesigen runden Palmblattfächer, hinter dessen Wand der Asket Deckung findet vor dem Stich der Sonne und vor dem Stich aus schönen Frauenaugen. Begegnet der Mönch einem weiblichen Wesen, so zieht er sich in seine Clausura, das heißt hinter sein Riesenblatt, zurück. Aber leider hängt heute den meisten der unschöne Krückschirm am Arm.

Herrliche Tamarindenbäume, wie grüne Riesenschirme öffnet sich ihr weites Schattenrund! Ein großer Baum brennt in feuerroten Blüten. Wie mag sein botanischer

Name sein? Ich bin nicht neugierig, ich liebe die schönen Dinge namenlos. Luftige Markthalle mit niegesehenen Früchten; es duftet nach Curry und Jasmin, Pansupari liegt aus, Betel; es ist wohl das einzige Laster des Landes. Ein Bissen weißen Korallenkalks mit einem Stück Arekanuß auf grünem Blatt. Gekaut wird die Mischung rot und färbt Mund und Zähne. Selbst manche Bhikkhus kauen Betel.

Grammophontrichter quäken, und der Gefährtin wird in der Veranda einer offenen Schuhmacherei stundenlang ein Schuhknopf angenäht. Das erinnert mich an einen alten Bericht, nach welchem einstmals »hundert Mönche damit beschäftigt waren, das Bettelgewand des Erhabenen auszubessern« – und ich begreife das Arbeitstempo dieses Landes.

Die Bahngeleise dienen dem braunen Völkchen zum abendlichen Ruhesitz. Hier erholen sie sich vom Nichtstun des Tages, ihre Lendenschurze hocken in langen weißen Ketten auf den Schienen, und der Zug muß beständig pfeifen.

Auf der Anhöhe steht ein Hindutempel, und als die Sonne sinkt, tönt dumpfer Trommellärm herüber zum Ergötzen Shivas. Wir steigen die Höhe hinan. Zwei schwarze tamilische Männer hüpfen, immer toller um sich schlagend und immer aufgeregter, auf krummen Beinen herum. Bald haben wir davon genug. Noch lange ist der Lärm durchs Dorf zu hören.

Nun schwindet der Tag, ein unermeßlicher Wolkenturm, kilometerhoch, verglüht rosa über dem Palmenwald. Winzig, wie ein Miniaturbild liegt die Landschaft in der Tiefe darunter. Plötzlich kracht es in den rosa Massen – dann rauscht der Guß. Nur eine halbe Minute lang, aber ein so unwahrscheinlicher Guß, als führe der große Weltengärtner persönlich mit der Gießkanne über seine abendliche Schöpfung hin. Das ruft nach Adalbert Stifters Feder.

Zwanzig Minuten später ist es schon Nacht; nun erwacht die Urwaldhölle: Großkatzen und Schlangen suchen ihr tägliches Brot. Wir finden es im teuren Rasthause und löschen den Currybrand in der Kehle wieder mit Gingerale, einem Ingwerwasser, das fast noch schärfer ist. Treten dann hinaus in die warme Nacht – wie das hier flimmert und blitzt! Das Firmament erscheint von leuchtendem Goldstaub wie angeblasen; hellere und mattere Flecke sind es, niegesehene, und jeder von ihnen ist eine Unermeßlichkeit von Sonnenschwärmen. Milchweiß zieht sich die Große Straße darüber hin, und hier unten, wie Meteorfall, schwirrt die warme Luft voll glühender Insekten, die mitspielen in der großen Lichtsymphonie. Ratnapura ist Tropenrausch.

Vor dem Schlafengehen wird das Gemach nach Schlangen abgesucht, doch nur die kleinen Geckos, die zarten Alabastermolche kleben mit Kugelfingern an der Tünchwand.

Mittwoch. Zähneputzen mit belgischem Bier. Ich habe mir in den Kopf gesetzt, eine Urwaldflußfahrt zu unternehmen. Fieber oder nicht – ich will das erleben, und sei es im bedenklichsten Einbaum. Unser Boy wird also zwölf Stunden lang ein Boot suchen. »There is no boat, Sir«, beteuert er hundertmal, aber ich lasse nicht locker. Er macht schon ein ganz verzagtes Gesicht unter seiner Rodelmütze, denn er weiß: der Tip wird danach bemessen sein.

Endlich kommt die erste Offerte: einhundertdreißig Rupies, das sind zweihundertzwanzig Mark, will er für den halben Tag haben! Das Handeln beginnt, der Mann hat Zeit, ich auch. Schließlich wird er gar grob – der einzige Fall von Grobheit, der mir auf der Reise begegnete –, und dann einigen wir uns auf zwanzig Rupies.

Das Fahrzeug besteht aus zwei hohlen Einbäumen; ein Kistenbrett wird draufgenagelt, wir nehmen auf den Handkoffern Platz und treiben in die Erbsensuppe ab. Halb

Ratnapura steht am Ufer und schaut der sonderbaren Fähre nach.

Drei Mann steuern, und ein vierter, fast ganz nackter Kerl, muß sich als Ausschöpfer betätigen, denn der linke Hohlbaum leckt. Er besorgt das mit einer alten Konservenbüchse. Alle vier schwätzen unentwegt in der mißtönenden singhalesischen Mundart. Ihr Denken kommt von den sonderbaren Landesgästen nicht los, die eine solche Fahrt zu ihrem Vergnügen unternehmen. Endlich bitte ich um Ruhe, und sie verstummen auch sofort. Während der ganzen Fahrt wechseln sie kein Wort mehr.

Der Flußspiegel der Kalu-Ganga ist trotz des lehmigen Wassers so blank wie eine geschliffene Glasplatte, die auf erbsgelber Unterlage ruht. Hoher Uferdschungel umgrenzt das Bild. Eine dicke Schlange zieht, Kopf oben, durch das Trübe. Schwarze Krokodile liegen platt und regungslos an der Böschung und auf Sandbänken, die sich in jeder Flußbiegung anhäufen. Kentern unseres Floßes würde sicheren Tod bedeuten. Blaue Eisvögel erfreuen durch ihr leuchtendes Gefieder. Stille, nur Vogelsang ist zu hören und das Plätschern des Ausschöpfers. In allen Modulierungen tönt es durch den Wald, scharfe, endlos wiederholte Flötentöne, oft sind es ganze Kadenzen. Schildkröten schwimmen mit langen Hälsen vorüber. Wie ist die Luft so klar, der Tag so hell! Ein farbiger Vogel fliegt vor uns auf, er begleitet das Boot in unstillbarer Neugierde und flitzt uns immer wieder über die Köpfe hinweg.

Wir legen an, erklimmen die Böschung. Hinter dem Walde stehen gelbe Reisfelder. Nette Bauernkinder kommen scheu herzu, ich werfe Kupfer-Pais in die Luft, und sie hüpfen danach. Wir trinken zwei grüne Kokosnüsse aus, mit dem warmen Wasser von fadem Geschmack.

Nach dreistündigem Sonnenbrand auf den Tropenhut sind wir froh, in dem Dorf mit dem schönen Namen Kulugamoddera den Wagen vorzufinden, welcher uns in zwei Stunden nach Panadura bringt. Saubere Kokosdörfchen liegen an der roten Straße, und tünchweiße Glockendagobas, Reliquienkuppeln, stehen malerisch hier und da im Bananengrün versteckt.

Um fünf Uhr erreichen wir die Küste bei Mount Lavinia. Sandstrand und Muscheln. Die dunkelblaue See brandet weißschäumend draußen am Riff und schenkt den Hotelgästen einen haifischfreien Badeplatz. Die Palmen am Strande hat der ewige Monsun tief herabgeduckt, er zaust sie am langen Haar wie ungezogene Buben.

Unser Landsmann ist wieder da, er hat sich inzwischen eine bunte Kobra auf den Arm tätowieren lassen und fiebert. Der Arm ist dick angeschwollen.

Max Mohl
Ein Reisbauerndorf in Raja Rata

Am Spätnachmittag kutschiert Mr. Devenda seine Gäste durch Dschungel und Chena-Rodungen. Er will ihnen ein singhalesisches Reisbauerndorf zeigen, das Dorf, in dem er arbeitet. Die Männer sitzen vorn und fachsimpeln ein wenig. Sabine hat es sich im Fond bequem gemacht; sie bewundert die Natur. Der Wald zu seiten der Straße ist ihr nicht ganz geheuer: Er steht wie eine Wand. Sie hat den Eindruck, als könne er jeden Augenblick über ihr zusammenschlagen. Aber etwas anderes ist ihr noch unheimlicher – das, was sie nicht sieht, was sich hinter den Ästen, Farnen und riesigen Blättern verbirgt.

»Mr. Devenda, gibt es hier noch Elefanten?« piepst sie.

Der Singhalese dreht sich zu ihr um. »Natürlich!« lacht er, »und mehr, als den Waldbauern lieb ist. Aber die Herden leben sehr verstreut, sie sind nicht zu vergleichen mit den Beständen des vorigen Jahrhunderts. Damals waren die Dickhäuter noch die Herren des Dschungels. Allein in diesem Gebiet wurden in zwei Jahrzehnten über viertausend Elefanten getötet. So viele gibt es heute auf der ganzen Insel nicht mehr.«

»Sind die Tiere sehr gefährlich?«

»Das kommt darauf an – und wer schlau ist, läßt es lieber nicht darauf ankommen!« Er zeigt auf einen Opferstock seitlich der Straße: »Man kann sich rückversichern, indem man eine Kokosnuß opfert und ein Weihrauchstäbchen entzündet. Bhairava und Ganesha wissen das zu würdigen.«

»Ich denke, die Leute hier sind Buddhisten?«

»Nun ja, so spitzfindig darf man nicht sein. Für Elefanten ist nun einmal Ganesha zuständig. Lord Buddha tut das keinen Abbruch.«

Eine Herde Büffel steht plötzlich inmitten der Straße. Der Wagen – er kam mit siebzig aus der Kurve – rutscht mit kreischenden Bremsen gegen einen urigen, schwarzen Schädel. Die mächtige Hornmasse senkt sich zum Stoß, die Augen blinzeln böse, aber dann schüttelt das Tier den Kopf: »Nein, nicht der Mühe wert!«

Die Büffel sind schlammüberzogen und von Myriaden grünschimmernder Mücken umschwärmt. An den muskulösen Hälsen hängen Zecken, von den Mäulern pendeln Blutegel; Rotz fliegt umher, sooft sich die Köpfe bewegen. Sabine ist in die Mitte ihres Sitzes gekrochen und sagt kein Sterbenswörtchen mehr. Die Männer bleiben tapfer: Sie haben einen kleinen Jungen entdeckt, der hinter den Büffeln aus dem Dschungel getreten ist und die Herde nun mit einer Gerte und einigen Zurufen antreibt.

»Die Tiere kommen von ihrem mittäglichen Bad«, erläutert Devenda. »Dort drüben liegt ein *tank*, ein künstlicher See.«

Hundert Meter weiter geht der Wald zu Ende. Ein flaches Tal tut sich auf. Felder und Wiesen und ein Dorf sind zu sehen. Pflügende Bauern stapfen hinter schlammverkrusteten Büffelgespannen her. Am Bachufer hocken Frauen und Mädchen. Sie klopfen ihre Wäsche und legen die Tücher zum Trocknen in die Sonne. Palmenhaine säumen die malerische Szenerie.

»Können wir uns nicht für zehn Minuten an den Waldrand setzen?« Bei Sabine ist wieder die romantische Ader durchgebrochen.

Devenda bremst und hält an. Er nimmt die Decke von seinem Sitz und breitet sie im Schatten eines Baumes aus. »Alright?«

Sabine sitzt schon. Sie hat ihren breitkrempigen Schlapphut abgenommen und schüttelt ihr Haar auf. »Es ist wundervoll hier, einfach wundervoll!«

»Ja, es ist ein sehr hübsches Tal, aber es ist nichts Besonderes, und das Dorf – ein typisches Reisbauerndorf – ist nur eines unter Tausenden. Fünfundneunzig Prozent der Bewohner sind Goyigama, und am unteren Ende der Siedlung – dort drüben – wohnen einige Dhobi- und Durava-Familien. Seit Jahrhunderten geht das Leben hier seinen stets gleichen Gang. Pflügen, säen und ernten, das ist der Rhythmus. Auch das Drumherum, die Riten und Zeremonien, sind seit Urväterzeiten die gleichen. Die Feldbestellung beginnt an einem vom Astrologen berechneten glückbringenden Tag. Der Boden wird zuerst trocken gepflügt (*bim naginava*), dann werden die Terrassen parzelliert und bewässert. Ist die Erde genügend aufgeweicht, beginnt die malerischste, aber anstrengendste aller Feldarbeiten: das *mudding*. Die Büffelgespanne und die Bauern waten in fünfzig bis achtzig Zentimeter tiefem Schlamm; sie pflügen das Feld zum zweitenmal (*deki hānavā*). Daß zuvor einige Opfer gebracht werden, versteht sich von selbst. Das Wachsen und Reifen der Frucht wird hier – wie anderswo – dem lieben Gott überlassen. Ist die Saat im Boden, gibt es kaum noch Arbeit. Nur die Bewässerung ist zu regulieren: Die ersten Tage nach der Aussaat bleibt die schlammige *liyädda* ohne Wasserzufuhr; man läßt den Körnern Zeit zum Keimen. Kommen die ersten grünen Spitzen, wird das Feld unter Wasser gesetzt, und zwar so, daß die Triebe immer ein wenig aus dem Wasserspiegel herausragen. Steht das Wasser ca. fünfzehn Zentimeter hoch, hält man es auf dieser Höhe, bis das Korn reif ist. An der Ernte nimmt das ganze Dorf teil. Die Bauern unterziehen sich einer rituellen Reinigung, essen *kiri-bat*, einen glückbringenden Milchreis, und machen sich dann mit Sicheln an die Arbeit. Das Dreschen, die vierte und letzte Phase der Reiskultivierung, ist mit besonders viel Zeremonien verquickt. Frauen dürfen grundsätzlich nicht daran teilnehmen, und die Felder müssen in einer bestimmten Reihenfolge gedroschen werden.«

»Das hört sich alles sehr perfekt an«, meint Thomas, »aber eines ist mir unklar geblieben: In welchem Stadium wird der Reis umgepflanzt? Ich habe hier noch nie Frauen und Mädchen gesehen, die auf überschwemmten Feldern standen und junge Reispflanzen einsetzten.«

Der Inspektor nimmt seinen Grashalm aus dem Mund und nickt: »Da werden Sie auch vergebens danach Ausschau halten. Das Umpflanzen, die sogenannte japanische Methode, wird zwar in aller Welt praktiziert, aber unseren singhalesischen Bauern konnten wir sie noch nicht beibringen. Wir haben die Vorteile des Umpflanzens zwar mit beredten Worten gepriesen, wir haben von großen Ernten und wohlhabenden Dörfern erzählt, aber das alles war *beeri aliyahta vehnah gayannahsch* – es war, als würde man einem tauben Elefanten auf der Harfe vorspielen. Natürlich gibt es Ausnahmen. Bei Kegalla und Kandy haben sich einige Dörfer zur Transplantation bereit gefunden und auch vorzügliche Resultate damit erzielt. Aber das verfängt nicht. Das Gros der Bauern scheut die Mehrarbeit. Die meisten besitzen zwar nur winzige Grundstücke (ein acre und weniger), aber bei sparsamer Lebensführung kommen sie damit zurecht. Warum also mehr arbeiten? Niemand denkt an die Volkswirtschaft als Ganzes, niemand kümmert es, daß Ceylon die Hälfte seines Reises importieren muß. Die wirtschaftliche Notlage, die sich daraus ergibt, wird von Jahr zu Jahr eklatanter.«

»Hat die Regierung irgendwelche Zwangsmaßnahmen in die Wege geleitet?«

»Ja und nein! Sie hat sich in erster Linie darum bemüht, Neuland zu erschließen und die Pächter, von denen es eine ganze Menge gibt, vor allzu großer Ausbeutung zu schützen. Der Erfolg war nicht besonders groß. Die Neuland-Bauern zogen es des öfteren vor, ihren Grund und Boden wieder zu veräußern und in der nächstgelegenen Stadt auf das *profit sharing*, die vielpropagierte Gewinnbeteiligung an den Fabriken, zu warten. Und die Pächter? Sie haben nach wie vor kein Eigentum und passen ihre Arbeitsleistung dem Pachtzins an.«

Sabine hat das Fernglas zur Hand genommen und studiert den Badeplatz (*ambalam*), ein kleines, zementiertes Becken seitlich des Baches. »Die Frauen sind hübsch anzusehen«, konstatiert sie, »und wie flink sie sind – sie wechseln ihre *camboys* im Bruchteil von Sekunden. Am fleißigsten sind die Backfische; sie nehmen sich der Kleinsten an und bewältigen nebenbei auch noch die Wäsche.«

Mr. Devenda schmunzelt: »Das werden wohl keine Mädchen, sondern junge Frauen sein.«

Sabine vergewissert sich noch einmal: »Ausgeschlossen! Die Kinder sind höchstens vierzehn, fünfzehn oder sechzehn Jahre alt.«

»Ja, das ist das Alter, in dem man die meisten Babys kriegt.«

»Was?« Sabine schnappt nach Luft.

Doch Devenda läßt sich nicht beirren: »*Om namo! Bhajanaya lingu esvaha!* heißt ein hierzulande vielzitiertes Mantra. ›Dem Lingam zu Diensten!‹ Es kommt zu Ehren, sobald es die Natur zuläßt. Und die Burschen fangen mit dem ›Verheiratetsein‹ an, sowie sie siebzehn oder achtzehn sind.«

»Andere Länder, andere Sitten!« grinst Thomas.

»Wenn es Sie interessiert, will ich Ihnen gerne einiges darüber erzählen.«

Sabine zögert. Sie weiß nicht, ob sie auf den Vorschlag eingehen soll. Sie schaut Thomas an. Der hat weniger Skrupel. »Ja, bitte!« sagt er.

Devenda kratzt sich hinterm Ohr: »Wo soll ich anfangen? – Bleiben wir bei der Pubertät! Damit fängt's ja immer an. Für die Jungen ist der geschlechtliche Reifeprozeß eine vage Phase. Er ist kaum wahrzunehmen oder nur daran, daß sich die Söhne der elterlichen Obhut mehr und mehr entziehen. Für die Mädchen ist der Beginn der Menstruation ein gravierendes Ereignis, ein Fest, das mit der *lokuna*-Zeremonie oder der *mal-varauna* (aufgegangene Blume) gefeiert wird. In der Gegend von Colombo spricht man nicht von *lokuna*, sondern von *kotoluna*, was das gleiche bedeutet (herangewachsen). Zeremonienmeisterin ist die Dhobi-Frau, die Wäscherin des Hauses. Sie nimmt dem Mädchen seine Wäsche ab und kleidet es neu ein. Das Haupt der Debütantin wird mit Öl bestrichen und mit einer Kokosblüte gesegnet. Die Blüte wird auf das Dach des Hauses geworfen und das Mädchen dann in einen separaten Raum geführt, wo es mit einer älteren Frau zwei bis drei Wochen isoliert bleibt. Fehlt es an Raum, hängt man einfach eine Decke auf und setzt das Mädchen dahinter. Während der Quarantäne darf die kleine Unreine auf keinen Fall einen Mann zu Gesicht bekommen. Auch das Essen wird von der wachhabenden Matrone mit Argusaugen überwacht. Es dürfen dem Mädchen weder Fleisch noch Fisch noch Eier serviert werden. Ist die Reinigungszeit um, geht die Mutter des Mädchens zum Astrologen (*sastra-kariya*) und bittet ihn, die beste Zeit für ein Bad zu errechnen. Das Bad findet nicht auf der Tenne statt, auch nicht am Bach, sondern unter einem gut im Saft stehenden Jack-, Papaya- oder Gummibaum. Die Dhobi-Frau schüttet dem Mädchen in landesüblicher Manier Wasser über den Kopf und hält weise Reden dazu. Schließlich reicht sie der Jungfrau ein Messer und gebietet ihr, sieben Mal in die Rinde des Baumes zu stechen. Kommt Saft hervor, ist alles in Ordnung – man kann sich auf den Heimweg machen. Der Nachhauseweg ist nicht ohne Bedeutung; er kann zum Omen werden. Damit die Auspizien so glückbringend wie möglich sind, wird dafür gesorgt, daß dem Mädchen eine Frau im neunten Monat oder eine stillende Mutter begegnet. Der Anblick einer unfruchtbaren Frau wäre verheerend. Zu guter Letzt wird das Menses-Horoskop erstellt. Das ist Sache des Astrologen. Er berechnet es sehr genau, denn für ein Frauenleben ist das Reifehoroskop wichtiger als das Geburtshoroskop. Es wird bei allen bedeutenden Anlässen zu Rate gezogen, insbesondere bei der Verheiratung. Aber all das kümmert die Kleine bei ihrer Rückkehr ins Elternhaus wenig. Sie freut sich auf die Schleckereien und auf die Glückwunschbesuche der Nachbarn. Und sobald die große Rabantrommel dem Dorf das festliche Ereignis kundtut, wird jedermann wissen, daß die kleine Nirmala nun eine junge Frau ist. Und darauf ist sie sehr stolz. Die neue Würde hat aber auch ihre Schattenseiten. Die kleine Lady muß jetzt viel Zurückhaltung üben; sie darf sich außerhalb des elterlichen Grundstücks nur noch in Begleitung sehen lassen. Selbst wenn sie nur einkaufen geht, wird sie nie vergessen, ihren jüngeren Bruder oder eine ihrer Schwestern mitzunehmen. Ein Flirt, und sei er noch so harmlos, kann sie ihren guten Ruf kosten. Was ist da naheliegender, als möglichst bald zu heiraten? Mit dieser Aufgabe beschäftigt sich denn auch bald das halbe Dorf. Die Eltern, die Onkel und Tanten haben keine ruhige Stunde mehr. Sie wissen: Eine Heirat ist nicht bloß eine Verbindung zwischen Liebenden, sie ist eine Verschmelzung zweier Familienklans. Und dabei gibt es viel zu beachten: Blut, Mitgift, Kaste, soziale Stellung und vieles andere mehr. Weil die Status- und Kastenschranken nur wenig Raum lassen, kommt es nicht selten zu *crosscousin*-Verbindungen: Der Mann heiratet die Tochter des Bruders seiner Mutter oder die Tochter der Schwester seines Vaters. Unzulässig ist, daß er die Tochter der Schwester seiner Mutter oder die Tochter des Bruders seines Vaters heiratet. Charaktereigenschaften und persönliche Neigungen sind von untergeordneter Bedeutung. Die Mitgift ist wichtiger – die Mitgift und das Horoskop. Der Astrologe muß prüfen, ob das Mädchen gesund bleiben und viele Kinder haben wird. Stehen die Sterne schlecht, wird die Heirat verschoben. Ungünstige Einflüsse von seiten der Yakku oder Preteo, der Dämonen oder Geister, werden durch eine Beschwörung gebannt. Das alles ist langwierig und umständlich, und es kann dazu führen, daß das Mädchen mit seinem Liebhaber davonläuft. Dann heißt es von ihm: ›*Muna deligāva demanpianga* – Es beschmiert die Wangen seiner Eltern mit Ruß.‹ Mit anderen Worten: Es bringt Schande über seine Familie. Aber so weit läßt man es in der Regel nicht kommen, man weiß sich zu arrangieren. Das gilt nicht nur für die Pannen, die großen und die kleinen, das gilt auch für die Ehe schlechthin. Was immer die Verwandtschaft auch aushandeln mag – letzten Endes kommt die Ehe durch konkludentes Handeln zustande. Gemeinhin gilt die Regel, daß eine Frau dann verheiratet ist, wenn sie in aller Öffentlichkeit für einen Mann kocht. Man nennt das *common-law marriage*, Heirat nach Gewohnheitsrecht. Die Grenzen zwischen gesetzlicher und freier Liebe zu ziehen ist oftmals nicht einfach. Aber das ist mehr ein juristisches als ein praktisches Problem. Man weiß im Dorf sehr wohl, wer mit wem verheiratet ist, nur die Obrigkeit, die immer nach der Registrierung fragt, findet sich manchmal nicht zurecht.«

Devenda mißt seine Gäste mit einem schnellen Blick: »Ich hoffe, Sie sind jetzt nicht schockiert?«

»Warum denn? Wenn man in fremde Länder fährt, will man schließlich mit ihren Sitten und Gebräuchen vertraut werden. Und wenn ich ehrlich sein soll ...« – Thomas schmunzelt – »die Singhalesen sind mir jetzt noch sympathischer als vorher. Diese Insel ist wirklich ein Paradies!«

Sabine möchte noch wissen, ob es große soziale Unterschiede zwischen den Dorfbewohnern gibt. Den Hütten nach, so meint sie, müßten alle gleich reich oder gleich arm sein.

Der Singhalese wiegt den Kopf: »Ganz so einfach ist es nicht«, meint er. »Es gibt neben der Kastendifferenzierung verschiedene Wohlstandskategorien. Da sind einmal die *pohasath*, die Leute, denen es ausgesprochen gutgeht, bzw. die *sallikarayo*, die Leute, die Geld haben. Die Schicht darunter – sie ist sehr breit – rechnet sich zur *madyama*-Hautevolee, während die *samanya* schon gewöhnliches Volk sind. Die Ärmsten im Dorf, die *duppath*, die Leute, ›die Sorgen haben‹, leben von der Hand in den Mund. Sie können sich nicht mehr als eine Reismahlzeit pro Tag leisten. Es liegt auf der Hand, daß es nicht die Landbesitzer sind, die hungern müssen. Die Pächter und die Dienstleistungskasten sind es, die Kummer haben. Und dieser Kummer ist nicht immer nur monetärer Art. Viele leiden darunter, daß sie Menschen zweiter Klasse sind. Sie dürfen mit den Goyigamas, den Gs, nicht an einem Tisch sitzen, und wenn, dann nur auf einem niedrigeren Stuhl. Wird ein Töpfer, Weber oder Kalkbrenner von einem Goyigama angesprochen, dann geschieht das nicht in sehr respektvoller Form, während umgekehrt hochachtungsvolles Benehmen erwartet wird. Es wird im Dorf auch sehr darauf geachtet, daß sich niemand ungebührlich kleidet, das heißt besser, als es seinem Stande zukommt. Wenn ein Berava, ein Trommler, auf die Idee kommen sollte, ein *banian*-Hemd über seinen nackten Oberkörper zu streifen, dann mag er sehen, wo er mit seiner Trommelei bleibt. Kein standesbewußter Goyigama wird ihn mehr engagieren. Es ist schon vorgekommen – und die ›Times of Ceylon‹ hat davon berichtet –, daß Berava-Kindern, die mit einem *banian* in die Schule kamen, kurzerhand das Hemd heruntergerissen wurde. Aus solchen Zwischenfällen können sich richtige Kastenfehden entwickeln. Das kann so weit gehen, daß ganze Dörfer kurzgehalten werden. In Kandayo zum Beispiel, einem Dorf, das nur von Vahumpura bewohnt wird, bemühte man sich vor kurzem um eine Straße, um eine Verbindung zum nächsten Marktflecken. Man machte eine Eingabe, und Colombo genehmigte sie; binnen kurzem kamen Material und Straßenarbeiter. Man peilte das Dorf an, man baggerte und rodete, und schließlich stellte man fest, daß die Richtung verfehlt worden war. Die neue Straße endete als Sackgasse im Dschungel. Das war recht merkwürdig. Geschulten Vermessungstechnikern kann ein solcher Fehler nicht unterlaufen. Man forschte nach und fand den Grund – er war kastenbedingt. Den benachbarten Goyigama-Dörfern war es nicht genehm, daß die *jaggory makers*, die Sirupkocher, Kontakt mit der zivilisierten Welt haben sollten. Der für den Wegebau zuständige Goyigama-Amtmann hatte die Straßenbauer in eine falsche Richtung dirigiert.«

Thomas spuckt seinen Kaugummi aus und steht auf. »Er war sicher ein frommer Buddhist, der Herr Amtmann, einer, der nach dem schönen Buddhawort lebt: ›You are purified by your own meritorious deeds – Deine verdienstvollen Taten läutern dich!‹«

Devenda zuckt mit der Achsel: »Es ist immer dasselbe: Die Menschen tun alles für ihre religiöse Überzeugung – sie schreiben und kämpfen und sterben dafür, nur danach leben, das fällt ihnen schwer.«

Die Sonne neigt sich dem Horizont zu. Der Inspektor steuert den Wagen zu einer hochgelegenen Blockhütte und schlägt vor, daß seine Gäste eine Tasse Tee bei ihm trinken und einen Imbiß einnehmen. Eine junge Frau tritt unter die Tür des Bungalows. Devenda stellt sie als seine verwitwete Schwester vor, die ihm den Haushalt führt.

Die Besucher nehmen im Garten Platz und bewundern die Sehenswürdigkeiten des Dorfes: den Buddhaschrein (vihara), den Bobaum und das Tempelchen der *gama devayā*. »Nicht weit davon, in der großen Hütte, wohnt der Schultheiß des Dorfes, der *gamarala*. Er ist ein besonders aristokratischer Goyigama – ein Mudali.«

Devenda zeigt auf die gegenüberliegende Seite des Tales: »Es gibt noch mehr blaues Blut im Dorf! Dort drüben, am Waldrand ... Sehen Sie die Hütten? Sie gehören Gam-Weddas, ackerbautreibenden Ureinwohnern. Die Gam-Weddas sind nach landläufiger Ansicht ein wenig degeneriert – ein richtiger Wedda bestreitet seinen Lebensunterhalt mit Pfeil und Bogen –, aber niemand zweifelt daran, daß sie königlichen Geblüts sind. Keinem Goyigama würde es einfallen, die Weddas zu den niederen Kasten zu rechnen. Diese kleinen, pygmäengleichen Menschen sind nämlich das Produkt jener Verbindung zwischen Prinz Vijaya, dem Stammvater der Singhalesen, und der Yakka-Prinzessin Kuvanna. – Haben Sie schon davon gehört?«

Sabine nickt: »Mahavamsa, VII. Kapitel!«

Thomas schüttelt den Kopf. »Heiraten Sie nie eine ›studierte‹ Frau!« warnt er den Inspektor. »Sie liest im Bett die Taschenausgaben alter Chroniken und vernachlässigt ihren ...«

»Wird halb so schlimm sein«, lacht Devenda, und er blinzelt dabei Sabine zu, was wohl soviel heißen soll wie »das glaubt er ja selber nicht«. Es ist einfach unglaubwürdig, Sabine als Blaustrumpf ausgeben zu wollen.

»Wenn Sie eine Schwäche für alte Sagen und Märchen haben«, meint er dann, »muß Ceylon eine wahre Fundgrube für Sie sein. *Village Folk Tales* gibt es hier zu Tausenden. Kennen Sie welche?«

Sabine zögert, dann zählt sie einige auf:

»The Making of the Great Earth –	Wie die große Erde gemacht wurde
The Sun, the Moon – and the Great Paddy –	Die Sonne, der Mond und das große Reisfeld
The Frog Prince –	Der Froschprinz
The Black Stork's Girl –	Das Liebchen des schwarzen Storches.«

»Großartig! Einfach glorios!« Devenda ist begeistert. »Wissen Sie was: Ich werde jetzt meine Schwester rufen, die kann wundervolle Geschichten erzählen.« Er ruft Sita, die sich in der Küche zu schaffen gemacht hatte und eine gewisse Scheu an den Tag legt.

»Komm schon, Kind, setz dich!« Devenda rückt zur Seite und macht der jungen Frau Platz. »Unsere Gäste interessieren sich für ceylonesische Märchen und Fabeln. Würdest du uns eine kleine Geschichte erzählen?«

Sita schaut ihren Bruder mit großen Augen an und sagt nichts. Sie würde offensichtlich lieber in ein Mauseloch kriechen als hier, vor fremden Leuten, Märchen erzählen.

»Come on«, schmeichelt er, »du kennst doch eine ganze Menge! Kannst du dich an die Geschichte mit den vier Trommlern erinnern?«

Sita nickt; sie überlegt und beginnt dann etwas stockend: »Es waren einmal vier *tom-tom-beater*, vier Trommler. Sie wanderten wacker fürbaß. Sie wollten in ihr Dorf zurück. Unterwegs begegnete ihnen ein Mattenweber. Der Kinnara buckelte, als er die Trommler kommen sah. Er wußte, daß die Berava feine Leute sind, feine Leute – im Vergleich zu ihm. ›*Awasara?*‹ fragte er die Trommler. ›Darf ich mit eurer gütigen Erlaubnis vorbeigehen?‹ Die *tom-tom-beater* nickten huldvoll und ließen den Mann passieren. Doch kaum war er außer Sicht, kam es zu einem Streit zwischen ihnen. Jeder behauptete, daß er es gewesen sei, den der Mattenweber so unterwürfig angesprochen hatte; jeder wollte der erste im Quartett sein. Sie stritten und stritten sich und kamen zu keinem Resultat. Aber die Frage mußte unbedingt geklärt werden. Also machten sie kehrt und rannten dem Mattenweber nach, um seine Entscheidung zu hören. Nach zwanzig Minuten hatten sie ihn eingeholt. Unverzüglich stellten sie ihm ihre Frage. Sie wollten wissen, von wem er die Erlaubnis fürs Vorbeigehen erbeten hatte. Der Mattenweber warf einen Blick auf die vier und wußte Bescheid: ›From the biggest fool among you‹, sagte er, ›vom größten Simpel unter euch!‹ Die Trommler nickten und ließen den Mann ziehen. Zehn Minuten später entdeckten sie, daß ihr Problem noch immer ungelöst war. Wieder gab es Streit. Diesmal stritten sie darum, wer wohl der größte Simpel unter ihnen sei. Jeder wollte das Prädikat für sich in Anspruch nehmen. Und da keiner nachgab, mußte man das Problem fürs erste auf sich beruhen lassen. Aber kaum waren die Männer in ihrem Dorf, liefen sie zum *headman* und baten ihn um sein Urteil. Der Dorfhäuptling streichelte sich das Kinn und lächelte. Er sah von einem zum anderen und entschied dann, daß jeder von ihnen mit Fug und Recht von sich sagen könne, ein größerer Simpel als die anderen zu sein. Jeder habe den Streit gewonnen. Die Beravas strahlten, bedankten sich und zogen zufrieden ab.«

Sita war beim Erzählen etwas außer Atem gekommen. Nun blitzt ein glückliches Lächeln unter ihren tiefschwarzen Wimpern hervor; sie freut sich des Lobs ihrer Zuhörer. Dann wird es still in der Runde. Die Sonne ist schon vor einer Stunde untergegangen. Der Wald steht schwarz und schweigend. Über den Wolken glänzt es silbern. Fahles Licht tastet sich über Felsen und Wipfel, es sickert in Schluchten und Täler; es weckt die Zikaden, die Glühwürmchen und den Leoparden. Heiser klingt sein Husten herüber. Und dort unten am Bach? Ist da nicht ein Flüstern zu hören? Die Mädchen des Dorfes – wo sind sie?

Der Mond steigt höher und höher; er will sich im Dorfteich spiegeln und den Nereiden ›guten Tag‹ sagen. Auch die anderen Götter ruft er wach: Nattini, Skanda und Bhairava! Er lockt die Kobolde und Dämonen, die Yakku, Faune und Furien. »Hooo, hohohooo …«, hallt es über die Wipfel. Es lacht und kichert, es schnalzt und kollert. Die Stunde der Geister ist da. Die Toten spotten der Lebenden. Nichts lassen sie ihnen: keinen Schutz, keinen Glauben, keinen sicheren Hort – nur ein Schaudern und das bleiche, das fahle Licht des Mondes.

Ulrich Makosch
Sigiriya – Kleinod im Paradies

Da bin ich doch heute dem leibhaftigen Herrn Kassiapa begegnet, der den Beinamen Vatermörder trägt, einem ganz und gar unangenehmen Menschen. Es war in der prallen Mittagshitze, die allein nur eine solche Stimmung erzeugen kann, wie sie einen sonst üblicherweise nach dem Anhören sehr langweiliger Vorträge und Reden überfallen kann. Eigentlich hatte ich angenommen, der Herr Kassiapa sei schon lange tot, jedenfalls war mir das in Colombo so erzählt worden. Aber nun präsentierte er sich mir doch hier, das häßliche Loch am Hals – ich komme noch darauf zurück – mit einem geschmackvollen Seidentuch verdeckt. Und wer läßt sich schon eine solche Gelegenheit zu einem Gespräch mit einer derart beleumdeten Persönlichkeit entgehen, die – trotz ihrer vielen Schandtaten – in Ceylon Geschichte gemacht hat und deren Namen jedes Kind bereits in seinen ersten Lebensjahren hört!

Also fragte ich ihn, wie es ihm denn so gehe unter den Umständen, die zu den tragischen und verworrenen Ereignissen geführt hatten.

Herr Kassiapa, der sicher selten unter Menschen geht, antwortete nach einer würdevollen Pause, er lebe wie eh und je auf dem allseits bekannten Felsen Sigiriya, wo ja auch seine Festung gestanden habe.

Aber er fühle sich doch wohl sehr verlassen in dieser Einöde?

Nun, dieser Meinung war die seltsame Erscheinung durchaus nicht. Es kämen ja so viele Touristen, die von ihm zu hören und »seine Frauen« zu sehen wünschten. Sie fotografierten aus allen Stellungen heraus, als gelte es, einen königlichen Preis zu erringen. Für die Administration sei das übrigens eine gute Einnahmequelle, schade nur, daß er nicht seinerzeit schon daran gedacht habe. Und in der Nacht gäbe es ja noch die wilden Elefanten, die um den Felsen trompeteten, und wem diese Tiere zu groß seien, der könne auch mit den ebenfalls noch vorhandenen Bienen vorliebnehmen.

Ob er sich denn nicht irgendwie fremd vorkomme?

Der Meinung war der Exkönig nun ganz und gar nicht. Es sei zwar manchmal ziemlich windig oben auf seinem Felsen, aber so vieles sei noch erhalten. Im Grunde sei alles noch so wie früher, und im übrigen – er hob resignierend die Schultern – ließe es sich schon einrichten.

Vorsichtig fragte ich weiter: Warum mußten Sie, Herr Kassiapa, ausgerechnet Ihren Herrn Vater, dazu noch auf eine so ungewöhnliche und befremdende Art, vom Leben zum Tode befördern? Das mußte Ihnen doch viele Gegner einbringen? War es nicht ein recht, hm, merkwürdiges Verhalten?

Meinem Gesprächspartner behagte diese Fragestellung offensichtlich überhaupt nicht. Ergrimmt langte der empfindliche Herr nach einer großen Keule, wie ich sie vorher noch nie gesehen hatte, und traf mich damit, von seinem weißen Reitelefanten herab, genau an den Kopf.

Als ich aufwachte und mich – ächzend und stöhnend – danach erkundigte, was denn eigentlich vorgefallen sei, entschuldigte sich mein Fahrer; meine Frage nach Herrn Kassiapa verstand er nicht, er sah mich aber leicht besorgt an, als er antwortete. Während ich eingenickt war, hätte er einer Schlange auf der Straße ausweichen müssen (man tötet doch nicht!), und das sei uns beiden anscheinend nicht bekommen, doch dem Auto sei Gott sei Dank nichts passiert! Da entschuldigte ich mich, etwas verlegen, wie ich meinen Gefährten auf einsamer ceylonesischer Landstraße nur hätte verdächtigen können, eine Schlange meiner Bequemlichkeit und Ruhe wegen zu überfahren. Wie hatte ich vergessen können, was hierzulande jedes Kind weiß: Sei lieb zu den Tieren! Also, Schwamm darüber, aber – der

Herr Kassiapa, mit dem man sich so amüsant unterhalten konnte, war weg. Schade! Und dabei erinnerte ich mich noch genau an die Frage, die ich mir als nächste für ihn zurechtgelegt hatte: Woher er denn die schönen Jungfrauen habe, die die Wand an seinem berühmt-berüchtigten Felsen auch heute noch schmücken.

Im übrigen – gelogen hat er auch, denn war da nicht die Rede vom Fotografieren? Von fotografierwütigen Touristen? Als ich später langsam, ab und zu verschnaufend, die zahllosen Treppenstufen zu jenem Platz emporsteige, der früher die Behausung Kassiapas bildete, eilt mir ein Wächter nach, weist schweigend auf meine Kamera, die ich wegen ihres Gewichtes sowieso schon verfluche, und deutet auf ein Schild: »Fotografieren verboten!« in englisch und singhalesisch. Aber meine fürsorglichen Freunde in Colombo haben auch daran gedacht und mich mit einem »Sesam-öffne-dich« ausgerüstet. Ich fühle mich wie zu Hause, als ich sie dem argwöhnischen Wächter zeigen kann: die Fotografiererlaubnis der Archäologischen Kommission.

Aber warum eigentlich so streng? Das habe ich bis heute noch nicht herausgefunden. Oder sollte der Herr Kassiapa Angst um seine Jungfrauen haben?

Nun bin ich doch vorausgeeilt auf den Felsen, auf dem ich eigentlich noch gar nicht zu sein habe, denn mein Aufstieg beginnt ja eben erst unten in der dschungelartigen Ebene.

Kurz vor Sigiriya halten wir noch einmal. Es wird geopfert, einige kleine Münzen fallen in ein aufgestelltes Kästchen; der Fahrer legt ein Stückchen Kokosschale vor die winzige Buddhastatue am Wege, »damit uns der Dschungelgott vor wilden Elefanten und Kobras beschützt«.

Mungos huschen über die Straße. Ein Wassertank beherbergt viele Vögel. Abgestorbene Bäume stehen an seinem Rand. Wo beginnt Sigiriya, wo endet die einstige Hauptstadt dieser schönen Insel? Einige Häuser, Felsen, die

Andeutung einer Straße. Sigiriya – hundertfünfzig Kilometer von Colombo entfernt – hat heute praktisch keine Bedeutung mehr, ist wieder eines der vielen Dörfer des Landes geworden; dennoch aus ihrer Zahl herausgehoben durch die einzigartige Anziehungskraft des »Felsens«.

Der charakteristische Fels von Sigiriya ist schon von weitem zu erkennen. Er ragt wie eine Männerfaust aus der Ebene empor. Wenn man will, kann man ihn auch mit einem Pilz vergleichen, einem überdimensionalen Steinpilz, der etwa zweihundert Meter hoch ist. Der Name ist recht einfach zu erklären: Sinha giriya = Löwenfelsen. Eine Inschrift deutet darauf hin, daß das Wort aus dem alten »sinha« für Löwe entstanden ist, woraus später der gegenwärtige Name abgeleitet wurde. So wird es schon im »Mahavamsa«, der alten Chronik Ceylons, vermerkt. Bereits 266 vor Christus soll König Devanampiya Tissa den Felsen besucht und ihm diesen Namen gegeben haben. Furchterregend sind die gewaltigen in den Stein gehauenen Löwentatzen, über die ich beim Aufstieg klettere. Früher ist der Fels als Stätte der Andacht benutzt worden, war er doch Kloster und Festung zugleich, bis er dann im fünften Jahrhundert die bis in unsere Tage reichende Berühmtheit erlangte.

Und das kam so: Dhatusena, von 456 bis 478 König von Ceylon, nahm für sich das Recht in Anspruch, mehrere Frauen zu besitzen, unter denen er selbstverständlich jene feinen Unterschiede machte, die die damalige Gesellschaftsordnung vorschrieb. Eines Tages bekam die Königin einen Sohn, Moggallana genannt, und die eine Nebenfrau stand ihr nicht lange nach: Moggallana hatte demzufolge einen Stiefbruder erhalten, der den Namen Kassiapa trug.

Der Streit, der später entbrannte, glimmte zunächst unter der Oberfläche, aber bald gab es eine Gelegenheit, ihn offen auszutragen. Der König hatte nämlich außerdem noch eine Tochter, die er seinem Neffen Migana, der gleichzeitig als Armeechef diente, zur Frau gab. Wie der

Hofklatsch nun zu vermelden wußte, bekam die schöne Prinzessin bald Streit mit ihrer Schwiegermutter, so daß Migana, um seine Ruhe zu haben, seine Frau prügelte, die daraufhin weinend zu ihrem Vater Dhatusena lief. Das Unheil nahm nun seinen Lauf, denn Dhatusena, für seinen Jähzorn bekannt, ließ die Schwiegermutter, seine eigene Schwester, verbrennen.

Was macht in einer solchen Situation ein braver Sohn und Armeechef? Er sinnt auf Rache und nutzte dazu den Streit zwischen Moggallana und Kassiapa aus, er begann, mit Kassiapa Ränke zu schmieden. Jener redete diesem ein, daß doch im Grunde ihm, Kassiapa, der Thron zustehe, nicht aber Moggallana. Kassiapa stellte also seinem Vater ein Ultimatum und verlangte den Thron. Es kam zu einer etwas gewaltsamen Aussprache beim Kalawewa-Tank, auf halbem Wege zwischen Anuradhapura und Sigiriya. Es war Dhatusenas Idee gewesen, diesen Tank anzulegen, um aus ihm die Bewässerung des ganzen Gebietes zu ermöglichen und so das Land fruchtbarer zu machen. Es war eine weit vorausschauende Arbeit, wenn sie auch fast den gesamten Staatsschatz verschlang. Kassiapa verlangte hier am Kalawewa-Tank Schatz und Thron. Dhatusena verweigerte ihm beides, worauf er von seinem Sohn verschleppt und lebendig eingemauert wurde. Moggallana floh daraufhin nach Indien, und Kassiapa, zwar nun König, wurde seines Thrones jedoch nicht froh. Denn wegen seiner schlimmen Tat begleitete ihn fortan ein schrecklicher Ruf. Und dadurch erschienen auch seine Verdienste, die er zweifellos ebenfalls hatte, in keinem guten Licht. Kassiapa zog sich nach Sigiriya zurück und erkor den »Löwenfelsen« zu seiner Residenz.

Sigiriya ist heute noch ein glänzendes Beispiel für eine militärische Befestigung. Alle Wege, die zum Felsen führen, können leicht blockiert werden, und die ganze Ebene rundherum ist vom Gipfel gut zu überschauen. So war die Festung im Grunde uneinnehmbar. Wenn Kassiapa aber dennoch die entscheidende Schlacht, auf die er sich mit Beginn seiner Herrschaft einrichten mußte, die aber erst achtzehn Jahre später stattfand, als Moggallana mit seiner Armee aus Indien zurückkam, verlor, so geschah das mehr wegen eines dummen Zufalls. An der Spitze des Heeres ritt er seinem Stiefbruder entgegen; da stolperte sein Reitelefant und drehte sich um. Die nachfolgenden Reihen deuteten das als Zeichen des Rückzugs. Verräter in Kassiapas Armee taten ein übriges, und so war die Schlacht bereits verloren, noch ehe sie richtig begonnen hatte.

Kassiapa schnitt sich die Kehle durch, und Moggallana richtete ein furchtbares Blutbad unter seinen Feinden an, was ihm den Beinamen »Teufel« (Rakkhasa) einbrachte. Nach seinem Sieg verlegte er die Hauptstadt von Sigiriya wieder nach Anuradhapura. In Sigiriya zogen die Mönche ein.

Das alles ist lange vorbei. Der Dschungel hat dieses Kleinod im »Paradies« verborgen, bis Major Forbes 1831 den Anstoß zur Wiederentdeckung Sigiriyas gab. Der Weg auf den Felsen hinauf führt mich an einem Berg vorbei, dessen Form an eine Kobra erinnert und an dem noch Reste von Malereien erkennbar sind. Überall sind Restaurierungsarbeiten im Gange. Die damit beschäftigten Leute wirken bei den Dimensionen der Kunstwerke wie Zwerge.

1968 war die Anlage teilweise mutwillig zerstört worden. Ein Sturm der Entrüstung ging daraufhin durch die ceylonesische Öffentlichkeit. Nach kurzer Zeit konnte jedoch der Schaden wieder behoben werden.

Der in den Berg gehauene Weg führt steil nach oben, er ist zwar durch Gitter und Haltestangen gesichert, dennoch gefährlich. Über mir hängt jetzt der Felsen. In der glühenden Sonne fällt einem der Aufstieg schwer, doch der Ausblick entschädigt für die Mühen. Bei dem Blick in die Tiefe wird die alte Geschichte wieder lebendig. Weit sieht man von der Plattform, vom Thron Kassiapas, über große Wassertanks, Gärten, deren Wege wie mit dem Lineal gezogen erscheinen, über Dschungel, Felsen und Dörfer. Hier und da steht eine einzelne Hütte, und überall sind Berge. Auf der Plattform erkennt man nur noch die Fundamente des einstigen Palastes. Stehengeblieben ist der Thron aus Marmor, erhalten sind auch Reste des königlichen Bades. Aus vielen Millionen von Ziegelsteinen wurde dies alles einmal errichtet, und jeder mußte unter unsäglichen Mühen heraufgetragen werden. Die Bauarbeiter, die vor eintausendfünfhundert Jahren dieses technische Wunder schufen, waren wirkliche Helden. Sogar an ein Drainagesystem hatte Kassiapa hier oben gedacht, damit das reichlich fließende Regenwasser das Werk seiner Bauleute nicht zerstörte. Es gab Teiche, Zisternen und Höhlen.

Die Krone des Ganzen aber sind die Felsmalereien aus dem fünften Jahrhundert. Um den Felsen zogen sich einst Hunderte von Frauenbildnissen, von denen einundzwanzig heute noch erhalten sind. Sie machen den Sigiriya-Felsen zum »kostbarsten« Berg Asiens. Vom Felssteig zweigt eine besonders gesicherte Wendeltreppe zu den berühmten Frauenbildnissen ab, die sich direkt in der Krümmung des Felsens befinden. Wieso sind gerade sie erhalten geblieben? Jahr für Jahr richten die Niederschläge der Regenzeit auf der Insel große Zerstörungen an. Die Luftfeuchtigkeit ist hoch, und doch sehen diese Porträts aus, als seien sie erst vor kurzem gemalt. Die Bilder sollen allerdings etwas von ihrem alten Glanz eingebüßt haben, seit sie um die Jahrhundertwende chemisch behandelt und kopiert worden sind. Die Kopien im Nationalmuseum von Colombo habe ich nicht gesehen, aber mir scheint bei der Betrachtung der Originale, daß eine Veränderung gar nicht erfolgt ist. Die Bildnisse sind in roten und grünen Farben auf eine dünne Schicht von Sand und Kalk gemalt, in Temperafarben wie hingehaucht an diesen Felsen; man hat den Eindruck, die Frauen kommen gerade vom Bade oder vom Geliebten. Nur junge Frauen sind dargestellt, nicht ein einziger Mann. Der Oberkörper scheint auf den ersten Blick unbedeckt, ist aber in Wirklichkeit mit einem hauchdünnen Gewebe bekleidet, das die Schwere und Gesundheit der Glieder eher unterstreicht als verhüllt.

Wer sind diese Frauen? Es sollen himmlische Wesen sein oder Tempeltänzerinnen; auf diese Deutung laufen die meisten Erläuterungen hinaus. Aber gelüftet ist das Geheimnis um sie immer noch nicht, es gibt noch keine zufriedenstellende Erklärung. Die sehr weltliche Art ihrer Darstellung schließt eigentlich eine Verwandtschaft mit den Apsaras, den Himmelsdienerinnen, aus. Manche Fachleute führen dagegen wiederum an, daß die Frauen gewissermaßen in Wolken schweben. Auf alle Fälle sind es die ältesten erhalten gebliebenen Denkmäler der singhalesischen Malerei überhaupt, und sie geben Zeugnis von einstiger großer Kunstfertigkeit. Wer waren diese Frauen, deren Schönheit uns über eintausendfünfhundert Jahre hinweg erhalten geblieben ist? Waren sie die Geliebten des Königs? Zählten sie zu den Damen des Hofes? Und wer hat sie gemalt? Rätselhaftes Schweigen. Was haben ihre Augen, die Generationen von Dichtern inspirierten, alles geschaut? Sie halten, reichgeschmückt, Lotosblumen und Früchte in ihren Händen, jede Geste gleicht einer Einladung an den Besucher.

Die köstlichsten Stunden meines Aufenthaltes in Ceylon habe ich hier auf dieser Galerie in Sigiriya verbracht, als ich mir die Verse der Dichter dieses romantischen Landes und seiner großen Vergangenheit ins Gedächtnis zurückrief:

Süßes Geschöpf
am Berg.
Deine Zähne sind wie Edelsteine.
Der Lotos Deiner Augen leuchtet
und erzählt mir leis von Deinem Herzen.

Oder:

Frauen wie Ihr
öffnen die Herzen des Mannes;
und auch Du

hast den Körper aufgewühlt –
erfüllst sein Blut mit Verlangen.
Wer ist nicht glücklich,
sieht er diese rosigen Finger, diese runden
  Schultern,
diesen goldenen Hals, diese kupferfarbenen
  Lippen
und die langen, langen Augenwimpern.

Aber die ganze Herrlichkeit ist eben doch vergangen:

Trocken wie eine Blume,
die auf einen Felsen gefallen ist,
sind die Herzen dieser Schönheiten,
deren goldener Teint
meine Gedanken gefangenhält.

Diese entschlossene Distanzierung erleichtert mir den Abschied von den Schönen am Fels etwas. So wie ich sind wahrscheinlich eintausendfünfhundert Jahre lang Tausende von Besuchern von Sigiriya geschieden. In den letzten Jahren nehmen sie im stilvollen Rasthaus am Fuße des Felsens sogar noch ein zweites Mal Abschied. Dieses Rasthaus erinnert mich ein wenig an Japan, an die dort herrschende liebenswürdige, feinsinnige Sitte, die Natur ins Zimmer zu rücken, sich den Berg gewissermaßen ins Zimmer zu hängen. Schaut man nämlich über die Brüstung des bungalowartigen Rasthauses, müde und doch froh über das Erlebnis des Felsens und der lebendig gewordenen Vergangenheit, so sieht man unmittelbar auf den Berg. Alle Zimmer, alle Fenster sind so angeordnet, daß man von ihnen aus auf das eintausendfünfhundert Jahre alte Wahrzeichen blickt. Langsam sinkt der Abend auf das Dorf. Man badet, sitzt an der Straße oder geht in die Lesehalle. Frauen schleppen Krüge mit Wasser auf den Hüften heran.

Ein letzter Sonnenstrahl tastet sich zitternd über den Felsen, während die Ebene schon im tiefen Dunkel liegt.

Willi Meinck
George Keyt

Am letzten Tag in Kandy besuchte ich George Keyt. Kunstkritiker hatten den 1901 geborenen Maler den Picasso Asiens genannt, und sicher ist, daß der Einfluß des großen Spaniers in einigen Bildern von Keyts Frühzeit nachweisbar ist. Durch Professor A., einen Freund des Künstlers, hatte ich erfahren, daß der alte Maler sich in sein Geburtsdorf Sirimalwatta Gunnapana bei Kandy zurückgezogen hatte. Dort lebte er mit seiner zweiten Frau Kusum, einer Inderin aus Bombay, und seiner ersten geschiedenen Frau, einer sechzigjährigen Singhalesin, die er wieder zu sich genommen hatte. Böse Zungen hatten mir zugeflüstert: »Die eine kocht, die andere ißt.« Diesen Dorfklatsch im Ohr, fuhr ich meiner zweiten Begegnung mit dem bekanntesten Maler Sri Lankas entgegen.

George Keyt war in seiner Frühzeit auch Dichter gewesen und hatte neben einigen Gedichtbänden eine Sammlung Volkserzählungen aus der Landschaft um Kandy herausgebracht. In jungen Jahren hatte er gezögert, welcher seiner Gaben er den Vorrang geben solle. Ein Glück, so schien mir, daß er sich schließlich doch der Malerei verschrieben hatte.

Ich war vor genau sieben Jahren, am 2. April 1975, in der Railway Avenue 10 in Colombo im Haus von George Keyt gewesen, zusammen mit dem Hallenser Maler Karl Erich Müller, der mit großem Einfühlungsvermögen ceylonesisches Alltagsleben in Bildern und Graphiken dargestellt hat. Die Bekanntschaft mit George Keyt verdankten wir der Redakteurin einer Zeitschrift, die neben dem Maler wohnte und uns, trotz unseres anfänglichen Sträubens, einfach mitgenommen hatte, so daß wir unangemeldet ins Haus des Malers hineinplatzten. George Keyt liebe informelle Gespräche, hatte die Redakteurin gesagt, und der Empfang hatte ihr recht gegeben. Der Maler und seine Frau Kusum nahmen uns auf, als hätten sie uns erwartet; und die Vitalität des damals Dreiundsiebzigjährigen ließ keine Verlegenheitspause entstehen.

Wir setzten uns mit untergeschlagenen Beinen neben ihn auf den Teppich, tauschten die üblichen Begrüßungsformeln und warfen verstohlene Blicke auf die Bilder an den Wänden. Keyt trug einen farbigen Sarong und ein offenstehendes Baumwollhemd. Sein volles längliches Gesicht mit den graublauen Augen, eingerahmt von langen schwarzen Haaren, war in ständiger Bewegung, ebenso die Gestik seiner Hände.

Von den Bildern – Frauenporträts und Liebespaare – ging eine starke sinnliche Anziehung aus. George Keyt hatte als erster ceylonesischer Maler schon 1929 nach einem nackten Modell gemalt, was damals Aufsehen und Empörung erregte. Die wenigen Stunden im Haus des Künstlers reichten natürlich nur für eine flüchtige Bekanntschaft mit einem Teil seines Werkes; später erst hatte ich Gelegenheit, tieferen Einblick zu nehmen.

Über die erste Begegnung mit dem Künstler schrieb ich in mein Tagebuch: »Am Abend Gespräch mit George Keyt und seiner jungen Frau Kusum. George in freudiger Stimmung, mit dem Charme des Großen: einfach, naiv, ein bißchen auf Wirkung bedacht, ein Künstler, der die Welt und die Liebe immer aufs neue entdeckt. Die Bilder und Graphiken in seinem Studio: Frauen und Liebespaare, die aus glanzvoller Vergangenheit zu kommen scheinen, Königinnen der Schönheit und Liebe. Das Gesicht des Künstlers – gesund, sinnlich, glänzende graublaue Augen, ein Mann, der keine Furcht vor dem Altern hat.

Er erzählt uns von seiner Familie, von den Studien in seiner Jugend auf dem Trinity College of Arts, von der wunderbaren Stadt Kandy, wo er viele glückliche Jahre verbracht habe, von dem Einfluß der Weltkunst und besonders der alten indischen Kultur auf seine Malerei. Draußen im Garten erklingt das durchdringende Konzert der Zikaden. Kusum serviert uns Tee – eine schöne Großstadtfrau, deren Porträt an der Wand zu sehen ist: Kusum mit einem Buch in der Hand. George geht mit uns von Bild zu Bild, lebhaft erzählend und gestikulierend. Was für ein wunderbarer, einfacher, komplizierter, sinnenfreudiger Künstler.«

Wir waren im Briefwechsel geblieben, wenn auch in langen Abständen. Auf der Fahrt zu unserer zweiten Begegnung und später am Schreibtisch – erinnerte ich mich an eins seiner Gedichte:

»Zwischen den sichtbaren Dingen
gleicht sie dem über die Berge steigenden Mond …
Und wenn sie lächelt, dann lächelt ihr Mund im Spiegel.
Und der Spiegel zeigt ihr, wie schön sie ist …
Und sie fragt:
Aber wo bin ICH zwischen den sichtbaren Dingen?«

George Keyt hatte von 1936 bis 1937 gänzlich zu malen aufgehört, und seine Dichtung zeugte von der Traurigkeit und Verzweiflung eines suchenden Künstlers:

»Gefesselt in Ketten aus Messing
stehe ich im Traum
vor dem Spiegelbild meiner Nacktheit,
und wandre für immer
mit geblendeten Augen.«

Beim Versuch, die Gedanken des Künstlers nachzuempfinden, schien mir, als habe er, bevor er endgültig wieder zu malen anfing, ins Unsichtbare geschaut, um das Sichtbare deutlicher zu erkennen. Auf seinen Bildern, die in schneller Folge entstanden, sind Glieder, Hals- und Kopfstellungen der Natur entgegengesetzt und erscheinen doch harmonisch in ihrer Ganzheit. Die Motive – Frauen und Liebespaare in leidenschaftlichen Umarmungen – waren in leuchtenden Farben gemalt und stellten Göttinnen und Götter aus indischen Legenden dar, die sich dem Liebesakt hingaben und an die Skulpturen an indischen Tempeln im »goldenen Zeitalter« der Chandella-Könige in Khajuraho erinnerten.

Ich bin fast sicher, daß George Keyt diese Tempel in Indien gesehen hat, deren Sandsteinfassaden über und über mit Figuren bedeckt waren: Tänzerinnen, Hofdamen, Musiker, Nymphen, Liebespaare, Asketen, die sich geißelten, Ornamente und steinerne Blumen, Götter, Könige, Fürsten, Krieger – und immer wieder das klassische Schönheitsideal der Hindus, das den Maler George Keyt anregte, diese rätselhaft lächelnden Frauen zu malen, Frauen aus dem Schlaf erwachend, tanzend, badend, einen Dorn aus der Ferse ziehend oder das Kamasutra, die Liebeskunst der Hindus, ausübend: Eine Welt von Göttinnen und Kurtisanen als Beherrscherinnen von Göttern und Königen. Ich erinnerte mich, daß ich vor den Tempelwänden in Khajuraho gestanden hatte wie Jahre später vor den Bildern des Malers George Keyt.

Der Maler hatte in den vierziger Jahren die »Gita Govinda« des indischen Klassikers Jayadeva, der im zwölften Jahrhundert am Hof eines Königs lebte, ins Englische übertragen und illustriert – ein Werk in Worten und Bildern, das ihm Anregungen für eine ganze Periode seines Schaffens gegeben hat. In der »Gita Govinda« wurde von der Liebe Krishnas zu der schönen Hirtin Radha erzählt. Krishna war eine Verkörperung Vishnus, ein Frauenverführer mit amüsanten Liebesabenteuern auf seinen Wanderungen durch Himmel und Erde.

Die Übertragung der »Gita Govinda« hatte George Keyt ebenso inspiriert wie früher Legenden und Geschichten um Gautama Buddha, dessen Leben er in farbigen Bildern an den Wänden des Gotami-Tempels bei Colombo dargestellt hat. Königin Maya, die Mutter Buddhas, ihre Schwester Mahaprajapati und andere Frauengestalten waren so weltlich-verführerisch gemalt, daß sie in die Vihara des Tempels der keuschen Mönche nicht hineinzupassen schienen. Besorgte Singhalesen flüsterten mir zu, daß die Bilder zu »sexuell« seien und ich sie lieber nicht anschauen sollte. Ich hatte sie trotzdem gesehen, geleitet von freundlichen Mönchen, die mir Tempelblumen zum Abschied schenkten.

George Keyt wurde 1901 in dem Dorf Sirimalwatta Gunnapana bei Kandy geboren. Die Vorfahren seiner Mutter waren Holländer, die seines Vaters Singhalesen. Er gehört also seiner Herkunft nach zu der kleinen einflußreichen Schicht der Burgher und besuchte nach Schulabschluß das Trinity College of Arts in Kandy.

Schon als Vierzehnjähriger erhielt er für zwei seiner Graphiken einen Preis. Was er geworden war, verdankte er aber eigener Arbeit und Bildung, denn auf dem Kunstinstitut verblieb er nur wenige Jahre. Nach seinem Studium beschäftigte er sich vor allem mit den Schriften des Hinduismus und des Buddhismus.

In Kandy lernte er den buddhistischen Mönch und Dichter Pinnawela Dhirananda kennen, der ihm die singhalesische Literatur nahebrachte und wohl auch Anregung für eigene Gedichte gab. In dieser Zeit übersetzte Keyt auch singhalesische Dichtung ins Englische und gab sie unter dem Titel »Poetry from the Singhalese« heraus.

Seine Leidenschaft aber gehört der Malerei, davon zeugten auch Ausstellungen seiner Bilder und Graphiken in Colombo, London und Rotterdam. Keyts Name erschien 1930 – damals war er neunundzwanzig Jahre alt – neben denen von Picasso und Braque auf einer Ausstellung der Zwemmer-Galerie in London. Seitdem hat er eine unübersehbare Zahl von Ölgemälden und Pinselzeichnungen geschaffen, die in den Salons von Freunden seiner Kunst in aller Welt hängen, in Asien, Europa und den USA. Besondere Achtung wurde seinem Werk in Indien gezollt, davon zeugten Ausstellungen in Bombay, Delhi und anderen Städten. Im Alter nun, auf dem Gipfel seiner Erfolge, veranstaltete die Commonwealth Art Gallery London im Jahr 1977 eine Ausstellung seiner Bilder.

Daß George Keyt mit allen Sinnen gelebt und gearbeitet hat, geht aus seinem umfangreichen Werk hervor. Wer aber außer ihm selbst kannte die Depressionen und Zweifel, den Wechsel von Glück und Unglück, die auch sein Leben bestimmt hatten? Keyts Göttinnen und Götter liebten wie Menschen, haßten wie Menschen, kämpften wie Menschen; und als Faschismus und Krieg die Menschheit bedrohten, nahm er auf seine Weise am Kampf gegen die »Front des Bösen« teil. Beunruhigt und zornig über die Weigerung der britischen Herrscher, Indien, dieses große Land, das er liebte, endlich freizugeben, entstand sein Bild »The Rejection of Shiva«. Ihm folgten eine Reihe von Pinselzeichnungen und Ölbildern, die in mythologischer Verkleidung gegen Krieg und Imperialismus protestierten.

Vorbei war die Unbeschwertheit der Periode, in der die Liebesabenteuer Krishnas als Verkörperung des Gottes Vishnu das Schaffen des Künstlers bestimmt hatten. Gott Shiva, der Zerstörer, der Unerbittliche, Zornige, der Altes stürzt, damit Neues entstehen konnte, und die Heroen des großen indischen Epos »Mahabharata« waren nun die Themen seines Schaffens.

Es wäre vereinfacht zu sagen, daß allein die Weltereignisse Ursache für diese von Kampf und Protest erfüllten Darstellungen gewesen sind, dafür war George Keyt, nach seiner eigenen Erklärung, zu sehr Individualist; es waren wohl ebenso innere Konflikte in seinem Dasein, die den Künstler bewegten. Dennoch erkannte auch der Kunstkritiker Martin Russet in den Bildern und Graphiken dieser Periode das tiefe Engagement für den Kampf gegen Krieg und Imperialismus.

Als Beispiel könnte das Ölbild und eine Pinselzeichnung mit dem Titel »Bhima und Jarasandha« dienen. Bhima war der führende Held aus dem Geschlecht der Pandavas in dem indischen Epos »Mahabharata«, und er befand sich auf diesen beiden Bildern in schrecklichem Kampf gegen den Dämonenkönig Jarasandha. Keyt selbst nannte die Bilder mit dem Titel »Bhima und Jarasandha« eine Darstellung des Kampfes zwischen dem Guten und dem Bösen, um die Welt von allen Dämonen zu befreien.

Was mich beim Nachdenken über Keyts Bilder immer wieder verwundert hatte, war, daß der Künstler vorwiegend Auserlesene, Zeitlose, wie sie eigentlich nicht auf Erden wandelten, gemalt hatte, und doch waren sie irdische Wesen, den Frauen und Männern seines Landes verwandt. Aber er hatte auch Bilder aus dem Volksleben gemalt, Männer und Frauen, heimgekehrt von der Arbeit, Bäuerinnen mit dem Tonkrug auf der Hüfte, Trommler zum Tanz aufspielend, Frauen am Fluß sitzend, junge Mädchen, zärtlich ihre Körper streichelnd.

»Kumari in Kandy« war das Porträt einer Frau mit nachdenklich auf die Hand gestütztem Kopf – ein rundes, volles Gesicht unter gescheitelten blauschwarzen Haaren, umrankt von Blättern und mit fliehenden Wolken im Hintergrund. Man glaubte förmlich die tropische Landschaft zu sehen, die glühenden Farben der Blumen, das frische Grün der Reisfelder, den dunkelgrünen Besatz der Teebäumchen an den Berghängen, die flammenden Blüten auf den Spitzen noch kahler Zweige, die orangefarbenen oder safrangelben Roben der Mönche, die phantastisch gemusterten Sarongs und Saris und schließlich die immer wechselnden Lichtreflexe auf dem grünen Ozean, der die Insel, je nach Laune, sanft oder ungebärdig umschloß – und es schien, als sei die Natur mit ihren Farben und Formen der Untergrund für die menschlichen Sehnsüchte in Keyts Bildern.

Ähnliche Wirkungen gingen von den klaren Linien der Graphiken aus: »Frau mit Wasserbüffel«, »Trommler in Kandy«, »Bäuerin mit Tonkrug«, »Freundinnen« oder »Mädchen und Heiliger«. Und immer wieder »Lovers« – Liebespaare – in leidenschaftlicher Vereinigung, die aus den sieben Hinduhimmeln auf die Erde herabgestiegen waren. Soziale Not und Armut schien es auf den Bildern des Künstlers nicht zu geben, als existierten in diesem Klima, wo die feuchte Wärme Tag und Nacht in alle Poren drang, keine gramgebeugten Männer und Frauen, als wollte der Maler das Alter nicht wahrhaben und dem Betrachter sagen, daß man in seinem Land starb, als sei man nur für kurze Zeit weggegangen und werde schon im nächsten Augenblick wieder in junger, schöner Gestalt da sein.

Wie Freunde und Kenner sein Werk deuten, geht aus dem Katalog einer 1974 in London stattgefundenen Ausstellung hervor: »George Keyt ist ein totaler Künstler. Mann und Maler sind so fest miteinander verbunden, daß sein ganzes Werk die Wärme und Leidenschaft seines Daseins ausstrahlt. Seine Kunst ist nicht die Kunst des Augenblicks, denn Keyt ist ein monumentaler Mann und Geist.«

Die Frage, die ich mir stellte, ob er ein revolutionärer Künstler sei, ließ sich nicht beantworten, wenn man nur an das Vordergründige dachte. Denn Kunst äußert sich nicht allein im Thema, auch die Überwindung starrer Formen kann revolutionär sein. Auf jeden Fall hat George Keyt mit seinem Werk Schönheit und Leidenschaft in unsere Welt gebracht, und das in einer Umgebung der Erstarrung und Prüderie, die sich von der Sinnenfreude der Statuen an den Wänden hinduistischer Tempel weit entfernt hatte. In einem Interview sagte er, daß ein Künstler immer neue Visionen erwecken und dabei oft die Vergangenheit opfern müsse, wolle er kein Nachahmer, sondern ein Schöpfer sein. In diesem Sinne würden sich die religiösen Vorbilder von seinem individuellen künstlerischen Ausdruck unterscheiden.

George Keyt hatte mir in diesem Zusammenhang von einer Begegnung mit dem chilenischen Dichter Pablo Neruda erzählt, der ihn während seines Aufenthaltes in Colombo aufsuchte. Neruda habe seine Bilder betrachtet und ihm von einem Gespräch mit einem abstrakten Maler in Paris berichtet, den er gefragt hatte, warum er denn nicht manchmal statt geometrischer Formen die Dinge darstelle, die wir wirklich lieben, solche wie Vögel, Tiere und Blumen, Männer und Frauen. Sein Werk erscheine ihm so monoton und steril. »Ach Pablo«, hatte der Pariser Maler geantwortet, »ich muß doch an den Lebensunterhalt für mich und meine Familie denken.«

Auch Keyt hatte in jungen Jahren, wenn auch nur für kurze Zeit, abstrakte Bilder gemalt, allerdings nicht aus Sorge um seine materielle Existenz, sondern weil man als Künstler alle Stimmungen und Ausdrucksformen seiner Zeit erproben muß. Jedes Bild, das George Keyt gemalt hatte, war neue Anstrengung, die am Ende aufgehoben schien. Die erotische Ausstrahlung erklärte der Maler aus seiner Anerkennung des kosmischen Prinzips der Vereinigung weiblicher und männlicher Wesenheiten – Purusha und Shakti – in den Momenten höchster Erfüllung: »Ich kann nur sagen, daß ich mich gezwungen fühlte, indische Traditionen in heutiger Bilderwelt fortzusetzen. Man sagt, mein Werk sei stark individualistisch. Das ist wahr, wenn man damit meint, daß ich durch die Art meiner Darstellung außerhalb aller Gruppen und Schulen stehe.«

Während mir diese Gedanken durch den Kopf gingen, hatten wir Kandy hinter uns gelassen. Wir sahen nur wenige Menschen in den Dörfern. Katzen versteckten sich lauernd, Hunde strolchten umher, und Hühner pickten nach Regenwürmern unter der Obhut farbenprächtiger Hähne, die zuweilen ihrer Hauptbeschäftigung, für Nachkommen zu sorgen, ungeniert nachgingen. Die Männer und Frauen waren zumeist auf den Feldern, Kinder tummelten sich, manche ganz nackt, unter der heißen Sonne.

Wir hielten vor einem mit Ziegeln gedeckten Haus, das rechts von der Straße auf einem Hügel stand. Im niedrigen Holzzaun war eine kleine Tür eingelassen, dahinter ein Garten im Urzustand mit blauen, roten, gelben Tüchern auf der Wiese, als reichten die Farben der vielen Blumen nicht aus. In der Mitte stand ein schattenspendender Baum, durch dessen Laub die weiße Sonne leuchtete. Zwei honiggelbe schlanke Vögel – Bienenfresser – flogen aufgescheucht über die Sträucher.

Wir gingen um den Zaun zum Hauseingang durch einen dunklen Korridor und befanden uns plötzlich in einem sonnigen Raum, dem Atelier und Wohnraum des Künstlers. In einer Ecke, gleich links vom Eingang, stand der Stuhl des Meisters. Ich erkannte George Keyt sofort. Er war älter geworden; sieben Jahre gingen nicht spurlos vorüber, aber er war nicht alt. Wir grüßten mit aufeinandergelegten Handflächen, den Kopf neigend; er lachte und umarmte mich. Wie damals trug er einen gemusterten Sarong mit einem über der Brust offenstehenden Baumwollhemd. Wie damals rauchte er seine Zigarre. In meine Begrüßungsworte platzten Knallkörper, draußen im Garten und entfernter auf der Landstraße. Ich war seit Tagen daran gewöhnt und schreckte doch immer wieder zusammen, besonders hier in der dörflichen Umgebung.

Der scheunenartige Raum war voller Leute – junge Maler, Frauen, Kinder. Professor A., der uns begleitet hatte, setzte sich neben mich und warf hin und wieder einen Satz ein. Ich dachte an meine Fragen, die ich stellen wollte, und sie kamen mir mit einemmal steif und förmlich vor. Ich ließ George plaudern, schaute mich um nach den Bildern und erinnerte mich in der lebensfrohen Umgebung des Künstlers an meinen Besuch bei Nyànaponika Mahathera: daß die Welt nicht eingerichtet sei, ein frohes Leben zu führen, solange Haß, Gier und Verblendung regierten – hier im Geburtshaus des Künstlers schien das aufgehoben, wenn man nur die äußeren Dinge sah. Aber vielleicht war sein Entschluß, die Villa in Colombo zu verlassen, doch eine Flucht gewesen wie damals 1947, als er sich zum ersten Mal in sein Heimatdorf zurückgezogen hatte?

Ich sah im Hintergrund das Gesicht Kusums. Sie hatte mich kurz begrüßt, war dann weggegangen, und saß nun im Schatten auf einem Diwan und hörte unserem Gespräch zu, einen lauschenden Zug im Gesicht. Ihre Porträts hatte Keyt in klaren Linien und in Farbe gemalt, als beide unbeschwert und glücklich in Colombo lebten. George warf einem jungen Mann ein paar Worte zu, und nach einer Weile brachte die schlanke, zierliche Erstfrau, den grauhaarigen Zopf über die linke Schulter gelegt, ein Tablett mit Tee und Biskuit. Die zierliche Singhalesin hielt die Augen gesenkt und wagte keinen Blick auf den »Alten« zu werfen, der patriarchalisch auf seinem Stuhl thronte.

Sie ging hinaus, leise, wie sie gekommen war. Ich sah ihr nach, sah sie hinter einem Vorhang verschwinden und hörte durch die Stimmen Geschirr klappern. Eine alterslose Singhalesin, deren Gedanken ich nicht erraten konnte. Beim Abschied würde sie für einen Augenblick in der Tür stehen, lächelnd wie eine Nayika auf den Bildern des Malers.

Während ich aß und Tee trank, musterten mich Georges listige Augen mit einem langen Blick. Merkwürdige Gedanken gingen mir durch den Kopf, die nicht zu der heiteren Stimmung paßten. Irgendwann einmal würden die letzten Worte geschrieben und irgendwann einmal das letzte Bild gemalt werden. Ich hörte Kindergeschrei und die besänftigenden Stimmen der Mütter. Und ich fragte, um wenigstens etwas zu fragen, was ich mir vorgenommen hatte, wie der Poet und Maler in seiner Frühzeit die Verwandtschaft zwischen Poesie und Malerei empfunden habe.

George dachte eine Weile nach und meinte, daß sich die Stimmungen und Themen, aus denen heraus Gedichte oder Bilder entstünden, ähnlich seien. Er habe zuerst begonnen zu malen, dann Gedichte geschrieben, aber immer wieder gemalt, weil er immer deutlicher gefühlt habe, daß die Malerei sein eigentliches Metier sei, vor allem seitdem er sich mit indischer Kultur beschäftigte, die ja auch Grundlage für die buddhistische Religion sei.

Ich betrachtete, während er sprach, die Bilder in meinem Blickfeld, entdeckte Bekanntes und Neues: »Lovers with

Bird«, Frauen, Mädchen – die Bilderwelt des alten Malers war die gleiche wie früher; was sollte sich auch ändern, wenn man sich auf dem Gipfel des Berges befand und die Dunkelheit, das Nirwana oder die Wiedergeburt erwartete? Eigentlich wollte ich den Künstler fragen, ob er als Maler wiedergeboren zu werden wünsche oder ob es ihm lieber sei, ins Nirwana einzugehen, was jegliche neue Existenz ausschließen würde; aber ich unterdrückte die Frage, weil sie allzusehr an das Ende erinnerte. Statt dessen fragte ich ihn, welche Rolle die europäische Malerei für sein Schaffen gespielt habe.

Die französischen Impressionisten hätten ihn sehr interessiert, sagte George Keyt, und die Malerei der zwanziger Jahre, vor allem Picasso und andere, aber das Entscheidende sei doch die indische Kunst gewesen, die wiederzubeleben und immer neu zu entdecken seine Lebensaufgabe geworden sei. Über die deutschen Maler sei er nicht so informiert, sicher, er kenne Bilder von Liebermann und einigen anderen, aber Namen könne er nicht nennen, ausgenommen natürlich die großen italienischen und deutschen Künstler des 16. und 17. Jahrhunderts. Seine Traditionen jedoch wurzelten in der alten indischen Kultur und der Kultur Sri Lankas, was man ja, abgesehen von frühen Experimenten, an allen seinen Bildern ablesen könne. Übrigens bereite er gerade neue Ausstellungen in Sri Lanka und in London vor.

Wir gingen durch den luftigen Raum, der einer sonnigen Scheune glich. George Keyt zog an seiner Zigarre, begleitete mich von Bild zu Bild, ging, als ich vor dem »Liebespaar mit Vogel« stehenblieb, zur Tür zurück und unterhielt sich mit einem jungen Maler aus Hikkaduwa. In den Dachfenstern über mir blitzten die Sonnenstrahlen. Der Himmel war wolkenlos.

Kusum stand auf und ging langsam zur Tür. Sirimalwatta Gunnapana – ich wiederholte mir fortgesetzt den Namen des Dorfes, in dem der Maler geboren war, und die Klänge wurden mir vertraut wie das oft wiederholte Ambalangoda an der Westküste – das Dorf des alten Maskenschnitzers.

Kusum stand plötzlich vor mir.

Ob sie das Dorf liebe, fragte ich.

»No!«

Ob es ein bißchen einsam hier sei?

»Yes!« Und nach einer Pause: »Ich liebe Bombay.«

Wir nahmen dann Abschied. George brachte mich in den Garten hinaus. Auf dem Rasen lagen noch die roten, blauen, gelben Tücher. Sie waren längst trocken unter der Hitze, die nur Minuten brauchte, die Feuchtigkeit aufzusaugen. Vor der Tür wartete das Auto mit Patrick, umgeben von einer Kinderschar. Eine lange Fahrt lag nach dem Mittagessen bei Madame G. vor uns, eine Fahrt über den Rambodapaß in die »high-region«, wie Chandra mir erklärt hatte, ins Hochland der Insel mit über zweitausend Meter hohen Bergen, die in alten Zeiten Zuflucht für Könige und Aufständische gewesen waren.

George Keyt umarmte mich zum Abschied. In der Tür stand, für einen flüchtigen Augenblick nur, die zierliche Singhalesin, den grauen Zopf über die linke Schulter gelegt, und schaute mir nach – wie eine Nayika auf einem Bild von George Keyt.

Die Säule mit der Bronzefigur des Kleinen Helden warf einen kurzen Schatten. Der Tempel des Heiligen Zahns wuchtete schwer auf seinen Fundamenten, das Auge des Sees mit der kleinen Insel war ungetrübt. Kandy schläferte unter der Mittagsglut, umgeben von dunstigen Bergen. Madame G. ging durch den Garten, in dem sie zu ihrer Hochzeit sieben Arten Tempelblumenbäume gepflanzt hatte. Lautlos fielen gelbe, weiße, rosa Blüten ins Gras.

Nyànaponika Mahathera saß hoch über der Stadt in seiner Gelehrtenklause, und die Termiten fraßen sich durchs weiße Papier seiner Bücher. Man konnte nichts dagegen tun.

Auf dem Kühlschrank, dem ich die letzte Flasche Bier

entnahm, stand Churchills Kopf aus Pappmaché mit der dicken Zigarre im Mund. Die kleinen braunen Hunde lagen zusammengerollt in ihrem Körbchen.

Fünf Tage waren wir in Kandy gewesen.

Als wir am See entlang nach Süden fuhren, floß der Tag in Kandy träge dahin. Ein roter Autobus stand an der Haltestelle. Die Fensterläden schützten vor der Mittagssonne. Eine Frau mit einem Tonkrug auf der Hüfte ging vorbei. Als hätte George Keyt sie gemalt. In den Schaufenstern spiegelten sich die Sonnenstrahlen. Im Abschied lag, wie jedesmal, ein Gefühl von Traurigkeit und Erwartung – schwankend wie Grashalme, die sich neigen und wieder aufrichten.

Chandra strich sich die schwarzen Locken zurück und sagte, es sei schon ein bißchen spät für einen Besuch in Matale. Ich schloß müde die Augen. Vor uns türmten sich dunkle Berge auf. Die Landstraße wand sich in Serpentinen empor, der Motor unseres Autos dröhnte, ein Wasserfall stürzte über Felsengestein ins Tal, auf einer Terrasse stand ein kleiner grauer Hindutempel mit einer verwitterten Pforte und Götterfiguren an der Fassade. Die ersten Teeplantagen tauchten auf, dunkelgrün mit den Farbtupfern tamilischer Teepflückerinnen. Die Welt, aus der wir kamen, lag tief unter uns: Kandy, Colombo, die Westküste mit den weißen Tempeln und den schräg dem Ozean zugewandten Stämmen der Kokospalmen. Ich schlief nach den vielen Eindrücken der Tage in Kandy ein, und als ich erwachte, sah ich die Teefabrik im Tal und am Hang die weißen Häuschen tamilischer Teearbeiter, die sonst in Hütten gelebt hatten. Die Häuser waren vor kurzem von der Regierung gebaut und mit elektrischem Strom versehen worden. Die Miete sei zwar niedrig, sagte Chandra, doch das Einkommen einer Teepflückerin sei karg. Ich erinnerte mich, daß eine Kokosnuß vor Jahren neunzig Paisa, knapp eine Rupie, gekostet hatte, aber heute das Fünffache, ebenso war es mit Reis, Brot, Fisch, Tee und anderen Waren. Die

Sonne überstrahlte, ehe sie hinterm Berg versank, das Gebäude der Teefabrik und den grünen Teppich der Teebäumchen. Es war angenehm kühl geworden. Das glühende Rot des Abendhimmels verblaßte, und wir sahen die Lichter von Nuwara Eliya.

Richard Christ
Das Ende der Welt

Simiyon. Die Tage seiner Bewährung rücken näher, da zur Reise ins Hochland gerüstet wird. Warnende Erscheinungen gingen ihr voraus. Wir übersahen sie leichtfertig, mit den Gedanken bereits in den Bergen.

Den späten Nachmittag vor der Abreise verwarteten wir auf der Dachterrasse des Hotels Ceylinco. Das wohlhabendere Colombo nahm an weißgedeckten Tischen den Tee und plauderte zu Charakterstücken eines Salonorchesters. Löffelchen klingelten an Porzellan, etwas von Rachmaninow klimperte im Hintergrund – die Geräuschkulisse aus dem Dresdner Weißen Hirsch. Aber Krähen segelten über unseren Tisch, der außerhalb der Überdachung stand.

Der Maler warf Kaschunüsse auf die Brüstung. Die großen ernsten Vögel ließen sich nahebei nieder. Ihre Schwingen glänzten blauschwarz wie beregneter Schiefer. Die starren schwarzen Objektive der Augen waren prüfend auf uns gerichtet. Die Krähen besprachen sich.

Wie andere Menschen heute noch, hätte auch ich früher nichts als ein Krächzen vernommen. Ich weiß aber, wie die indischen Krähen einem meiner älteren Kollegen, es war Mr. Langhorne alias Mark Twain aus Florida, bei seiner Reise um die Welt zugesetzt haben, und empfehle es nachzulesen, damit meiner Erzählung Glauben geschenkt wird. Jawohl: Die Krähen nahmen unsere Reise ins Hochland durch.

Sollten sich's überlegen, im Zeichen des Löwen ... So viel konnte ich verstehen, dann setzte das Salonorchester neu ein mit dem Csárdás von Monti. Eine andere Krähe, die mit energischem Schnabel die Nüsse fast neben unseren Händen aufpickte, steuerte dies bei: Tausend Fuß Abgrund, da weiß einer Flügel zu schätzen ... Sie wippte, die Krallen ums Geländer gebogen, als drohe sie hinabzustürzen, spannte im Abkippen den Schieferglanz der Schwungfedern und ließ sich in weiten Schleifen den Dächern zutragen, unter denen die ersten Lichter den Abend meldeten. Auch die übrigen Krähen strichen ab und wurden zu Punkten am Himmel wie scheidende schwarze Tagessterne.

Da saßen wir allein mit den rätselhaften Weissagungen. Der Maler, unkundig der Krähensprache, wehrte das Omen ab: »Schwarze Vögel sind harmloser als schwarze Katzen.« Ich übersetzte ihm das Krächzen, aber seine Unbesorgtheit hielt an.

Die nächsten Zeichen folgten rasch aufeinander und weniger verschlüsselt. Simiyons Auto, das uns zu einer Abendgesellschaft ins Botschaftsgebäude bringen sollte, blieb mitten auf dem Marine Drive stehen. Simiyon drehte mehrmals den Zündschlüssel. Der Motor schwieg, doch als hätte ein Relais der Wolkenschleuse Impulse erhalten, begann es zu gießen. Simiyon sprang mit nackten Füßen hinaus in die Pfützen und versuchte das Auto aus der Fahrbahnmitte an den linken Rand zu schieben und dabei das Steuer zu führen. Das Manöver mißlang, das Auto war zu groß, oder wir waren zu schwer.

Der Maler benutzte eine seiner hübschen lokalen Verwünschungen, wie sie in Sri Lanka weniger verbreitet sind – »Da kriegste die Hefen!« –, und sprang ebenfalls hinaus in den Guß. Jetzt steuerte Simiyon, und wir schoben ihn samt dem Auto an den Straßenrand. Dann wieder sprang er hinaus und versuchte im Laternenlicht unter die Motorhaube zu sehen, während uns auf dem Rücksitz Wasser aus den Hosenbeinen lief.

Ich zeigte Simiyon auf dem Zifferblatt, wann wir erwartet würden. Er rief: »Taxi, Taxi!« und rannte in den Regen hinein, den Kopf mit einem Handtuch bedeckt. Wir warteten ungeduldig im feuchten Käfig und wischten die beschlagenen Scheiben mit den Ärmeln unserer Dinnerjacketts blank. Überm Meer tobte der Boddhisattva Vajrapani (Großes Fahrzeug), der Träger des Blitzes. Er zog seine vielschnürige Peitsche über die Himmelskuppel, daß die graue Haut in grellen Rissen und Striemen aufsprang. Die Luft stöhnte und pfiff, wenn er mit dem Peitschenstiel ausholte, ehe die Schläge knallend niedersausten. Vajrapani, die Furcht der Gottlosen, lachte donnernd bei jedem Hieb.

Unser schwüler Käfig wurde durchs Rückfenster erleuchtet. Ein Taxi fuhr dicht auf. Simiyons aufgeregte Scharrgeste: Kommt! Wir hätten längst an Ort und Stelle sein müssen. Der Taxifahrer raste, aber er fand, trotz Simiyons Navigationshilfe, die Adresse nicht. Dann ging das Benzin aus, wir suchten nach einer Tankstelle. Das Taxi ratterte wie auf Vollgummireifen, mit jeder weiterspringenden Ziffer hinterm Glasfenster der Zähluhr wurden uns die Straßenzüge fremder.

»Simiyon, die Botschaft!«

»Ja, ja, Sir!« antwortete er tröstend, aber unsicher. Als das Taxi endlich hielt, riß er im Glück des Findens eilig den Schlag auf.

»Bleib sitzen!« sagte ich zum Maler. Die Lichtkegel schnitten aus der Dunkelheit einen Adler, der von Sturzbächen gewaschen wurde.

Als wir sehr viel später im richtigen Haus ankamen, war das erste, was wir insgeheim bewunderten, die Weisheit unserer Gastgeber. Sie hatten uns auf sieben, die einheimischen Gäste auf acht bestellt und das Essen auf zehn gerichtet. Simiyon fuhr mit dem Taxi zurück zu seinem Wagen, um ihn abschleppen zu lassen. Schon vor sieben am nächsten Morgen wollten wir in die Berge aufbrechen.

»Ah ja, in die Berge«, plauderte ein Journalist beiläufig, als wir bei Tisch saßen, »die Route über Hatton wollen Sie nehmen? Da scheinen Sie allerhand vertragen zu können!« Er prostete uns zu mit seinem Whiskyglas.

Da war es wieder, das Krähenrätsel. Es beunruhigte unseren Schlaf. Als aber am Morgen die Sonne mit ihrem großen feurigen Gesang den Tag eröffnete, verheißungsvoll und ermutigend, stimmten wir ein und hatten die düsteren Winke vergessen.

Der Aufbruch war für sieben Uhr festgesetzt. Bis acht ließen wir die ortsüblichen Pünktlichkeitsvorstellungen gelten. Gegen neun, als es uns nicht mehr auf den Stühlen hielt, fragte unsere Gastgeberin, in deren schöner Villa wir einen Zwischenaufenthalt in Colombo verbrachten, ob wir ihr nicht beim Tee Gesellschaft leisten wollten. Die Einladung war gedacht, uns zu beruhigen, und wirklich dämpfte der Tee nicht weniger als das Gespräch unsere Unrast.

»Nach Ella wollen Sie hinauf?« fragte die alte Dame. Das Lächeln einer angenehmen Erinnerung überglänzte ihre ernsten und ehrwürdigen Züge. »Da sehen Sie den atemberaubendsten Sonnenaufgang in unserem Land.« Plötzlich mußte sie lachen. »Im Rasthaus Ella bin ich das einzige Mal in meinem Leben um vier Uhr morgens aufgestanden. Aber das eigentliche Erlebnis war nicht der Sonnenaufgang ...« Sie unterbrach sich und goß wieder Tee ein. »Ich werde Ihnen doch nicht die Überraschung verderben«, sagte sie und gestattete unserer Neugier nicht, sie an der Zunge zu ziehen.

Simiyon hupte gegen zehn vor dem Parktor und scharrte einladend. Jetzt erst, nach der abendlichen Panne, betrachteten wir das Auto aufmerksamer. In die Polster seines Rücksitzes, hatte man uns gesagt, gehöre Rechtens ein Staatssekretär, der täglich von seiner Wohnung ins Ministerium und abends wieder nach Hause chauffiert wurde. Dem Staatssekretär war eine Auslandsreise zugefallen, so stand sein Auto samt Simiyon uns zur Verfügung.

Wir umschritten den Wagen. Sein Lack war schwarz. Nicht die fleckenlos matte Schwärze eines Abendanzugs, eigentlich mehr das mit Wetter und Erde vertraute Speckschwarz der Dienstkleidung eines Bestattungshelfers. Das Fabrikat erkannten wir als französisch, am Kühlergrill posierte heraldisch ein goldbronziertes Tier.

»Ein Löwe!« Jetzt wurde der Maler doch nachdenklich.

Das Alter der Limousine ließ sich leicht bestimmen, denn man hatte uns gesagt, es sei ein »Non-alignment-Auto«.

Der Zusatz ist auf der Insel nicht ganz selten, seitdem Colombo Gastgeber einer Konferenz der paktfreien Staaten war. Er ist eine genaue Altersbestimmung, mit der zugleich aufmerksam gemacht wird, daß man an Weltpolitik tätig teilhat. Der Zeitungsmann Neville zum Beispiel, aus dessen Mund wir später noch starke Geschichten hören, stellte uns seine Katze (kein gewöhnliches Tier: es verzehrt Salzgebäck, während es auf den Hinterpfoten tanzt) als Non-alignment-Katze vor, da wußten wir, sie war 1976 geboren. Unser Auto befand sich also im gleichen Alter wie die Katze.

Von Autos weiß ich noch weniger als von Katzen. Ich bin Fußgänger, und mein täglicher Begleiter ist ein Hund. Doch schienen mir acht Jahre für ein Tier, zumal wenn seine Zähigkeit beispielhaft ist, weniger bedenklich als für einen Kraftwagen. Wie kam er überhaupt auf die Insel? Nun, das war einfach zu erklären: Zur Non-alignment-Konferenz hatten verschiedene Staaten ihre Autos mitgebracht und dann zurückgelassen, und sie wurden dem Fuhrpark des gehobenen Staatsdienstes eingegliedert. Allerdings war anzunehmen, daß die Wagen schon ein Weilchen in Betrieb waren, bevor sie nach Colombo abkommandiert wurden. Unser Löwengefährt, mit dem wir die Löweninsel bereisten, war also acht plus x Jahre alt und mußte nun wohl, nicht anders als die Katze, ohne Ersatzteile auskommen.

Nachdem wir das Auto zweimal umwandelt hatten, die rechte Schulter dem schwarzen Blech zugewandt, als sei es eine Stupa und wir die Priester zur Vollmond-Puja, legte der Maler seinen Koffer in den Gepäckraum, ich den meinen darüber – die Reihenfolge war absichtslos, doch später nicht ohne Folgen –, wir nahmen bequem Platz, breiteten eine Landkarte auf den Knien aus und fuhren dem Hochland entgegen.

Der Motor hatte seine abendlichen Launen vergessen. Wir durchfuhren Colombo, das Fort, die äußeren Viertel. Wir hatten schon kleine Fortschritte gemacht in der Sicherheit, singhalesische Schriftzeichen von tamilischen zu unterscheiden. Das gelang einfacher, fand ich, als die Sprecher ethnisch einzuordnen. Tamilen sind meist von dunklerer Hautfarbe, die Frauen zierlicher, viele mit den hinduistischen Farbzeichen auf Stirn und Scheitel. Trotzdem, das europäische Auge läßt sich selbst bei so grundverschiedenen asiatischen Menschenrassen leicht täuschen. Die Singhalesen rechnen wir (wie uns selbst) zu den Indoariern, vermutlich sind sie in früher Zeit von Nordindien, von Gujarat, auf die Insel gekommen, ihre Sprache, das indoarische Singhalesisch, zeigt Ähnlichkeiten mit dem Gujarati. Die Tamilen entstammen der drawidischen Ureinwohnerschaft Südindiens; ihre Sprache, das drawidische Tamil, ist sehr alt und hat große Literatur hervorgebracht. Auch die tamilische und die singhalesische Schrift haben keine Verwandtschaft.

Wie schon an anderen Orten fiel uns auch jetzt wieder auf, daß Firmentafeln und Ladenschilder zerschlagen und brandgeschwärzt waren, wenn sie tamilische Zeichen trugen. Das Vorgelände der Stadt begleitete uns mit Spuren einer bescheidenen Industrie, doch zog bald die Natur ihre fruchtbare Decke über das Land. Grüne Haine verbanden Dörfchen mit Dörfchen. An den schrägen Stämmen der Kokospalmen turnten die Pflücker und hieben mit artistischen Verrenkungen ihrer durch Messer verlängerten Arme die gelbgrünen Nüsse ab, die hier Kingcoconut heißen. In den Kautschukplantagen rann das zähe bleiche Blut aus den keilförmigen Wunden der Stämme. Die Straße hielt sich, stetig ansteigend, in der Nachbarschaft eines Flußtals. Nach unserer Karte hieß das Wasser, in dessen eiliger Strömung das Spiegelbild des Uferdickichts zitterte, Kelani

Ganga. Um hinunter ans Ufer zu gelangen, hätte man sich mit Axt und Messer vorarbeiten müssen. Hier irgendwo beim Ginigathenapaß hatte der Kelanifluß für kurze Zeit seine Identität verloren und war zum River Kwai geworden, solange die amerikanischen Kameraleute ihren berühmten Film drehten, dessen Marsch uns Simiyon jetzt vorpfiff.

Der Tag wurde heiß, die Luft blieb klar und ließ den Bergen ihre harten Umrisse. Der Wagen kletterte. Simiyon hielt an und zeigte auf eine Gebirgskette in Richtung der Sonne. Ein einzelner Gipfel hob sich heraus.

»Sri Pada!« Simiyons Stimme verriet, daß er keinen beliebigen Berg zeigte. Wir hätten gern gewußt, ob er selbst schon den Adamsberg erklommen hatte, schwitzend unter dem weißen Turban, den sich die Erstbesteiger aufsetzen. Hatte er die eingefädelte Nadel in den Baum gesteckt an jener Stelle, wo Buddha gerastet und einen Riß in seinem Gewand geflickt haben soll?

Simiyon verstand sofort unsere Pantomimen (Turban, Nadel). Er entblößte mit hilflosem Lächeln die vorstehenden Zähne, die in seinem schmalen Gesicht den Hasenakzent setzten, und beteuerte: »Ov, ov!« Also ja, er hatte die Pilgerfahrt unternommen und gewiß die Glocke auf dem Gipfel anschlagen lassen. Mehr als das war nicht herauszubekommen.

Jenseits des Passes von Ginigathena toste der erste Wasserfall. Von hier an war der Weg in die Berge von kristallnen Schnüren, Bändern und Schleiern begleitet. Wasser zersprühte hoch über Felskanten und kam schwebend, wie schwerelos herab auf die blankgewaschenen Steinblöcke, von denen es absprang und gurgelnd weiterschoß zur Talsohle. Wie mit der Zauberrute aus dem Fels geschlagen, entsprang Wasser aus Schründen und Spalten. Oft sammelten Metallröhren oder hölzerne Rinnen das Naß und leiteten es den einsamen Behausungen zu, deren bescheidene Dächer so versteckt lagen, daß allein die Wasserleitung eine menschliche Siedlung verriet.

Ich vergaß den Namen des ersten Wasserfalls, der wenigstens hundert Meter Höhe haben mochte, und auch die Namen der anderen Fälle. Später erinnerte ich mich an einige, als ich im Museum von Colombo eine Fotoausstellung sah: Sri Lanka, Land der Wasserfälle. Der höchste hieß Diyaluma, mit einhunderteinundsiebzig Meter Gefälle, ein anderer stürzte fast zweihundertfünfzig Meter senkrecht herab, war aber in Stufen unterteilt und monsunabhängig, er hieß Bambarakanda.

Das schwarze Auto hatte uns, von Colombo, also vom Meer aus, um tausend Meter emporgebracht. Irgendwo hier oben empfing der Mahaweli den Schub, der ihn an Kandy reißend vorbeischießen ließ. Sein oberes Tal war das regenreichste Gebiet der Insel, und es hielt auf seinen Ruf: Wolken zogen sich zusammen.

Reisfelder und Palmen waren unter uns zurückgeblieben. Das Grün der Berge wurde dunkler und glanzlos, als hüfthohes Gesträuch war es auf jedem Fußbreit Boden angepflanzt. Wir hatten die Welt des Tees erreicht, den Bezirk, wo Sri Lankas Reichtum wuchs, der mehr einbrachte als alle Palmen-, Kautschuk- und Gewürzplantagen da unten. Mit Tee bestritt die Insel über die Hälfte ihres Exports.

Vor Hatton hielt Simiyon an, damit wir die Arbeit der Teepflückerinnen verfolgen konnten. Ihre bunten Kopftücher und Blusen waren als Farbtupfer über die Hänge verstreut. Körbe oder Säcke, die sie auf dem Rücken trugen, waren mit einem Stirnriemen befestigt. Auf nackten Sohlen tasteten sich die Frauen vorsichtig die steilen Hänge hinauf und hinunter, sie gingen immer nur wenige Schritte. Dabei faßten sie mit beiden Händen in die Sträucher, die sie nach alter Regel abpflückten, zwei Blätter und eine Blüte. Sie hoben die Arme über den Kopf, warfen aus beiden Händen das Pflückgut in den Behälter auf dem Rücken, griffen ihren Bambusstab und schleuderten ihn wenige Schritte voraus auf die Sträucher. Erst nach dieser Warnung an die Schlangen tasteten sie sich weiter, mit nackten Sohlen im Blindengang hangauf, hangab, Augen und Hände aufs Pflücken konzentriert, immer wieder bis an den Stab heran.

Einige Frauen hatten das haltende Auto oben auf der Straße bemerkt. Sie kamen heraufgestiegen. Magere Frauen, von zierlicher Gestalt, mit abgehärmten dunklen Gesichtern. Sie waren nicht mehr jung, aber wohl längst nicht so alt, wie sie uns erschienen. Als sie jetzt im Näherkommen die Stirnriemen lockerten und die Kopftücher zurückschoben und dabei die roten Zeichen der Hindufrauen zum Vorschein kamen, und als sie mit roten Betelmündern auf uns einsprachen, wußten wir, es waren Tamilinnen. Wir sahen ihnen verlegen entgegen und saßen stumm, in doppelter Taubheit, denn wir verstanden weder ihre Worte noch die Erklärungen, die Simiyon uns geben wollte. Er selbst war ja mit Taubheit geschlagen, er verstand seine tamilischen Landsleute nicht.

Das Auto schleppte uns höher und höher auf einer Straße, die schmal war und von den Bergen in immer engere Kurven gepreßt wurde. Mehrmals kreuzten wir eine Bahnlinie, deren kühne Gleisführung mir gefiel. Ich bin ein Eisenbahnfahrer aus Leidenschaft, kenne die Schienenwege durch den Balkan und durch den Kaukasus und über den Semmering und in den Himalaja hinauf und noch ein paar andere halsbrecherische Trassen, aber dies hier war ein Kunststück außer Konkurrenz. Eine der Kehren hatten die Bahningenieure die »Sodawasserflaschenkurve« getauft und dabei wohl an den Flaschenhals gedacht. Mit dieser Bahn wäre ich für mein Leben gern gefahren, aber wir saßen nun hinter Simiyon. An aufregenden Eindrücken fehlte es auf der Straße keineswegs, das Passieren des Gegenverkehrs wurde schwieriger, je enger sich die Kurven wanden.

In den flachen Ausläufern der Teepflanzungen hatte der Maler wiederholt beanstandet: »Ausgerechnet in der Kurve kommt uns einer entgegen!« Mit den folgenden Stunden begriffen wir, daß Gegenverkehr überhaupt nur in Kurven möglich war, weil die Straße keine Geraden hatte. Kurve mündete in Kurve.

Simiyon tat Schwerarbeit. Als müsse er in ununterbrochener Folge ein Ventil öffnen und schließen, drehte er das große Lenkrad. Die Achsfedern quietschten, wir wurden wie in einer Karussellgondel von der Fliehkraft gegen die Türen gedrückt. Wir unterschieden eine sympathische und eine unsympathische Straßenseite. Traf uns der Gegenverkehr auf der sympathischen, der Bergseite, streiften Kotflügel und Spiegel die überhängenden Teesträucher. Fuhren wir an der abgründigen Seite, wo das Asphaltband weder durch Böschung noch Geländer gesichert war, mußte Simiyon im Ausweichen die Räder so nahe an den Rand lenken, daß beim Blick durchs Seitenfenster unter dem Wagen kein Boden mehr schien. Abwechselnd durchschauerte uns, rechts und links den Kopf hinausstreckend, das Gefühl der Wehrlosigkeit vor Abgründen, das eine starke körperliche Sensation auslöst, ein Ziehen von den Knien herauf über Schenkel, Gemächt, Magen bis zum Herzen. Öfter mußte eines der beiden aufeinandertreffenden Fahrzeuge zurücksetzen, gewöhnlich das auf der sympathischen Seite. Jedesmal erfolgten die Manöver mit Ruhe, ohne Unfreundlichkeit, als wortlose Vereinbarung unter Leuten, die aufeinander angewiesen sind.

Ich kenne, und jeder kennt sie, Schriftsteller, von Karl May bis zur Gegenwart, die in ihren eigenen Reisebüchern jedesmal erstaunlich gut dastehen; eigentlich sind sie die wirklich positiven Helden, während das wirkungsvoll um ihre Person drapierte exotische Land mehr dienende und unterstreichende Aufgaben zugewiesen bekommt. Ich muß bei solcher Lektüre lächeln, aber manches Mal bin ich auch ärgerlich. Nicht auf den Autor, sondern in Parteinahme für den ahnungslosen Leser. Das Ausbleiben oder Verbergen einer zutiefst menschlichen Empfindung, ich meine die Angst, macht mich stets mißtrauisch. Deshalb ohne Zögern die Wahrheit, auch wenn sie nicht schmückt: Im Rhythmus der Kurven durchpulste uns Angstgefühl.

Diese Kurven waren so gelegt, daß sie uneinsehbar blieben und ihre Überraschung erst preisgaben, wenn die halbe Krümmung durchfahren war. Alle paar Atemzüge eilte unsere Phantasie Sekunden voraus, wir hörten schon das Blech knirschen und sahen uns im Abgrund. Trotzdem – es war eine seltsame, rare, fast kostbare Spielart von Angst. Lust war ihr beigemischt. Die Angst war der Preis für die Lust des Schauens. Im späteren Überdenken erscheinen die Trostsprüche, wie sie mir während der Kurvenfahrt durch den Kopf schossen, töricht und leichtfertig wie alles Rauschhafte: Wenn das hier schon dein Ende sein soll, dann wenigstens vor dem schönsten Panorama der Erde. Daß einer dies noch sehen darf – und dann hinübergehen auf dem Gipfel des Schauens ... Hatte da die Erregung Speicher geöffnet, in denen Erinnerungen verschüttet lagen an Nietzsche und Wagner und Thomas Mann, an ihre fast heitere Sympathie mit dem Tode?

In dreizehn- oder vierzehnhundert Meter Höhe war das Gebirge noch bis auf den letzten Fußbreit Boden kultiviert. Jeder einstige Quadratmeter Dschungel war ein Quadratmeter Teeplantage geworden. Ein Flußtal teilte das Gebirge, schäumend ausgefüllt von einem Quellfluß des Mahaweli. Mehr und mehr Gipfel verschwanden in Wolken, manchmal auch schon ein Stück der Straße. Wenn die grauen Schleier auseinanderrissen, brach die Sonne grell und stechend durch wie vor einem Gewitter, und die Wasserfälle hingen über den schwarzgewaschenen Felsen als unruhige silberne Standarten, die den nahenden Sturm verkündeten. Simiyon drehte nun seit mehreren Stunden das Lenkrad, rechtslinks, links-rechts. Wir genossen das Panorama, und das Entzücken verdrängte die Angst, bis beim nächsten Wechsel auf die unsympathische Seite die Angst wieder alle Fähigkeit zum Genuß erdrosselte.

Plötzlich erschien im Eingang zu einer spitzwinkligen

Kehre die Schnauze eines Omnibusses. Das Fahrzeug war so lang, daß es Simiyon keinen Raum zum Vorbeikommen ließ. Wir hatten die sympathische Seite. Statt zu bremsen, drückte Simiyon den Wagen so weit wie möglich den Hügel hinauf. Er tauschte mit dem Busfahrer ein Winken, dann stiegen wir aus und kratzten mit den Händen Erde und Teeblätter aus den Höhlungen der Stoßstange und von der Radaufhängung. Simiyon wischte mit seinem Handtuch auch die Erdspuren vom Löwen auf dem Kühlergrill.

Erst außerhalb des Wagens spürten wir die Kühle der Berge. Ich zog unters Tropensakko einen Pullover, den ich vor der Abfahrt aus dem Koffer genommen hatte. Der Maler hoffte auf Sonne hinter dem nächsten Paß, er wollte nicht den zuunterst liegenden Koffer herausholen, lieber fror er ein bißchen. Simiyon trug zum Sarong wie immer sein offenes Hemd, er war barfuß.

Je höher der Wagen kletterte, desto mehr Täler sahen wir ein, und in allen wuchs Tee. Über die stumpfgrünen Hügel verteilten sich weiße, nach einem Modell gefertigte Kästen, jeder mehrere Etagen hoch, mit vielen Fenstern und Ventilationsöffnungen in der Fassade. In jeder dieser Teefabriken wurde gearbeitet, immer war Saison. Die kleine Insel reihte sich dem Goliath Indien an als zweitgrößter Teelieferant der Welt.

Pflückerinnen begegneten uns, die vollen Körbe auf dem Rücken. Sie hatten von den Hüften bis auf die Knöchel hängende Jutesäcke umgebunden, um die Saris vor den Teesträuchern zu schützen. Jetzt gingen sie zum Wiegeplatz, wo ein Mann – nun tatsächlich auch ein Mann bei der Arbeit! – die Körbe an eine Federwaage hängte. Der Lohn fürs Pflücken betrug wenige hundert Rupien im Monat, auf den Korb umgerechnet waren das einige Paisa. Ein einziges Kilo einer erlesenen Sorte, versandfertig verpackt, erbrachte das Zehnfache eines Monatslohns.

Mahatma Gandhi hatte einst den Tee als den Schweiß der Armen bezeichnet. Ceylontee war vor allem tamilischer

Schweiß. Und die Tamilenfrage, inzwischen eine hochpolitische Angelegenheit, hing ihrerseits, so sonderbar das klang, zusammen mit der Umwandlung der Kaffee- zur Tee-Insel.

Pflücker wurden schon im vergangenen Jahrhundert auf die Insel geholt, weil die einheimische Bevölkerung wenig Erfahrung in der Plantagenkultur hatte, sie benutzte bevorzugt die Brandrodungskultur. Solange Kaffee angebaut wurde, beschäftigten die Briten Plantagenarbeiter aus Südindien für die Dauer der Ernte, danach wurden sie zurückgeschickt. (Die Bohnen sollen übrigens von mäßiger Qualität gewesen sein; Ernst Haeckel berichtet, daß er sich in Ceylon seinen Lieblingstrank sehr schnell abgewöhnt habe.) Die Kaffeepflanzungen wurden von Schädlingen befallen, um die Jahrhundertwende war Ceylon als Kaffeeproduzent erledigt. Die Briten versuchten es daraufhin mit Tee und hatten beste Erfolge. Der Teestrauch kann aber ganzjährig gepflückt werden – und unversehens hatte die Insel eine zweite ständige Tamilenkolonie.

Beide Gruppen sind von gleicher ethnischer Herkunft, die Alteingesessenen und die neuen Pflücker, von gleicher Sprache und hinduistischer Religion (manche auch zum Christentum konvertiert), aber nach Leben und Besitzstand unterscheiden sie sich wie eben reich von arm. Denn die Jaffna-Tamilen regierten schon im dreizehnten Jahrhundert im Norden ihr Königreich Elam, sie verweisen mit Stolz auf ihre Abkunft von bedeutenden indischen Geschlechtern, in Ceylon rechneten sie bald zu den Etablierten. Der Fleiß des Tamil-Farmers, der Scharfsinn und Geschäftsgeist des Tamil-Händlers werden vom Singhalesen so beunruhigt betrachtet wie der Bildungsehrgeiz der Jaffna-Tamilen, die auf Verwaltung, Gesundheits- und Rechtswesen, auch auf die Armee Einfluß nahmen.

Die ausgezehrten abgehärmten tamilischen Frauen, die ihre mit Teegrün gefüllten Körbe vom Rücken schwangen und an den Zughaken der Waage hängen ließen, mit flinken

Augen den Ausschlag der Zeiger auf der Skala verfolgend, während sie im Kopf den Tageslohn für ihre Schwerarbeit überschlugen, sie waren von einem tamilischen Farmer so unterschieden wie in Colombo oder Kandy der singhalesische Juwelier von seinem Landsmann, dem singhalesischen Bettler, der vor dem Laden im Rinnstein hockte. Von den über drei Millionen Tamilen lebte ein rundes Drittel so, wie wir es beim Durchfahren der Teedistrikte rechts und links der Straßen gesehen hatten: in sehr schlichten Hütten und unter sehr einfachen Bedingungen, abgeschnitten vom Leben in den Städten, in einförmigstem Tagelöhnerdasein. Die Plantagenarbeiter entstammten zumeist den niedrigsten Hindukasten, sie mußten sich hier ducken, wie ihre Eltern und Großeltern in der indischen Heimat unter den Briten sich ducken mußten und heute noch, auf dem Dorf, vor den Landbesitzern kuschen würden. Von denen, die da vor den Teefabriken warteten und dann ihren Hütten zugingen, besaß nur jeder zweite die Staatsbürgerschaft Sri Lankas. Seit Jahren wurde zwischen Delhi und Colombo verhandelt, aber die vereinbarten Quoten über Rückführung und Einbürgerung waren nie eingehalten worden. So lebten in der Teeregion viele Pflücker als Staatenlose. Sie waren vom öffentlichen Leben ausgeschlossen, ohne staatsbürgerliche Rechte, ohne Einfluß auf die Geschicke des Landes, in dem sie ihr täglich Brot so schwer verdienten als wirkliche Habenichtse. Unter den Briten hatten sie wenigstens das Wahlrecht gehabt (und überwiegend links gewählt), aber die singhalesische Bourgeoisie hatte es ihnen sofort abgesprochen, als sie zur Macht gekommen war.

Die unterschiedliche Klassenzugehörigkeit von Jaffna- und Indien-Tamilen wurde auch während des Schwarzen Juli anschaulich. Die Regierung nannte allein für Colombo vierundsechzig zerstörte Fabriken und Werkstätten und elfhundert demolierte Geschäfte: alles Tamilenbesitz. Reich kämpfte gegen reich, nicht Buddha gegen Brahma.

Zerstörte Teepflückerbaracken soll es gegeben haben, wir sahen keine.

Simiyon kurbelte unermattet am Lenkrad. Jetzt hatten wir, nach der Karte, mehr als anderthalbtausend Meter Höhe erreicht. Das Nachmittagslicht wurde trüber, die Sonne blieb unsichtbar, häufig verloren sich die Serpentinen der Straße weiter oben am Berghang in den Wolken. Wir fühlten uns seit längerem wie bei unruhigen Flügen: knieweich und matt und schwindlig. Es wurde noch kühler.

Ein Jeep kam uns entgegen, er fuhr auf der sympathischen Seite und hätte eine Länge zurücksetzen müssen, statt dessen rollte er auf uns zu. Simiyon bremste. Die linken Räder berührten den mit Steinen lose markierten Straßenrand, dahinter fiel der Hang wenige Meter steil ab und bildete ein kleines Plateau, das frei über einer tiefen Schlucht lag.

»Flügel haben«, sagte der Maler heiser.

Alles Empfinden zog sich in der Körpermitte zusammen. Da erwuchs der Angst unversehens ein ebenbürtiger Gegner, das Handeln.

Simiyon deutete über die Kühlerhaube auf die Steine der Einfassung. Die Strecke war abschüssig. Ehe er den verstummten Motor angelassen und den Rückwärtsgang eingelegt hätte, könnte das Vorderrad bereits mit einer Vierteldrehung in eine Lücke zwischen den Steinen einsacken.

Später fiel uns auf, wie die Not ohne Sprache auskommt. Der Maler öffnete die rechte Tür und lehnte sich hinaus wie ein Beifahrer in den Kurven beim Seitenwagenrennen. Ich öffnete behutsam wie ein Einbrecher die linke Tür, tastete mich auf Zehenspitzen seitwärts gedreht am Wagen entlang und schob einen Stein unters Hinterrad. Dann preßte sich alle Kraft unserer Muskeln gegen das Blech, während Simiyon unter seiner nackten Sohle das Kupplungspedal um Millimeter hochkommen ließ. Die Räder wollten der Schwerkraft folgen und machten schon eine winzige Drehung zum Abgrund hin. Nach einem Verharren, das uns unendlich lange vorkam, drehten sie sich rückwärts.

Simiyon lachte sein Häschenlachen, aber die Begegnung hatte ihn in seinem Nationalstolz getroffen. Er stieg aus und spie dem Jeep nach. »No Singhalese!« sagte er mehrmals.

Im nächsten Rasthaus an der Straße tranken wir Tee. Böll hat dem kontinentalen Tee nachgesagt, er werde dünn, aber in feinstem Porzellan angeboten, während auf der irischen Insel ein Engelstrank in plumpe Steinguttassen gegossen werde. So trafen wir's auch auf der Tropeninsel. Der Tee war aromatisch, wie ich ihn nirgends auf der Welt getrunken habe, aber unzeremoniell zubereitet und unachtsam serviert.

Der Wirt oder Pächter des Rasthauses war ein Mann, dem der Hosenbund überm Bauch nicht mehr schloß, sein Gesicht war feist wie sein Bauch, doch fehlte den Zügen die Gemütlichkeit der Dicken. Er war von heller Hautfarbe, vielleicht ein »Burgher«, wie hier die Menschen halb europäischer, halb asiatischer Herkunft heißen. Einsilbig stellte er klobige Tassen und eine unschöne Kanne auf den Holztisch, legte dazwischen eine kurzfingrige gelbe Kralle Bananen und Zuckerstückchen, aber er stellte keine Milch dazu. Der Tee floß sehr hell, fast blaß, die Teeprüfer nannten es eine »blonde Tasse«. Der Geschmack war überraschend kräftig und das Aroma sehr frisch. Ich lobte den Tee, was ein wenig Sonne auf die Züge des Burghers zauberte.

»Der wächst nur in Lagen über sechstausend Fuß«, erklärte er, »man kann ihn ziehen lassen, solange man will, er wird nie dunkel.«

Das Geheimnis dieses Aromas ist, daß man den Tee dort trinken muß, wo er wächst, in seinem vertrauten Klima. Sobald er verschickt wird, verderben ihn fremde Einflüsse. Die Salzluft in den Häfen, die trockne staubige Hitze in

den Lagerschuppen, Öldunst auf den Schiffen, dagegen
schützt keine Verpackung die empfindlichen Blättchen.

Wir tranken eine zweite Kanne, Tee aus dem Distrikt
von Dambulla, wir hatten auf der Fahrt die Schilder und
die Teefabriken gesehen. Der Burgher sagte, dies sei der
berühmteste Tee, in diesem Distrikt sei er zuerst angebaut
worden nach der Kaffeekatastrophe, zwischen fünf- und
sechstausend Fuß Höhe. In der Farbe war er kräftiger als
der erste, den wir getrunken hatten.

Tee wirkt durch magische Eigenschaften. Er wärmt nicht
nur den Körper, er ist ein vergeistigtes Getränk, das die
Seele einstimmt. Entspannt und in frischer Unterneh-
mungslust nahmen wir hinter dem Löwen Platz. Der Tee
hatte den Schrecken der Jeep-Begegnung weggespült.
Simiyon begann mit neuen Kräften seine Arbeit am Lenkrad. Das Auto nahm quietschend Kurven, die in die Wolken
hineinführten. Die Fahrt wurde langsamer. Einzelne Tropfen setzten sich auf die Windschutzscheibe. Die Punkte
verbanden sich durch feine Rinnsale. Simiyon zerstörte das
Muster, indem er den Wischer einschaltete. Die Beine eines
Rieseninsekts stelzten über die Scheibe und wischten sie in
Halbbögen blank. Mit einem letzten Rucken erstarrte unversehens die schleppende Bewegung, sofort wurde die
Scheibe unter einem Wasserfilm blind. Simiyon rollte vorsichtig aus der Kurve heraus. Er bediente mehrmals den
Schalter. Die Stelzbeine zuckten nicht mehr.

Wir schlichen blind, im zweiten Gang, mit Licht und hu-
pend, sobald sich Phantome vor der milchigen Scheibe ab-
zeichneten, bis zu einem Hochplateau, auf dem eine Art
Scheunendach Unterschlupf gab. Simiyon schraubte am
Armaturenbrett ein Stück Blech ab und tastete zwischen
Drähten. Er überbrückte Sicherungen mit dem Schrauben-
zieher. Der Wischer ruckte an. Simiyon schnaufte erleichtert und suchte unter der Fußmatte, bis er ein Stückchen
isolierten Draht fand. Mit den Vorderzähnen biß er ihn
durch und nagte die Isolierung ab. Er flickte, stopfte die

Klemmleiste zurück, schraubte an, was abgeschraubt war, und schaltete den Wischer an. Nach wenigen Gängen erstarrten die Insektenbeine in ihrem stelzenden Schritt. Blauschwarzer Qualm drang durch die Ritzen des Armaturenbretts und machte die Scheibe auch von innen undurchsichtig. Es stank nach geschmorter Isolierung. Wir stießen die Türen auf.

»Wenn's jetzt die Zündung erwischt hat«, sagte der Maler.

Nachdem Simiyon zum zweitenmal alles ab- und wieder angeschraubt hatte, startete er, und wenigstens der Motor lief. Mit beregneter Scheibe fuhren wir weiter. Ich hatte mich nach vorn gesetzt, wir fuhren unter Wolkenbrüchen mit offenen Scheiben. Ich hängte mich hinaus und wischte mit dem Taschentuch links die Frontscheibe ab, Simiyon wischte auf seiner Seite mit dem Handtuch, während er steuerte. Unsere Arme waren zu kurz, die Scheibenmitte blieb undurchsichtig. Die Kurven, die Abgründe, der Gegenverkehr, die Wolken, der Regen, die blinde Frontscheibe, mehr an Verschwörung gegen unsere Reise war nicht denkbar: das Orakel der Krähen.

Manchmal setzte der Regen aus, und die Wolken ließen einen Blick nach unten zu in Täler, auf deren Grund die Häuser spielzeughaft nebeneinandergestellt waren. Nach der Karte fuhren wir in knapp zweitausend Meter Höhe. Der Regen fiel in langen schrägen Bahnen, von den Scheinwerferkegeln geschnitten, als wir in Nuwara Eliya einfuhren. Die Einheimischen sagen verkürzt Nurelia zu dem Kurort am Fuße des höchsten Berges der Insel, des Pidurukalagala.

Wir tasteten uns im Fußgängertempo durch die Wassergüsse der Straßen. Simiyon zeigte durch Gesten an, er wolle den Wagen reparieren lassen. Wir erkundeten durch die beschlagenen Scheiben den ausgestorbenen Ort: ansehnliche Villen in britischem Stil, steif und in dieser Abgeschiedenheit betont selbstbewußt, von den verschlossenen Fenstern und Türen ging etwas Abweisendes und Ungastliches aus.

Als wir zum wiederholten Mal die Hauptstraße hinauf- und hinabgerollt waren, entdeckten wir hinter Regenwänden ein Hotelschild: THE REST. Der Empfangschef übersetzte, was wir Simiyon sagen wollten: Laß den Wagen in Ordnung bringen, auch wenn es darüber Nacht wird. Hier ist Geld für Tee. Wir fahren erst weiter, wenn der Wischer läuft.

Es wurden die einsamsten und verlorensten Stunden unserer Reise. THE REST hatte keine Gäste, die Schatten des Juli reichten bis herauf in zweitausend Meter Höhe. Das Restaurant sollte gegen neun öffnen, es ging jetzt auf fünf. Außer den Bananen beim Burgher hatten wir seit dem Morgen nichts gegessen. In einer Nische neben dem Empfang standen Sessel vor einem Kamin, in dessen marmorgefaßter Tiefe unsere Phantasie ein Feuer prasseln sah. Der Kamin war kalt, uns fröstelte in der feuchten Kleidung. Mit dem Auto waren die Koffer davongefahren. Ich gab dem Maler den Pullover und knöpfte die Leinenjacke bis zum Hals zu. Wir hingen in den breiten Hotelsesseln und warteten. Der Empfangschef hatte sich hoffnungsvoll erkundigt, ob wir Zimmer wünschten. Unsere Zimmer waren im Rasthaus Ella gebucht.

»Ach so«, sagte der Empfangschef enttäuscht und verlor das Interesse an uns.

Ich starrte ins Rußloch des Kamins und erinnerte mich, vom viktorianischen Zierat angeregt, an de Quinceys Schilderung der Winterfreuden: Für den englischen Essayisten tritt das Glück stets mit einem Teetablett ins Zimmer.

Tee! Der Kellner, der wie verirrt durch die Halle trieb, brachte uns eine Kanne für zwei. Abwechselnd legten wir die Hände um das grobporige Porzellan und sogen die Wärme des Himmelstranks auf, noch ehe er Zunge und Gaumen labte. Das Klirren, als der Kellner die ungefügen Tassen auf die Untertassen setzte, war uns paradiesische

Musik, die Anordnung von Kanne, Tassen, Zuckerdose und Limonenscheibchen das verheißungsvollste Stilleben. Wir dankten dem Kellner und übernahmen selbst die geweihte Handlung des Eingießens, das Sakrament des Süßens unterm Ministrantengeklingel der Löffelchen, des Säuerns mit den Oblatenscheibchen der Limone. Mit geschlossenen Augen tief das Aroma atmend, hoben wir feierlich die Tassen mit beiden Händen wie Kelche zum Mund und tranken, tranken und schlürften unter einem wohligen Ächzen den Tee. Ah, wie er das Blut erwärmte und die Seele heiter und zuversichtlich stimmte. Das Warten hatte eine Skala erhalten, wenigstens vorläufig: bis zum Boden der Kanne.

Danach Rückkehr in die Kälte. Dämmerung hängte sich vor die Fenster. Lustlos malten wir uns aus, was zu tun wäre, wenn Südasiens berühmtester Höhenluftkurort keine Ersatzteile für französische Non-alignment-Autos bereithielt, womit ja zu rechnen war. Wenn nun Simiyon weiter bis Badulla oder Haputale oder – nein, nur dies nicht: wenn er zurück mußte nach Hatton! Im Dunkeln, von Bussen und Jeeps bedrängt. Und hier saßen zwei und warteten. Niemand würde eine Nachricht bringen, weil niemand wußte, daß zu dem goldbronzierten Löwen zwei Europäer gehörten, die in THE REST am kalten Kamin warteten.

Der Maler schlug vor, wir sollten noch einmal den Kellner aufspüren, daß er »Teapot for two« bringe.

Dankbar genossen wir die neue Zwischeneiszeit und zogen sie hin mit den sakralen Handlungen des Eingießens und Trinkens. Und wieder eine neue Eiszeit. Ein Boy ordnete die schweren Portieren vor den Fenstern und schaltete eine Deckenlampe an. Es machte die Halle nicht gemütlicher.

»Gut, daß man hier nicht allein sitzen muß«, sagte der Maler und sprach aus, was ich dachte: Nur Alleinsein wäre jetzt noch schlimmer.

Als sieben vorbei war, organisierten wir die dritte Zwischeneiszeit. Wir nahmen uns vor, sie auszudehnen bis acht, da würde das Restaurant öffnen, und dann, allerdings, würden wir allmählich doch daran denken müssen, den Empfangschef mit unserem Zimmerwunsch glücklich zu stimmen. Mit Simiyon rechneten wir nicht mehr, aber in einem stillschweigenden Abkommen redeten wir nicht darüber. »Rausgeschmissenes Geld!« sagte der Maler und meinte die vorbestellten Zimmer. Doch wie würde der Empfangschef reagieren, wenn wir uns in seinen Sesseln für die Nacht einrichteten?

Die Hölle des Wartens zögerte mit den schärferen Qualen noch bis halb acht. Der Boy, der die Vorhänge geschlossen hatte, zog in einem Erker ein Tuch von einem Kasten, der in seiner Verhüllung unseren Argwohn bisher nicht erregt hatte. Braune Finger tasteten über Sensoren, bis sich das Geflimmer zu farbigen Bildern ordnete. Was wir in den eignen vier Wänden niemals dulden würden, hieß es nun durchzustehen: ein über alle Begriffe albernes Spiel, wie es bei Einschaltquoten von vierzig Millionen das Wochenende des mittel- und wohlständischen Bürgers ausfüllt. Beliebige Leute sollten irgendwelche durchaus sinnlosen Aufgaben verrichten im Wettbewerb gegeneinander. Ihr natürliches Ungeschick zog Gewieher und Gekreisch aus den aufgesperrten Zuschauermündern, der Zufall bestimmte den Sieger, und eine Gesellschaft gab zum Preis das höchste, was sie zu vergeben hatte: ein Auto.

Die peinliche Banalität, mit Untertiteln versehen, versorgte Sri Lanka mit einer Vorstellung von deutscher Kultur. Deutsch – genauer wurde nicht unterschieden. Das Hotelpersonal hatte sich offenbar vollzählig eingefunden und folgte aufmerksam, allerdings stehend, den dummschlauen Pointen des Spielmeisters. Vielleicht wunderte sich das Personal aus THE REST, weshalb die beiden aufgeweichten Figuren vor ihnen in den Sesseln nicht auf den Bildschirm, sondern in ihre Teetassen blickten. Wir waren froh, daß niemand unsere Nationalität kannte, wir wären gern aufgestanden und hinausgegangen, aber wohin, wohin?

Der grenzenlose Spaß folterte uns anderthalb Stunden. Die Zeit für das Nachtmahl schien sich wegen der Aufgeschlossenheit des Personals für die Wettspiele noch etwas zu verschieben. Wir retteten uns auf eine neue Teeinsel. Ich kann mich nicht erinnern, jemals soviel Tee getrunken zu haben an einem einzigen Spätnachmittag. Ich suchte nach Beispielen und Vergleichen, kam aber nicht auf den Namen dieses Literaten, der mit Tee den Abend freundlicher machte, sich mit Tee über die Nacht hinwegtröstete und mit Tee den Morgen willkommen hieß. Das Erinnerungsvermögen verweigerte die Arbeit, alle Gedanken kreisten jetzt nur noch um die Frage, wo unser Simiyon mit seinem krähenverfluchten Auto sein mochte. (Sollte der Leser darauf warten: der »schamlos harte Teetrinker« war Samuel Johnson; wieder daheim an preußischen Teetassen, finde ich nun nicht mehr verwunderlich, daß mir die Assoziationen im traurigen Nurelia alle aus der älteren englischen Literatur kamen: Victorianismus, Verlorenheit, Schwermut, Teetrost.)

Gegen halb zehn, der Empfangschef hatte sich schon mehrmals den Sesseln genähert und ein Gespräch versucht, betrat als Erlöser die Halle ein durchweichter Simiyon, auf schmutzigen nackten Füßen, das klatschnasse Handtuch um den Kopf. Mit ölschwarzen Fingern befreite er uns durch die Scharrgeste aus den Sesseln: Kommt!

Der Scheibenwischer, nachdem er repariert war, wurde nun nicht mehr gebraucht. Die Wolken waren in andere Täler gezogen, über dem Hochgebirgstal von Nuwara Eliya war der Mond aufgegangen. Kaltes gelbes Licht floß in die Senken, die Landschaft atmete nicht mehr wie mittags unter der Sonne und unterm Regen, sie lag wie eingefroren in diesem Block aus gelbem Licht. Wir waren allein auf der Straße, ein leichter Druck auf den Ohren meldete das Gefälle. Ortstafeln mit langen unlesbaren Namen huschten vorbei. Aus dem Grün der Berge war Schwärze geworden. Manchmal tanzten die goldenen Fünkchen eines Wasserfalls von den Kuppen herunter. Bei Welimada nahmen wir eine falsche Ausfahrt, kehrten um, suchten. Ein Tal wie das andere. Lichter, die in den Kurven geboren wurden und in den Kurven wieder verlöschten. Als wir die Hoffnung auf ein Ankommen beinah verloren hatten, schlug Simiyon ein letztes Mal scharf die Räder ein, sprang aus dem Wagen mit einer Energie, der zwölf Stunden härtester Arbeit nicht anzumerken waren, und rief dem Kellner vom Resthouse ELLA etwas zu, was wohl unsere knurrenden Mägen betraf.

Der anmutigste Platz auf der Insel, die bezauberndste Aussicht, der berühmteste Sonnenaufgang – o menschliche Natur, was gilt dir das alles gegen eine Schüssel Reis mit Curry! Dem Kauen hingegeben, saßen wir vor unserem späten Dinner und hatten das Gefühl, die Stühle führen mit uns durch Kurven. Schwer vor Sattheit und Müdigkeit, erhoben wir uns und liefen mit dem unsicher schaukelnden Gang von Matrosen auf die Terrasse.

Im Mondlicht streckte sich das Tal. Die Gipfel trieben lange Schattenkeile hinunter in den Grund. Die Lautlosigkeit der Bergwelt war so vollkommen, daß wir meinten, unsere Ohren hätten durch den Motorenlärm das feinere Gehör verloren. Gegen den Horizont hin färbte sich der Himmel in waagerechten dunkleren Linien. Mochten das Berge sein oder Wolken – über diesen Bergen oder unterhalb der Wolken, unausmeßbar fern am Ende dieser Nacht, stand ein kleines, aber deutliches rotschimmerndes Licht. Es blinzelte, war sekundenweise sichtbar und dann wieder verschwunden und überließ den Empfängern, die Botschaft zu entziffern: Eine Hoffnung auf den Morgen?

»Dieser rote Punkt dahinten«, sagte der Maler, nachdem er das Fernglas abgesetzt hatte, »zwinkert so höhnisch – ich fürchte, wir müssen unser Leben lang Kurven fahren und werden nie wieder in die Ebene kommen. Hier sind wir am Ende der Welt. Das Meer siehst du nie wieder.«

Wir ließen die Koffer im Wagen und stellten den Wecker auf dreißig Minuten vor Sonnenaufgang. Noch im Schlaf fuhren wir durch Kurven.

Mein Reich war nie der frühe Morgen. Ich beneide Menschen, die beim Erwachen energisch die Welt in Besitz nehmen. Meine Morgenstunden verschwimmen im Zwielicht, vergleichbar dem Tal da unten, dessen Finsternis sich in mühseligem Ringen gegen das zurückkehrende Licht wehrte. Zuerst verfärbten sich die Kuppen, langsam auch die Hänge, zuletzt die Talsohle. Ein graues Straßenband schlängelte sich am rechten Höhenzug entlang. Das blinzelnde Licht am Horizont war verschwunden.

Vom linken Höhenzug hob sich ein roter Saum ab. Er wölbte sich fast unmerklich. Die Berge stemmten mit Erdenkraft den Sonnenball empor. Langsam wuchs der fingernagelschmale rote Abschnitt zur Sichel, zum Halbbogen, wurde zur Flammenkugel, die noch zögerte, sich von der Berglehne zu lösen und ihren steilen Weg anzutreten. Licht durchfloß jetzt in unaufhaltbaren Strömen das Hochgebirgstal, die Dämmerungsinseln wurden eingeschlossen und hinweggespült. Da war er, der Sonnengesang aus den Mythen, die jubelnde Orgel mit allen Registern im großen Spiel, das Brüllen der Sonnenstiere. Welche Erhebung, welche Feier, der große Gesang, beglückend, einmalig, unwiederholbar, unvergänglich und jeden Morgen neu und darum auch die Seele ratlos stimmend, weil ein Gefühl der Dankbarkeit aufkam, für die sich kein Empfänger fand. Eine ungerichtete, ganz diesseitige Dankbarkeit, weil »die Schöpfung« etwas aufführte wie den Sonnenaufgang von Ella. Natur vollbrachte ein tägliches Wunder, an welchem teilzuhaben einer hohen und feierlichen Auszeichnung gleichkam. Morgen für Morgen würde die aus Dunkel und Licht gesetzte Fuge ertönen, wenn wir längst zurückgekehrt waren und im Schleier unserer Städte die bleiche Sonne suchten. Allmorgendlich stemmten die östlichen Berge den Flammenball hoch auf seine Bahn übers Tal, hinter der westlichen Lehne verglühte er am Abend, so ereignete sich das Wunder in ewiger Wiederkehr und in Gleichgültigkeit gegen alle Zeugen und ihre Andacht.

»Scheiß-Non-alignment-Karre verdammte!« schrie der Maler. Er suchte nach dem Zeichenblock und mußte entdecken, daß sein Koffer einen halben Tag im Wasser gelegen hatte, das durch die Heckklappe des Wagens gelaufen war. Dankbarkeit gegen die Schöpfung? Der Tag hatte begonnen mit der Bellowschen Pedanterie der Wirklichkeit.

Wir gingen wieder hinaus auf die Terrasse, wie schon nachts, als wir, über die Brüstung gelehnt, das rote blinzelnde Licht betrachtet hatten. Die Schritte knirschten auf dem Kies, plötzlich war Stille. Wir beugten uns vorsichtig über die Brüstung. Das Ziehen von den Schenkeln her zur Leibesmitte signalisierte den Abgrund. Unmittelbar vor dem Geländer tat er sich auf. Das Rasthaus war an eine Wand gebaut, die Hunderte Meter schroff abfiel.

Beim Frühstück sagten wir dem Wirt, der es offensichtlich von seinen Gästen so erwartete, etwas Anerkennendes über Ellas Sonnenaufgang. »Übrigens – ist irgendwo da unten nachts ein rotes Licht zu sehen?«

Der Wirt schmunzelte, er war auf die Frage vorbereitet. »Sehen Sie mal durch Ihr Fernglas in die Richtung«, empfahl er, »da können Sie auch bei Tage was erkennen ...«

Das Glas, auf die Balustrade überm Abgrund gestützt, zog den Horizont heran, zwei Berge, und am Fußpunkt des Einschnittes ein winziger strahlender Kristall, von dem ein Glitzern und Funkeln ausging.

»Das ist doch nicht etwa ...«, murmelte der Maler und stellte das Glas schärfer.

»Das Meer!« schloß der Wirt befriedigt den Satz. »Und nachts das Licht ist der Leuchtturm.«

»Das Meer!« riefen wir, als bedeute es die Rettung aus der Welt der Berge und Kurven. Simiyon fuhr vor, er hatte sich ein neues Handtuch zurechtgelegt, der Maler hängte seinen Koffer aus dem Seitenfenster, daß der Fahrtwind das Leder trockne, und wir jagten die Kurven des grauen Straßenbands hinunter, die wir von oben schaudernd betrachtet hatten. Mit den Kurven gewannen wir wieder die Wasserfälle. Die Straße wies Spuren von Steinschlag auf. Simiyon raste über einen fußballgroßen Brocken am linken Straßenrand, wir schleuderten, daß fast der Koffer aus dem Fenster flog.

Während Simiyon das Reserverad aufzog, wanderten der Maler und ich die Straße voraus bis zum nächsten Wasserfall. Mehrere Busse mit einheimischen Touristen parkten neben dem bescheidenen Restaurant, von dessen Tischen aus die Gäste dem unermüdlichen Spiel des Wassers zuschauen konnten. Am Fuß des Felsens hatte gewissenloser Geschäftssinn die blanken Steine als Reklametafeln mißbraucht. Mit unabwaschbarer weißer Farbe waren Firmennamen und Telefonnummern in mannshohen Lettern aufgetragen. Beschäftigte die Regierung in Colombo keinen Beauftragten für Umweltschutz, der den Schmutzfinken die Strafbescheide zustellen ließ wenigstens in diesem seltenen Falle, wo die Beschmutzung nicht anonym geschah?

Simiyon holte uns ein, weiter ging's ohne Reserverad. Wir verzichteten deshalb auf einen Abstecher nach den Felsenreliefs von Buduruwagala, und eigentlich leichten Herzens: ein Buddha mehr oder weniger, was fehlte uns denn?

Eine andere Einsparung schmerzte. Nichts als ein Wort hatte uns eingestimmt und unsere Phantasie beschäftigt: »Der Welt Ende«. Ich hatte in einem Prospekt gelesen: »Machen Sie diesen kleinen Umweg. Legen Sie sich auf den Bauch und schauen Sie über den Rand hinab: Eine steile Wand von dreieinhalbtausend Fuß – der Eindruck – wenn kein Dunst herrscht, ist ...« Das letzte Wort hatte der Setzer versehentlich ausgelassen, man konnte ergänzen: unvergeßlich, oder: nur für Schwindelfreie, oder auch: entsetzlich, todverheißend. Nun würden wir das passende Wort nie einsetzen können.

In engen Schleifen fuhren wir am Südrand des Gebirges hinab, und der Ausblick über die Ebene bis zur Küste war so einzigartig, daß schon im Augenblick des Schauens Trauer auf die Seele fiel, wie sie vorangeht bei jedem Abschied auf Nimmerwiedersehen.

In Haldamulla schlug ein herabrollender Stein hinten die Radkappe ab, in Balangoda fuhr Simiyon, der zu zierlich war, um vom Lenkrad aus die linke Seite der Kühlerhaube zu überblicken, beim Parken mit dem Vorderrad in eine halbmetertiefe Abflußrinne, was dem Auto aber keinen merkbaren Schaden tat.

In Balangoda kauften wir eine Tüte Erdnüsse. Als sie verzehrt waren, faltete ich die Tüte auf, es waren Blätter aus einem Schulheft für den Englischunterricht. Satz Nummer acht: »Nächste Woche werden wir Papierbrei herstellen für Affenpüppchen.« Nummer neun: »Zum Vollmondfest gehe ich mit meinen Eltern in den Tempel.« Nummer zehn: »Vor zehn Jahren hatte er gelernt, Tamil zu lesen ...« Darunter begann die Niederschrift eines Märchens: »Ein Bauer wollte immer mehr Land kaufen. Er steckte viel Geld zu sich und ging zu den Nomaden. Der Häuptling trug ihm auf, zeitig vor Sonnenaufgang zu kommen. Das Geld sollte er unter einen bestimmten Baum legen ...« Ja, und wie weiter? Ein Eckchen Papier war aus dem Tütchen herausgeknifft, übrig blieb von der Geschichte im Tone der Brüder Grimm nur noch: »Der Teufel, als er dies hörte, lachte in sich hinein ...« Aber was tat er dann? Betrog in gut europäischer Kolonialmanier? Oder bestrafte er die Habgier des Grundbesitzers? Dieses Rätsel würden wir aus Balangoda mitnehmen.

In Pelmadulla fuhren wir durch eine Kurve von hundertzwanzig Grad und weiter auf einer Zickzackstrecke südwärts. In Deniyaga beunruhigte der Motor Simiyons Ohr. Er klappte die Haube auf und stieg ins heiße ölige Metall – tatsächlich, nun stand er vorn im Löwen-Auto! Wir ließen inzwischen am Straßenrand die Kuppen von Königskokosnüssen abschlagen und tranken die Milch. Es war wieder warm und feucht geworden. Dann durchquerten wir auf der Straße nach Akuressa das letzte Gebiet ceylonesischen Urwalds, und ich bin sicher, wir beteten im stillen alle drei zu dem für Non-alignment-Autos zuständigen Boddhisattva, daß uns nicht ausgerechnet hier der nächste Schaden ereilen möge.

Nichts mehr widerfuhr uns. Aufgehoben der Krähenfluch. Sogar der Scheibenwischer zuckte dienstbeflissen. Wir kamen heil hinab und gelangten beim Dunkelwerden wieder ans Meer, das uns sein Leuchten bis ans Ende der Welt nachgeschickt hatte.

Gerd Püschel
Ivaray

Katunayake, 2. Januar 2005

Lieber Ko, die gute Nachricht zuerst: Wir leben und sind unversehrt. Heute sollten wir zurück nach Deutschland fliegen, aber kurzfristig wurde der Flug um vierundzwanzig Stunden verschoben, weil noch eine Gruppe europäischer Touristen aus Goa erwartet wird und wir morgen auch drei Schwerverletzte an Bord nehmen müssen, die heute noch nicht transportfähig sind. Die Fluggesellschaft hat uns in ein schönes Hotel in der Nähe des Flughafens gebracht. Du kannst Dir keinen größeren Unterschied zu den Erlebnissen und Bildern der letzten Woche denken. Aber ich will der Reihe nach berichten.

Der 26. Dezember beschenkt uns mit einem wunderbaren Morgen, wie auch ich ihn selten in all den Jahren in Katukurunda erlebt habe. Ein goldener Sonnenaufgang, windstill, das Meer glänzt, auf der Steinmauer am Strand spielen zwei Kinder, während ihr Vater angelt und raucht. Das Dorf erwacht später als sonst, die weihnachtlichen Feiern vom Vortag fordern ihren Tribut von den Trunkenbolden, von den Frauen, die tagelang gekocht und gebacken, und von den Kindern, die den ganzen Tag *kette* oder Kricket gespielt haben. In den Lärm des neuen Tages mischt sich noch ein festlicher Nachklang, viele Familien verabschieden ihre Gäste. Wir sitzen beim Frühstück auf der Hotelterrasse am Strand. Linda, meine fröhliche Nichte und Schutzbefohlene, die zum erstenmal unter Palmen weilt und sich gestern bei den Weihnachtsfeiern in den Häusern meiner singhalesischen Familie so wohl gefühlt und mit den jungen Frauen Freundschaft geschlossen hat, schmiedet Pläne für den Tag.

An diesem Morgen wollen wir mit Cyril nach Bentota fahren, um dort unseren Malerfreund Anjana zu treffen, der im Riverina Beach Hotel im letzten Jahr ein paar Wandgemälde geschaffen hat, die er uns zeigen möchte. Dann wollen wir tauchen gehen und vielleicht auf die Leuchtturminsel vor Beruwala fahren. Auf dem Rückweg will ich auf einen Tee bei Kanchana vorbeischauen, jener schönen jungen Frau aus Payagala, mit der ich auf der Hochzeit von Cyrils Schwester getanzt habe. An der kleinen Kreuzung beim Haus von Cyrils Schwiegereltern halten wir kurz, um uns von den Kindern zu verabschieden, als ein paar Jungen schreiend an uns vorüberlaufen. Ich denke an einen *joke* oder an eine kleine Streiterei, da sehen wir plötzlich dunkles, häßlich braunes Wasser über den Steinwall am Strand schwappen. In weniger als einer Minute sind die Straßen und Wege überflutet, die schmutzige Brühe steigt unaufhaltsam, umspült Häuser und Fahrzeuge und reißt alles mit, was vor den Hütten liegt und steht. Cyril schiebt seinen Threewheeler von der Straße hinter einen kleinen Kiosk. Schon reicht uns das Wasser bis zur Hüfte, eine Flucht in irgendeine Richtung ist sinnlos, die Kinder klammern sich an uns Größere, die alten Leute schreien, und ohnmächtige Frauen werden von ihren Männern durch die Flut getragen, auch eine an Herzversagen gestorbene Großmutter, aber das werde ich erst Tage später erfahren. An einer Hausecke rudern Roy, Suranghe und Franco gegen die Strömung und haben auf einmal eine Leiter, mit deren Hilfe wir die Frauen und Kinder auf das Wellasbestdach eines Hauses bringen können, auch Linda wird von kräftigen Händen hinaufgehoben, doch schon droht das Dach unter der Last der vielen Menschen zu brechen. Über eine schmale Mauer balancieren sie zu einem zweistöckigen Haus, um auch dort auf das Dach zu klettern. Das Wasser steigt unaufhörlich, uns schwimmen unfaßbare Mengen an Unrat, Fahrrädern, Fischerbooten, Netzen und Baumstämmen entgegen. Noch immer kämpfen Leute in den dreckigen Strudeln um einen Halt und um ihr Leben, Hunde und Katzen versuchen, festen Grund zu finden, verheddern sich in Zäunen und Sträuchern, werden in die Lagune gerissen. Die Strömung ist jetzt so stark, daß erste Mauern brechen und die Dächer der Lehmhütten auf den Fluten davontanzen. Sie reißen Strommasten um, dulden den Widerstand anderer Häuser nur kurz, verkeilen sich zwischen Palmen und zerbersten mit lautem Krachen. Wir wissen die Frauen und Kinder auf den Dächern, aber Cyrils herzkranker Schwiegervater ist verschwunden. Entlang der Zäune und Mauern hangeln wir uns zurück zum Haus und finden ihn auf einem Mauervorsprung. Froh, ihn unverletzt zu sehen, wollen wir ihn zum sicheren Haus bringen, da beginnt das Wasser plötzlich zu sinken. Genauso schnell, wie er begonnen hatte, scheint der ganze Spuk vorbei. Zuerst sehen wir die roten Blüten der Hibiskussträucher, dann die Fenster und Türen der niedrigen Häuser, und schließlich taucht auch Cyrils Threewheeler aus den Fluten auf. Die Menschen klettern von den Dächern, die Schreie des Entsetzens weichen lauten Erklärungsversuchen, als Chaminda kommt und erzählt, daß sich vor dem Dorf ein zweihundert Meter breiter Strand erstreckt, den es vorher nicht gegeben hat. Man muß kein Fischer sein, um in diesem Augenblick eine wirkliche Gefahr zu ahnen. Schnell, ohne Panik und unglaublich diszipliniert laufen wir mit unserer Familie und den Freunden in Richtung Kirche, die nur wenige Meter über dem Meeresspiegel, aber achthundert Meter vom Strand entfernt und hinter dem Bahndamm liegt. Kaum haben wir die Kirche erreicht, als die zweite Welle mit einem infernalischen Tosen über das Dorf hereinbricht, die Häuser am Strand zerstört, alles überflutet, Autos, Marktstände und Menschen herumwirbelt, in die Lagune spült und am Bahndamm mit bösem Gurgeln verebbt. Wir fliehen weiter, immer weiter ins Binnenland, Kinder schreien nach ihren Eltern und Geschwistern, halten sich an fremden Leuten fest, suchen nach irgendeiner Hand, die sie fortbringt vom Unbegreiflichen. Zuerst laufen wir zu Geeths Haus in Nagoda, aber als ein paar Leute kommen, die von einer dritten mächtigen Welle berichten, die Katukurunda völlig zerstört habe, organisiert Roy einen Lastkraftwagen, der uns, an fliehenden Menschenmengen vorbei, ins hügelige Land hinter Nagoda bringt. Dort, am Haus von Roys Schwager, sammeln wir uns, die Frauen beten, Mütter stillen ihre Babys, die Kinder sind vor Entsetzen stumm, die Männer versuchen das Praktische: Sie besorgen *thambili*, Trink-Kokosnüsse, und Bananen, Reis, Gemüse. Es ist ein langer Tag in den Hügeln über Nagoda, und es ist ein verdammt schöner Tag. Bisher habe ich Katastrophen immer mit dunklen Wolken und Unwettern verbunden, aber dieser Tag ist sonnig und heiter. Kleine Wolken zeichnen Figuren in den strahlend blauen Himmel, und hinter den üppigen Palmenhainen glänzt ebenso blau das Meer. Immer mehr Leute aus dem Dorf fliehen auf den Hügel und bringen neue Nachrichten. Das singhalesische Wort, welches ich heute und in den folgenden Tagen am meisten hören soll, ist *ivaray*. Das bedeutet: aus, vorbei, vorüber, abgeschlossen, fertig, am Ende, vielleicht auch tot. Das Haus – *ivaray*. Das Hotel – *ivaray*. Das Boot – *ivaray*. Der Freund – *ivaray*. Jeder neue Ankömmling auf dem Hügel hat neue Verlustmeldungen. Der Dorfladen, die Motorboote, der Threewheeler, die Möbel, die Familienfotos, die Versicherungspapiere, das bißchen Schmuckzeug der Frau, die Familienbibel, der Buddha, die Schulbücher – *ivaray, ivaray, ivaray*. Die Tante, der Schwager, der Cousin, die Mutter, der Ladenbesitzer, der Lotterieverkäufer – *ivaray, ivaray, ivaray* … Frank kommt am Nachmittag. Der Angler auf dem Steinwall mit den beiden Jungen waren sein Schwager und seine Neffen, zwölf und neun Jahre alt. Sie sind schon von der ersten Welle weggespült worden und sind bis gestern nicht gefunden worden. Das sind die einzigen Nachrichten, die uns erreichen. Es gibt keinen Strom und damit kein

Fernsehen, kein Radio und kein Telefon. Die Mobilfunknetze sind völlig überlastet. Am späten Nachmittag findet uns Cyril, den ich auf der Flucht aus den Augen verloren und der mit der Familie im Hospital von Nagoda Zuflucht gefunden hatte. Mit einem Kleinbus, in dem sich zweiunddreißig Menschen drängen, fahren wir auf Umwegen durch sattgrüne Reisfelder und Kautschukplantagen nach Halkandawila. Und die Familie, die in Katukurunda alles verloren hat, besorgt uns neue Kleider, ein Abendessen und ein Bett für die Nacht. Allen steht das Entsetzen im Gesicht geschrieben, doch sie versuchen zu lächeln und sind ihrem Gott dankbar, daß niemand aus der Familie tot ist. Cyril und ich haben tiefe Schnitte in den Füßen, aber wir leben. Clement kommt abends ins Dorf, weil er sich große Sorgen um Linda und mich gemacht hat. Er war in Colombo und hat eine Odyssee über verstopfte Straßen im Binnenland hinter sich. Aus drei vom Salzwasser beschädigten Handys basteln wir ein funktionierendes und fahren durch den rabenschwarzen Abend auf einen Hügel über den Reisfeldern, wo für zwei Minuten eine Verbindung nach Deutschland gelingt. Mein Freund Augustin räumt für uns sein eheliches Schlafzimmer und besorgt sogar ein Moskitonetz. Am späten Abend gibt es wieder Strom, und wir sehen im Srilankischen Staatsfernsehen die ersten, noch harmlosen Bilder.

Die ganze Nacht klingelt das Telefon, besorgte Verwandte und Freunde, die sich erkundigen, das wird die ganze Woche so gehen.

Am nächsten Morgen kommt Kassepa ins Dorf, ein buddhistischer Mönch und Lehrer aus Panadura, den wir vor zwei Wochen besucht haben. Er bringt Lebensmittel und Kleidung. Überhaupt sind am Tag nach der Katastrophe schon viele Buddhisten mit Hilfsgütern unterwegs. Wir fahren mit Clement nach Katukurunda. Auf der Galle Road und entlang der Bahnlinie stehen viele Polizisten, die das Dorf vor Plünderern schützen sollen und uns vor neuen Riesenwellen warnen. Wir gehen trotzdem ins Dorf, das nichts Vertrautes mehr hat. Ich bin entsetzt vom Ausmaß der Zerstörung, um wieviel schlimmer aber muß Cyril dieser Anblick treffen, meinen Freund, der jedes Haus und jeden Menschen hier kennt und der tausend Geschichten über sie zu erzählen weiß. Die Häuser am Bahndamm stehen noch kniehoch unter Wasser. Zäune und Mauern sind umgebrochen, ganze Häuser hinweggespült, die Bodenplatten ragen schief aus dem Schlamm. Die Dorfstraße ist nur mehr zu erahnen, quer liegen entwurzelte Bäume, Dachgerippe, Autos. Das Haus von Cyrils Schwiegereltern, ein bescheidener Lehmbau mit immerhin fünf Zimmern, ist nur noch ein Haufen nasser Erde, aus dem ein paar Balken und zerfetzte Schranktüren ragen. Cyrils Threewheeler hat sich in den Fluten vielfach überschlagen und wurde von den Balken, die an der Tischlerei lagerten, torpediert. Ein kläglicher Haufen Schrott, an dem bereits unerbittlich das Salzwasser frißt. Das Haus seiner Eltern steht zwar noch, aber das Fundament ist unterspült, und an den Wänden zeigen sich tiefe Risse.

Im Hotel haben alle überlebt, sie konnten sich vor der zweiten Welle auf das Dach des Restaurants retten. Nelson hat sein Grundstück keine Sekunde verlassen, mit tiefen Augenringen und grauen Bartstoppeln versucht er, Schutt beiseite zu räumen. Die beiden Hunde verbellen jeden Fremden, der sich diesem Chaos nähert. Mein Zimmer im ersten Stock ist wie durch ein Wunder vom Wasser verschont geblieben, ich finde den Paß, das Ticket und mein Tagebuch. Eine tiefe Ungerechtigkeit: Das Dorf ist zu großen Teilen zerstört, links und rechts vom Hotel hat das Wasser breite Schneisen der Verwüstung geschlagen, die unteren Zimmer im Hotel sind vom Wasser leergefegt, Baumstämme haben sich in den rahmenlosen Fensteröffnungen verkeilt, halbmeterhoch liegt der Schlamm – und mein Zimmer finde ich vor, wie ich es am gestrigen Morgen verlassen habe. Ich hatte mir bei Benadikt Perera, dem stillen Schnitzmeister aus Aluthgama, vor Wochen eine *sarasvati* gekauft, die hinduistische Göttin der Wissenschaften und der schönen Künste und also auch die Beschützerin der Bibliotheken. Benadikt Pereras Figuren sind traditionell, aber sie wirken zeitlos, als wären sie um ein Vielfaches größer und als käme die Botschaft des Künstlers tief aus dem Holz. Seine *sarasvati* also thront dunkel und ernst über meinen Büchern und Aufzeichnungen und blickt hinaus auf das Meer. Als wollte sie, daß ich die Antwort allein finde. Auch Lindas Zimmer ist unversehrt.

Wir fahren nach Kalutara. Fast alle Geschäfte haben geschlossen, vor den Tankstellen stauen sich Hunderte Fahrzeuge. Nur die Beerdigungsunternehmer dürfen sich vordrängeln. Cyril läßt sich seinen aufgeschnittenen Fuß im Philip Hospital versorgen. Ich warte mit Clement vor dem Krankenhaus. Clement kennt viele Leute in der Stadt, immer wieder kommen Bekannte über die Straße und erzählen neue Geschichten von Tod und Verderben, von ganzen Familien, die ins Meer gerissen wurden, aber auch von wundersamen Rettungen und menschlicher Größe. Ich finde eine funktionierende Telefonzelle und erreiche Anjanas Frau. Mein Freund, der Maler, und seine Familie haben die Katastrophe unversehrt überlebt. Wir kaufen an einem der wenigen offenen Marktstände Obst und Gemüse für die Familie in Halkandawila, und ich ahne jetzt schon, wie schwierig die Versorgung in den nächsten Monaten sein wird.

Am nächsten Tag fahren wir morgens wieder nach Katukurunda. Auf dem Platz vor der Kirche stapeln sich die Habseligkeiten der Dorfleute, die sie aus den Trümmern bergen konnten: kaputte Möbel, durchweichte Matratzen, verschlammte Kühlschränke, all das wird sich vielleicht reparieren lassen. Reissäcke voller nasser, wahllos hineingestopfter Kleidung, Familien- und Hochzeitsfotos in zersplitterten Rahmen, verbeulte Töpfe, Heiligenfiguren und kaputte Fahrräder. Abtransportiert wird alles mit den abenteuerlichsten Gefährten und hochaufgetürmt. Wenn Not wirklich erfinderisch macht, kann man hier kühne Ingenieursleistungen bewundern. Noch bewundernswerter sind aber die Solidarität und die Behutsamkeit, mit der die Menschen sich gegenseitig aufrichten, und die Klaglosigkeit, mit der sie schon zwei Tage nach der Katastrophe ihr Schicksal annehmen und neu gestalten, während in der Kirche die Vorbereitungen für die ersten Beerdigungen beginnen. Im Dorf wühlen die Menschen schweigend in den Trümmern ihrer Existenz, und wenn sie unter Mauerresten ein Stück Erinnerung an ihr früheres Leben finden, gleitet ein kurzes Leuchten über ihr Gesicht. Alles, alles wird gesammelt, alles kann wichtig sein auf dem Weg in eine neue Existenz.

Im Hotel ist Rosa mit Aufräumarbeiten beschäftigt. Sie hat im Schlamm eine unbeschädigte Flasche österreichischen Wein gefunden, den wir tropenwarm aus Bierseideln trinken. Rosa erinnert sich an die Zeit Anfang der achtziger Jahre, als sie und Nelson unter großen Schwierigkeiten das Hotel gebaut und später im Bürgerkrieg gegen alle Widrigkeiten verteidigt haben. Kein Mensch und keine Naturkatastrophe können die beiden von diesem Platz vertreiben. Ich hoffe, daß auch viele meiner Freunde im Dorf diese Kraft zum Neuanfang finden. Cyril will zurück ins Haus seiner Vorfahren.

Wir erfahren immer mehr Details der Katastrophe. Der Osten der Insel soll völlig verheert sein. Das Seebeben vor Sumatra hat einen Tsunami erzeugt, der die flache, ungeschützte Küste nach zwei Stunden erreicht und ganze Dörfer bis zehn Kilometer ins Landesinnere vernichtet hat. Vorletztes Jahr waren wir in Trincomalee, einem malerischen Städtchen in einer bitter armen, vom sinnlosen Bürgerkrieg ausgebluteten Region. Aber auch die Westküste ist zerstört. Zwischen Moratuwa und Tangalle soll es kein Dorf und keine Stadt geben, die nicht schwer in Mitleidenschaft gezogen sind. Kein strandnahes Hotel, das nicht beschädigt wurde. Kein Hafen, in dem die Fischerboote heil geblieben sind. In Unawatuna soll entlang der Traumbucht kein Stein auf dem anderen geblieben sein. Zwischen Ambalangoda und Hikkaduwa soll die Welle einen vollbesetzten Zug zum Entgleisen gebracht und hunderte Meter ins Landesinnere geschleudert haben. An die tausend Leute sollen dabei gestorben sein. Überhaupt werden die Opferzahlen stündlich in Größenordnungen nach oben korrigiert, die jegliche Vorstellungskraft übersteigen. Auch wird uns jetzt erst das ganze Ausmaß der Katastrophe im südostasiatischen Raum bewußt, weil das Staatsfernsehen erst heute auch Bilder aus anderen Ländern zeigt.

In Galle hat man das Gefängnis öffnen müssen, weil sonst alle Inhaftierten ertrunken wären. Einige Schwerkriminelle haben schon nach zwei Stunden die ersten Plünderungen organisiert. Geschäftstüchtige Händler haben die Preise für Lebensmittel bereits verdoppelt. All denen wünsche ich, daß sie fortan jede Nacht von den Toten heimgesucht werden. Aber es gibt auch Händler, die ihre Waren an Betroffene zum halben Preis abgeben, die jeden Morgen in die Tempel, Kirchen und Schulen fahren, wo die Obdachlosen dicht an dicht kampieren, und dort Lebensmittel, Medikamente und Kleidung spenden. Es gibt Leute, die Schutztruppen gegen Plünderer organisieren, und es gibt Leute, die fremde Menschen, die ihr Haus verloren haben, einladen, für unbestimmte Zeit bei ihnen zu wohnen. Bis weit ins Landesinnere hinein sieht man frischgewaschene Kleider auf Mauern, Sträuchern, selbst auf dem heißen Asphalt der Straßen zum Trocknen liegen. Überall wohnen jetzt drei, vier Familien in einem Haus, überall ist die wenige Habe zum Trocknen und zur Reparatur hingestellt.

Über Katukurunda kreisen die Flughunde, und im Dorf breitet sich am dritten Tag ein bestialischer Gestank aus. Tote Hunde, Katzen, Hühner und Fische, Früchte, die Reissäcke beim Dorfhändler, alles, was organisch ist, fault bereits. Die nassen Textilien, im Boden versickertes Kerosin, Öl und Jauche, über allem tanzen Myriaden von Mücken. Die Dorfstraße ist geräumt, und die ersten Fahrzeuge können bis ans Ende des Dorfes gelangen, bis zu der Stelle, wo der *kalu ganga*, der Schwarze Fluß, seine alte Mündung nach hundert Jahren wiedergefunden und sich zweihundert Meter tief ins Land gebissen hat.

Am Nachmittag hat das Dorf wieder Strom und morgen vielleicht auch wieder Wasser. Ich treffe zwischen den Trümmern Freunde, die sich bereits um ein Grundstück im Landesinneren bemühen, und andere, die nach Katukurunda zurückkommen wollen und lächeln, wenn sie *nawe katukurunda*, das neue Katukurunda, heraufbeschwören.

Am Donnerstag fahren wir nach Colombo, in einem der vielen überfüllten Busse; die einzige Bahnlinie an der Küste ist zerstört und wird es wohl noch lange bleiben. Cyril braucht einen neuen Threewheeler, anders ist die große Familie in Halkandawila nicht mit Nahrungsmitteln zu versorgen, auch die Kinder müssen irgendwann wieder in die Schule. Threewheeler aber kann man nur in Colombo kaufen. Die Küstenfahrt ist eine Reise durch ein zerstörtes Land. In Moratuwa, wo die Galle Road nahe am Meer neben der Eisenbahnlinie entlangführt, wo sich zwischen Strand, Schienen und Straße tausende Fischer mit ihren Familien in Bretterhütten angesiedelt haben, wo in den letzten zehn Jahren das eine und andere neue Ziegelhaus von bescheidenem Wohlstand zeugte, ist links und rechts der Straße kein Brett am anderen geblieben. An vielen Autos und Bussen und vor vielen Häusern flattern weiße Fähnchen zum Zeichen der Trauer. In Colombo ist die Küste erstaunlich wenig beschädigt. Galle Face Green blieb von den Fluten unberührt. Wir erledigen unsere Geschäfte und kaufen einen neuen Threewheeler für Cyril. Die Verkäufer in ihren gestärkten weißen Hemden schauen uns an, als wären wir Aliens, und trauen sich nicht, nach dem Ausmaß der Zerstörungen im Süden zu fragen. Dann fahren wir zurück in die andere Welt. Im Radio hören wir, daß die Tsunamiwarnung bis zum 8. Januar aufrechterhalten wird. Im Bus erschöpfte, übernächtigte Menschen. Aber sie reden miteinander, Kekse und Früchte werden geteilt.

Über Katukurunda hinaus fahren wir nach Bentota. Ich will wissen, ob meine Freunde dort noch leben. Die Straße ist verschlammt und aufgerissen, über große Strecken nur einseitig befahrbar. In Payagala hat die Welle auch Häuser jenseits der Galle Road zerstört. Cyril sagt mir, daß Kanchana, meine schöne Tanzpartnerin, und ihre Familie leben und das Haus nur wenig beschädigt ist. Die Threewheeler-Werkstatt in Magonna mit ihren zwei fröhlichen Brüdern und New Mony's Restaurant hatten dieses Glück nicht. Aber Kirche, buddhistischer Tempel und Moschee stehen noch. Überhaupt haben viele Gotteshäuser das Inferno fast unbeschädigt überstanden. Zwischen Magonna und Beruwala liegen hoch auf dem Strand und bis zu zweihundert Meter im Landesinneren die großen Fischerboote wie gestrandete Wale. Die Wellen haben den gegen jeden Monsun geschützten Hafen von Beruwala komplett leergeräumt.

In Bentota finde ich meine Freunde und ihre Familien bei guter Gesundheit. Aber an allen Mauern kleben die Kopien von Familienfotos mit den Bestattungsterminen, und schwarzweiße Girlanden markieren die letzten Wege ganzer Familien. Auf der Galle Road sind am späten Nachmittag fast nur noch Hilfskonvois unterwegs.

Am letzten Tag des Jahres haben wir uns alle in Halkandawila getroffen. Nach Katukurunda fährt jetzt keiner mehr. Die Seuchengefahr ist nicht zu unterschätzen, und die Tsunamiwarnungen im Radio tun ihr übriges. In den Kirchen finden keine Neujahresgottesdienste statt, was soll man auch zwischen all den Beerdigungen sagen. Feuerwerk und Alkoholausschank hat die Regierung verboten. Ernste Männer gehen von Haus zu Haus und notieren in langen Listen die neuen Bewohner.

Der erste Tag im neuen Jahr ist ein sehr wichtiger Tag im Leben der Insel. Alle Geschäfte haben geöffnet und hoffen auf ein gutes *first business*, denn alle glauben, daß die Geschäftchen und kleinen Schlitzohrigkeiten des ersten Tages ein gutes Jahr beschwören können. Die Läden in Kalutara locken mit ihren Auslagen, und es sind Tausende Menschen unterwegs. Es wird gefeilscht, gestritten, gestikuliert, gelacht und gekauft. Die Käufer stöhnen, und die Händler küssen die Geldscheine. So machen sich die Leute hier Mut und eine kleine Freude. Und daß es eine Zukunft gibt, steht für sie völlig außer Frage.

Wie seit Jahren immer am 1. Januar fahren wir zu Anjana, den ich nach der »Welle«, wie die Katastrophe hier mittlerweile heißt, noch nicht gesehen habe. Wir essen *kiribath*, Glücksreis, trinken Tee, und ich mache mit ihm ein *first business* und kaufe ihm ein wunderbares Bild ab, einen tanzenden Pfau. Er hatte in Bentota zwei Ausstellungen in Hotels und hat über vierzig Gemälde verloren, die Arbeit von zwei Jahren. Auch seine Wandbilder sind unwiederbringlich vernichtet. Fotos davon hat er keine. Er wollte, daß ich sie fotografiere. Aber er lebt, und neue Ideen hat er auch, sagt er lächelnd.

Am Abend verabschieden wir uns von unseren Freunden, von unserer Familie: von Cyril, Renuka, Sandaruwan, Sanduni Malshika, von Geeth, Chalani, Augustin, Clement, Chaminda, Du kennst sie alle aus meinen früheren Berichten.

Und nun sitzen wir hier in einem Touristenhotel zwischen exakt geschnittenen Hecken, großen Keramiktöpfen mit *ratmale*, diesen roten Blumen, unter Tamarindenbäumen, in einem Paralleluniversum mit festen Preisen; die Kellner bringen kaltes Bier in geeisten Gläsern an den Pool, das Buffet bietet europäische Speisen, und ich treffe andere Touristen, die ihre Geschichten erzählen. Das Paar aus Hamburg, das drei Tage auf einem Hügel bei Unawatuna verharren mußte, weil die Straßen überflutet waren, und das eigenhändig acht Tote mit begraben hat. Die beiden aus der Nähe von Frankfurt, die sich um kranke Dorfhunde gekümmert haben. Die Leute, die für die zentrale Sammelstelle in Colombo Medikamente im Wert von fünfhundert Euro gekauft haben. Die zwei Frauen aus Berlin, die ein Haus in Hikkaduwa besitzen und immer noch nicht wissen, wie viele Freunde umgekommen sind. Die All-inclusive-Familie, die auch nach dieser Woche noch die Kellner mit schlechten Witzen scheucht.

Im Fernsehen habe ich heute auf CNN zum erstenmal die sich im Schrecken immer wieder übertreffenden Bilder gesehen. Die unbegreifliche Zahl der Toten gehört. Die Berichte um die Gerüchte. In Hikkaduwa sollen die Drogensüchtigen mit langen Messern von Haus zu Haus gehen, um Geld zu rauben, obwohl es längst kein Heroin dort unten mehr zu kaufen gibt. Im Yala-Nationalpark sollen die Wildtiere schon Stunden vor der »Welle« in die Hügel geflohen sein. Die Regierung will die Neuansiedlung an der Küste verbieten.

Linda schläft, und ich habe eben einen kleinen Spaziergang durch das unzerstörte Dorf Katunayake hier im Landesinneren gemacht und mich gefreut, daß ich heute doch noch einen Tag am schönsten Ort auf Erden, auf dieser Insel bleiben durfte. Es ist so friedlich hier, am Straßenrand spielen die Kinder mit Holzstückchen und Steinen. Ich habe versucht, mich an meine Gefühle in den letzten Tagen zu erinnern. Mich zu erinnern, ob ich Angst hatte, als die erste Welle über Katukurunda hereinbrach. Ich weiß es nicht. Ich erinnere mich an all die mechanischen Handlungen im Wasser, aber ich hatte keine Angst, auch keine anderen Gefühle. Vielleicht ein Gefühl der Verantwortung Linda gegenüber und den Kindern der Familie. Vielleicht ein tiefes Vertrauen in die Freunde, daß wir uns gemeinsam aus den Fluten retten werden. Etwas, das kein Fernsehbericht und kein Zeitungsartikel beschreiben kann. Trotzdem habe ich mich heute morgen auf der Fahrt zum

Flughafen dabei ertappt, wie ich nach einer deutschen Tageszeitung von gestern gierte, die ich im Flugzeug gleich nach dem Start lesen wollte. Statt dessen telefoniere ich noch einmal mit Cyril und weiß, daß meine Freunde die Gegenwart angenommen und keine Angst vor der Zukunft haben.

Aber morgen ist ein fernes Land.

Quellenverzeichnis und Autorenbiographien

Wir haben uns bemüht, alle Rechteinhaber ausfindig zu machen. Nicht in jedem Fall ist uns dies gelungen. Berechtigte Ansprüche bitten wir an den Verlag zu richten. Ebenso konnten zu einigen Autoren keine oder nur wenige biographische Daten gefunden werden.

Ernst Haeckel, *Sechs Wochen unter Singhalesen* (1881) Aus: Ders., Indische Reisebriefe, Hermann Paetel, Berlin 1909, S. 220–237. Ernst Haeckel (1834–1919) war Naturforscher und -philosoph. Von 1865 bis 1909 Professor der Zoologie in Jena, gilt als einer der bedeutendsten Verfechter des Darwinimus in Deutschland.

Fritz Sarasin, *Reise von Kandy über Polonnaruwa nach Kandy* (1884) Aus: Ders., Reisen und Forschungen in Ceylon, Verlag von Helbing & Lichterhahn, Basel 1939, S. 27–47. Fritz Sarasin (1859–1942) war Zoologe, Ethnograph, Forschungsreisender. Zusammen mit seinem Vetter Paul Sarasin umfangreiche zoologische und anthropologische Feldforschungen u. a. in Ceylon und Celebes. An der Gründung des Schweizerischen Naturparks im Jahr 1910 beteiligt

Otto E. Ehlers, *Deutscher Schweinebraten und Ceylontee* (1890) Aus: Ders., An indischen Fürstenhöfen, Hermann Paetel, Berlin 1924, S. 227–246. Otto E. Ehlers (1855–1895) war Forschungsreisender und Schriftsteller. Bereiste Deutsch-Ostafrika und Ostasien. Wurde bei der Durchquerung Neuguineas ermordet.

Emil Schmidt, *Uwa. Badulla* (1896) Aus: Ders., Ceylon, Schall & Grund, 1897, S. 32-50

Eugenie Schaeuffelen, *Von Kandy nach Anuradhapura* (1902) Aus: Dies., Meine Indische Reise, Privatdruck, 1904, S. 214–218.

Eugenie Schaeuffelen bereiste 1902–1904 mit ihrem Mann Alfred Schaeuffelen, einem Papierfabrikanten, Südasien.

Ida Barell, *Die Felsentempel von Dambulla* (1909) Aus: Dies., Ceylon 1909, Privatdruck, 1910, S. 125–135. Ida Barell (1856–1927) besuchte mit ihrem zweiten Ehemann Emil Christoph Barell Indien, Ceylon, Japan und Sibirien. Veröffentlichte ihre Tagebuchaufzeichnungen und völkerkundliche Arbeiten.

Johannes Sievers, *Aus Ceylon* (1910) Aus: Ders., Bilder aus Indien, Paul Cassirer, Berlin 1911, S. 7–19

Oscar Bongard, *Kandy* (1910) Aus: Ders., Die Reise des deutschen Kronprinzen durch Ceylon und Indien, Verlag C. A. Schwetschke & Sohn, Berlin 1911, S. 27–40

Konrad Guenther, *Ceylons Schmetterlinge* (1910) Aus: Ders., Einführung in die Tropenwelt, Verlag von Wilhelm Engelmann, Leipzig 1911, S. 109–120. Konrad Guenther (1874–1955) war Zoologe, Schriftsteller und Dozent an der Universität Freiburg i. Br.

Leopold von Wiese, *Briefe aus Asien* (1912) Aus: Ders., Briefe aus Asien, Rheinland-Verlag, Köln 1922, S. 10–19. Leopold von Wiese (1876–1969) machte eine Studienreise durch die Türkei, Ceylon, Vorder- und Hinterasien sowie China.

John Hagenbeck, *Abenteuer im Land der Weddas* (ca. 1914) Aus: Ders., Fünfundzwanzig Jahre Ceylon, Verlag Deutsche Druckwerkstätten, S. 190–205. John Hagenbeck (1866–1940) war der Stiefbruder von Carl Hagenbeck, dem Begründer des Zoologischen Gartens in Hamburg. Weilte als Tierfänger, Kaufmann und Pflanzer in Ceylon.

Erwin Drinneberg, *Die Besteigung des Adam's Peak* (ca. 1922) Aus: Ders., Von Ceylon zum Himalaya, VdB, Berlin 1926, S. 40–48

Richard Katz, *Armer Millionär* (ca. 1925) Aus: Ders., Ein Bummel um die Welt, Ullstein, Berlin 1927, S. 55–57. Richard Katz (1888 – 1968) war in der ersten Hälfte des 20. Jahrhunderts der meistgelesene Reiseschriftsteller deutscher Sprache. Mußte 1919 als deutschstämmiger Österreicher seine Heimatstadt Prag verlassen und als Jude 1933 Deutschland.

Irma Prinzessin Odescalchi, *Mihintale* (1926) Aus: Dies., Durch Dschungel und Tempel, Hermann Paetel, Berlin 1927, S. 53–59

Annie Francé-Harrar, *Die farbige Stadt* (1926/27) Aus: Dies., Die Insel der Götter – Wanderungen durch Ceylon, P. J. Oestergaard Verlag, Berlin 1930, S. 50–62

Karl Paul, *Von Elefanten und anderen Tieren* (1929) Aus: Ders., Lanka – Wanderungen auf Ceylon im September und Oktober 1929, Privatdruck, S. 55–63

Heinz Randow, *Mr. Silva und die Räuber* (1929–34) Aus: Ders., Auf Tierfang in Ceylons Dschungeln und Gewässern, Deutscher Buchclub Bochum, S. 121–130

Oswald Malura, *Fahrt in den Urwald* (1930/31) Aus: Ders., Als Maler durch Indien, Deutsche Buchgemeinschaft Berlin und Darmstadt, S. 77–95. Oswald Malura (1906–2003) war Maler und Galerist in München-Schwabing. Unternahm ausgedehnte Studienreisen nach Indien und Südamerika.

Paul Wirz, *Ceylons Früchte. Ceylons Kokospalmen* (ca. 1935) Aus: Ders., Einsiedler auf Taprobane, Verlag Hans Huber, Bern 1942, S. 67–75. Paul Wirz (1892–1955) promovierte über das Volk der Marindanim auf Neuguinea; die Dissertation wurde ein Standardwerk der Völkerkunde. Als Privatgelehrter bereiste er vierzig Jahre lang Asien, Afrika, die Mittelmeerländer, Kuba und das Bismarck-Archipel. Zahlreiche wissenschaftliche Arbeiten und populäre Schriften.

Walter Mangelsdorf, *Ins Innere Ceylons* (ca. 1950) Aus: Ders., Erlebnis Indien, Deutsche Hausbücherei Hamburg und Berlin, S. 26–30

Max Mohl, *Ein Reisbauerndorf in Raja Rata* (1966) Aus: Ders., Im Banne Buddhas, Ceylon – Trauminsel der Tropen, Bertelsmann Sachbuchverlag Reinhard Mohn, 1969, S. 96–105

Ulrich Makosch, *Sigiriya – Kleinod im Paradies* (1970) Aus: Ders., Paradies im Ozean, VEB F. A. Brockhaus Verlag, Leipzig 1971, S. 79–87. Ulrich Makosch (geb. 1933) war Redakteur und Auslandskorrespondent des Staatlichen Komitees für Rundfunk der DDR und weilte als solcher mehrere Jahre in Asien. Fünfzehn Jahre Chefredakteur der Aktuellen Kamera, danach bei CNN tätig.

Willi Meinck, *George Keyt* (1985) Aus: Ders., In den Gärten Ravanas, Mitteldeutscher Verlag, Halle 1986, S. 94–107. Willi Meinck (geb. 1914) war Redakteur und Cheflektor in einem Verlag. Später freischaffender Schriftsteller vor allem von Kinder- und Jugendbüchern.

Richard Christ, *Das Ende der Welt* (1988) Aus: Ders., Die Zimtinsel – Begegnungen mit Buddha, Aufbau-Verlag, Berlin und Weimar 1989, S. 79-102. Richard Christ (geb. 1931) war Chemiearbeiter, Verlagslektor, Mitarbeiter der »Weltbühne«. Für seine zahlreichen Publikationen wurde er mit dem Heinrich-Heine- sowie dem Goethe-Preis ausgezeichnet.

Gerd Püschel, *Ivaray* (2004) Originalbeitrag.

Spendeninformation

Nach der schlimmen Flutkatastrophe vom Jahresende 2004 habe ich ein Spendenkonto eingerichtet, um den Menschen von Katukurunda beim Wiederaufbau ihres großteils zerstörten Dorfes zu helfen. Ohne Umwege werden eingehende Spenden sowie die Erlöse dieses Buches an einen karitativen Verein in Kalutara überwiesen, der sie schnell und transparent an die Bewohner von Katukurunda weiterleitet. Wer darüber hinaus den Menschen dieser Region effizient helfen möchte, wende sich bitte an:
Deutsch-Sri Lankanische Partnerschaft – DeSPa e. V.
Humanitäre Hilfe für Sri Lanka; www.despa-online.de
Tel.: +49 (0)30/48 49 57 80
Kto.: 7575000007
BLZ: 10090000
Berliner Volksbank
Kennwort: Sri Lanka

Gerd Püschel

Ortsverzeichnis

Warum die Wolken nicht vom Himmel fallen: K. C. Cole erklärt die Welt

Das Universum in der Teetasse
Von der alltäglichen Magie der Mathematik
Von der Teetasse bis zur Flugreise, von der Kriminalstatistik bis zu den Lottozahlen: In nahezu allen Alltagssituationen sind wir von Mathematik umgeben. Die renommierte Wissenschaftsjournalistin K. C. Cole erklärt in ihrem Buch mit Witz und Leidenschaft die »Königin der Wissenschaft«.
»Mathematik stellenweise spannender als ein Krimi, das dürfte für einige Leser eine völlig neue Erfahrung sein.« SAARLÄNDISCHER RUNDFUNK
»K. C. Cole ist klug und hat einen weiten Horizont; sie behandelt ihren Gegenstand mit Humor, gesundem Menschenverstand und zuweilen mit wohltuender Respektlosigkeit.« DAVA SOBEL, AUTORIN DES WELTBESTSELLERS »LÄNGENGRAD«
Aus dem Englischen von Ulrike Seeberger. 255 Seiten. AtV 8080

Warum die Wolken nicht vom Himmel fallen
Von der Allgegenwart der Physik
Ohne daß wir es bewußt wahrnehmen, bestimmen physikalische Gesetze unser tägliches Leben: Energieerhaltung, Ursache und Wirkung, Ordnung und Unordnung, Schwerkraft und Fliehkraft. Dies alles erklärt uns K. C. Cole auf verständliche und unterhaltsame Weise – und auch, warum die Wolken nicht vom Himmel fallen.
»K. C. Cole versteht es wie nur wenige, wissenschaftliche Themen so interessant und verständlich zu vermitteln, daß plötzlich jeder durchblickt.« ESSLINGER ZEITUNG
Aus dem Englischen von Ulrike Seeberger. 256 Seiten. AtV 8088

Eine kurze Geschichte des Universums
Alles hat seinen Ursprung im Nichts: Der Urknall entstand aus dem Nichts, und mit ihm formte sich unser Universum. Schwarze Löcher saugen Materie in sich hinein und sind dennoch nichts weiter als Ansammlungen von Nichts, von Antimaterie. Anschaulich und sehr unterhaltsam erklärt K. C. Cole die Dinge, die die Welt im Innersten zusammenhalten.
»Das Buch ist so klar und so zugänglich wie Stephen Hawkings ›Kurze Geschichte der Zeit‹ und hat es verdient, weit verbreitet und viel gelesen zu werden.« PUBLISHERS WEEKLY
Aus dem Englischen von Ulrike Seeberger. 308 Seiten. AtV 2012

Mehr Informationen über K. C. Cole erhalten Sie unter www.aufbau-verlag.de oder bei Ihrem Buchhändler

Verschüttete Erinnerungen: Zeitgeschichte bei AtV

LORE WALB
Ich, die Alte – Ich, die Junge
Konfrontation mit meinen Tagebüchern 1933–1945
»Was die Auseinandersetzung der ehemaligen Journalistin ... so wertvoll macht, ist nicht nur die Offenlegung der nationalsozialistischen Propagandamaschinerie. Vielmehr interessiert die Konfrontation eines Menschen mit seinem Gewissen – generations- und zeitübergreifend.«
HAMBURGER ABENDBLATT
370 Seiten. AtV 1397

REGINA SCHEER
Es gingen Wasser wild über unsere Seelen
Ein Frauenleben
Als junge Zionistin gehörte Hanni Ullmann zu den ersten deutschen Einwanderern in Palästina. Am Rande der Negev-Wüste gründete sie ein Kinderheim. Hierher kamen entwurzelte Kinder, die NS-Terror und Lager hinter sich hatten. Alle ihre Geschichten sind verwoben in Hanni Ullmanns Leben. Wie ein Mosaik setzt es sich aus vielen Schicksalen zusammen, aus den Brüchen des 20. Jahrhunderts und den Erfahrungen mit einer selbstgewählten Heimat. »Ein Frauenleben, das von den Utopien und den Verbrechen des Jahrhunderts bestimmt ist.« FREITAG
287 Seiten. Mit 24 Abbildungen. AtV 8092

ILSE SCHMIDT
Die Mitläuferin
Erinnerungen einer Wehrmachtsangehörigen
»Naivität, Lebenshunger, Schweigen, Pflichtbewußtsein, Angst – es ist diese Widersprüchlichkeit, die verstört. Ilse Schmidt hilft uns, zu begreifen, wie ethnische Säuberungen vor unseren Augen möglich sind, wie wir unser Ich abspalten und vergraben.«
MÄRKISCHE ALLGEMEINE
Mit einem Vorwort von Annette Kuhn und einem Nachwort von Gaby Zipfel. Mit 45 Abbildungen. 191 Seiten. AtV 8086

HELLMUT STERN
Saitensprünge
Erinnerungen eines Kosmopoliten wider Willen
Als 1938 mit seiner Flucht nach China für Hellmut Stern eine lebenslange Odyssee beginnt, nimmt der damals Zehnjährige auch seine Geige mit. Mit musikalischen Gelegenheitsjobs bringt er sich und seine Eltern über die Zeit bitterer Armut. Nach Stationen in Tel Aviv, St. Louis und New York kehrt Stern 1961 als Erster Geiger des Berliner Philharmonischen Orchesters in seine Heimat zurück. »Diesen Rahmen eines abenteuerlichen Lebenslaufs füllt Stern prall mit gefährlichen, beglückenden oder rührenden Ereignissen.« FAZ
304 Seiten. AtV 1684

AtV

Magie, Traum, Wirklichkeit: Gegenwartsliteratur bei AtV

BARBARA FRISCHMUTH
Die Entschlüsselung
»Wie ein minuziös recherchierter Kriminalroman führt das Buch in die furchtbar schöne Steiermark mit ihren Originalschauplätzen der nicht allzu lang vergangenen Nazi-Geschichte und weiter zurück in die mythische Vorzeit der Druiden.«
NEUE ZÜRCHER ZEITUNG
»Barbara Frischmuth verdreht dem Leser mit einem ungewöhnlichen literarischen Puzzle den Kopf.«
DEUTSCHLANDRADIO
195 Seiten. AtV 1943

HANSJÖRG SCHERTENLEIB
Von Hund zu Hund
Geschichten aus dem Koffer des Apothekers
»Die Geschichten enthalten ein Geheimnis, das Schertenleibs lakonische Beschreibungsprosa um neue, fast kafkaeske Nuancen bereichert. Manchmal verdichten sich die Alltagsdetails und spröden Aussagesätze zu einer somnambulen Magie.« TAGESANZEIGER
208 Seiten. AtV 1912

LENKA REINEROVÁ
Das Traumcafé einer Pragerin
In all ihren Erzählungen beschreibt Lenka Reinerová, eine der letzten Zeitzeuginnen der Emigration, Stationen ihres Lebens – das Prag der dreißiger Jahre, das Exil in Frankreich und Mexiko, den Stalinismus in den Fünfzigern und jüngste Erfahrungen. Trotz aller bitteren, furchtbaren Geschehnisse sind es menschen- und lebensfreundliche Erinnerungen, weise und wehmütig.
2003 erhielt Lenka Reinerová mit Jorge Semprún die Goethe-Medaille des Goethe-Instituts Inter Nationes für ihre stete Würdigung der deutschen Sprache und ihren Beitrag gegen das Vergessen.
Erzählungen. 269 Seiten. AtV 1168

KLAUS SCHLESINGER
Trug
Klaus Schlesinger treibt ein perfektes, suggestives Vexierspiel um zwei Identitäten und zwei Lebensentwürfe im geteilten Deutschland.
»Schlesingers letzter Roman schließt auf eine paradoxe Weise Anfang und Ende eines Lebenswerks zusammen. Schlesinger ist ein begnadeter Erzähler gewesen.«
FRANKFURTER RUNDSCHAU
Roman. 190 Seiten. AtV 1785

Mehr Informationen erhalten Sie unter www.aufbau-verlag.de oder bei Ihrem Buchhändler

Mord in Serie: Krimis bei AtV

RUSSELL ANDREWS
Anonymus
Ein Leseerlebnis, atemberaubend wie eine Achterbahnfahrt: Carl Granville bekommt die Chance seines Lebens. Aus geheimen Briefen soll er die Geschichte eines Jungen rekonstruieren, der seinen Bruder tötete. Doch der mysteriöse Auftrag gerät zu einem nicht enden wollenden Alptraum: Nicht nur, daß seine Verlegerin und eine Nachbarin getötet werden – bald verfolgt ihn die Polizei und hält ihn für einen Mörder.
»Ein temporeicher politischer Thriller in der Art von Grishams ›Akte‹.« MICHAEL DOUGLAS
Thriller. Aus dem Amerikanischen von Uwe Anton und Michael Kubiak. 450 Seiten. AtV 1900

ELIOT PATTISON
Der fremde Tibeter
Fernab in den Bergen von Tibet wird die Leiche eines Mannes gefunden. Shan, ein ehemaliger Polizist, der aus Peking nach Tibet verbannt wurde, soll rasch einen Schuldigen finden, bevor eine amerikanische Delegation das Land besucht. In den USA wurde dieses Buch mit dem begehrten »Edgar Allan Poe Award« als bester Kriminalroman des Jahres ausgezeichnet.
»Gute Bücher entführen den Leser an Orte, die er nicht so einfach erreichen kann: ein ferner Schauplatz, eine fremde Kultur, eine andere Zeit ... Pattison leistet all das zusammen.« BOOKLIST
Roman. Aus dem Amerikanischen von Thomas Haufschild. 493 Seiten. AtV 1832

CHRISTOPHER WEST
Zuviel himmlischer Frieden
Kommissar Wang ermittelt
China 1991: Mitten in einer Vorstellung der Peking-Oper wird ein kleiner Gauner ermordet. Die Spuren führen Kommissar Wang in Kreise des organisierten Verbrechens. Wang glaubt fest an den Sieg der Gerechtigkeit, doch läßt sie sich wirklich durchsetzen im heutigen China?
»›Zuviel himmlischer Frieden‹ ist für China, was ›Gorki-Park‹ für Rußland war.«
FLORIDA SUN-SUNTINEL
Roman. Aus dem Englischen von Frank Wolf. 288 Seiten. AtV 1754

BORIS AKUNIN
Russisches Poker
Fandorin ermittelt
Hat Fandorin nun doch noch seinen Meister gefunden? In Moskau geht ein Betrüger um, der die gerissensten Gaunerstücke inszeniert und vor nichts zurückschreckt, wenn sich nur ordentlich Geld scheffeln läßt. Von Fandorin und seinem Team wird höchster Einsatz verlangt bei diesem Pokerspiel.
»Akunin erzählt in bester russischer Tradition, grotesk wie Gogol, dunkel wie Dostojewski, unterhaltsam bis zuletzt.« DIE WOCHE
Roman. Aus dem Russischen von Renate und Thomas Reschke. 192 Seiten. AtV 1764

Wenn Goethe in die Luft geht ...
Klassiker bei AtV

JOHANN WOLFGANG GOETHE
Mit Seide näht man keinen groben Sack
Kleine feine Gemeinheiten
Eine kurzweilige Sammlung von Goethe-Zitaten aus Werken, Briefen und Gesprächen zum vielfältigen Gebrauch. Goethe-Biograph Klaus Seehafer hat sie zusammengestellt. Seinen Spaß an einem Goethe, der aus der Haut fuhr und in die Luft ging, gibt er mit Vergnügen weiter. Wenn es not tat, scheute der »Dichterfürst« auch vor Taktlosigkeiten nicht zurück und reagierte sich mit unverblümten Frechheiten ab.
Ausgewählt von Klaus Seehafer. 144 Seiten. AtV 1579

WILHELM HAUFF
Die Karawane
Der kleine Muck mit seinen Zauberpantoffeln, die komischen Abenteuer eines Kalifen und seines Großwesirs oder der beklemmende Tausch des lebendigen Herzens gegen einen Stein – Hauffs Märchen finden immer wieder den Weg zu Kindern und Erwachsenen. Ihre Popularität ist ungebrochen.
Märchen. Vollständige Ausgabe. Mit einem Nachwort von Tilman Spreckelsen. Mit Illustrationen von Max Reach. 517 Seiten. AtV 1358

KAREL ČAPEK
Das Jahr des Gärtners
Čapeks vergnüglich-charmantes Büchlein über das Gärtnern von Januar bis Dezember ist getragen von der Liebe zu allem, was wächst und gedeiht. Zwei Gewächse sind es vor allem, die Čapek in seinem literarischen Garten hegt und pflegt, der Humor und die Ironie. Sie geben dem Text seine heitere Gelassenheit und machen den Leser zum Sympathisanten des gärtnernden Teils der Menschheit.
Aus dem Tschechischen von Grete Ebner-Eschenhayn. Mit Illustrationen von Josef Čapek. 135 Seiten. AtV 1712

JAROSLAV HAŠEK
Die Abenteuer des braven Soldaten Schwejk
Durch amtsärztliches Attest als blöde ausgewiesen, wird Schwejk im ersten Weltkrieg dem Oberleutnant Lukasch als Bursche zugeteilt. Sein Pflichtbewußtsein und sein Befehlsgehorsam übertreffen alle Erwartungen. Schwejk erfüllt seine Aufträge über Gebühr und führt damit ihre Sinnhaftigkeit auf eine unwiderlegbare Weise ad absurdum.
Roman. Aus dem Tschechischen von Grete Reiner. 808 Seiten. AtV 1928

Mehr Informationen erhalten Sie unter www.aufbau-verlag.de oder bei Ihrem Buchhändler

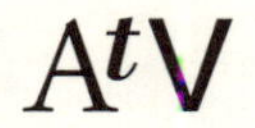

AtV